PUBLICATIONS
SAINT-SIMONIENNES.

1830 — 1836.

f.

f.

— — Enseignement. 1829—1830.

— *Exposition. Deuxième année (1829—1830).* Volume de 324 pages. *Seconde édition*, réimprimée à la fin de 1831 et au commencement de 1832.

Cette seconde édition renferme les *trois pièces* contenues dans le volume e.

Exemplaire unique.

[Note manuscrite illisible]

DOCTRINE

DE

SAINT-SIMON.

IMPRIMERIE D'EVERAT,
rue du Cadran, no 16.

DOCTRINE

DE

SAINT-SIMON.

EXPOSITION.

2me ANNÉE. — 1829-1830.

PARIS,
AU BUREAU DE L'ORGANISATEUR ET DU GLOBE,
RUE MONSIGNY, N° 6;

1830.

EXPOSITION

DE LA DOCTRINE

DE SAINT-SIMON.

PREMIÈRE SÉANCE.

RÉSUMÉ DE L'EXPOSITION DE LA PREMIÈRE ANNÉE.

MESSIEURS,

Dans les séances de l'année dernière, nous avons entrepris de vous faire connaître la doctrine générale qui nous a été léguée par SAINT-SIMON, notre maître, avec mission de la développer et de la propager. Cette exposition, toutefois, ne devait être que préparatoire. Nous ne pouvions avoir l'espérance de vous associer, par ce premier effort, à nos sentimens, à nos croyances. L'unique résultat auquel il nous fut permis de songer était d'appeler votre attention sur une doctrine complètement étrangère aux débats dont le monde intellectuel paraît généralement occupé. Ce but a dû déterminer notre marche; et en conséquence, dans tout ce que nous avons dit jusqu'ici, nous avons eu bien plutôt égard à la disposition des esprits qu'à l'enchaînement logique des idées. Mais aujourd'hui que vous êtes avertis de l'importance de ces idées, et que vous pouvez apprécier les caractères qui les séparent de tous les systèmes en circulation, il devient nécessaire d'entreprendre une exposition nouvelle, et d'adopter une marche dans laquelle, faisant moins de concessions aux habitudes des esprits, nous observerons un ordre plus indépendant, plus dogmatique.

Jusqu'à présent, c'est principalement par des considérations tirées des vices de l'état actuel de la société que nous avons entrepris de justifier nos prévisions sur l'avenir. Sans renoncer aujourd'hui à ce moyen de rallier les sympathies aux vues que nous continuerons d'exposer, nous essaierons pourtant d'en donner une justification plus intrinsèque et plus absolue. Nous devrons, sans doute, dans le cours de la nouvelle exposition, retrouver les idées qui nous ont occupés l'année dernière. Néanmoins, comme pendant quelque temps nous devrons les perdre de vue, et qu'elles seules aujourd'hui établissent un lien entre vous et nous, qu'elles seules peuvent vous déterminer à nous suivre sur le terrain nouveau où nous allons nous placer, avant de passer outre, nous essaierons de vous les rappeler, en récapitulant succinctement les propositions principales qui ont été précédemment établies.

Nous avons dit : « L'humanité est un être collectif, se développant dans la succession des générations, comme l'individu se développe dans la succession des âges. Son développement est progressif. Il est soumis à une LOI qu'on pourrait nommer la loi physiologique de l'espèce humaine. Cette loi, SAINT-SIMON l'a découverte ; il l'a découverte comme on découvre toute loi, c'est-à-dire par une INSPIRATION du GÉNIE. Il l'a *vérifiée* ensuite, par l'emploi de la méthode en usage dans les sciences physiques. » Pour appliquer à l'investigation des faits du passé cette méthode à laquelle on a donné le nom de *positive*, pour vérifier dans ces faits la loi du développement de l'espèce humaine, il faut, parmi les différentes séries de civilisation que présente l'histoire du monde, prendre la mieux connue, celle qui offre le plus grand nombre de termes, celle enfin dont le dernier terme constitue l'état de civilisation le plus avancé. La série, qui s'étend depuis les Grecs jusqu'à nous, remplit cette triple condition. Pour étudier, sans confusion, le développement de l'humanité durant cette période historique, il faut diviser les faits sociaux qu'elle comprend en *séries de termes homogènes*, et, suivant les faits historiques dans chacune d'elles, en commençant par la plus générale, chercher si leur enchaînement, si la croissance ou la décroissance qu'ils subissent, est en rapport avec la *loi* CONÇUE. Dans le cas de l'affirmative, cette loi se trouve *vérifiée*. Les trois séries principales, qui embrassent toutes les autres, sont celles qui correspondent aux trois ordres de faits de l'activité SENTIMENTALE, *intellectuelle*, et *matérielle*.

La CONCEPTION de la loi de développement à laquelle est soumise l'humanité comprend la *tradition* et la *prophétie ;* elle donne la *caractérisation* de tous les états sociaux du passé et la *révélation* de celui de l'avenir. La démonstration historique de cette loi par l'emploi de la méthode positive, très-importante pour ceux qui s'occupent d'organiser la science sociale, bien que pour eux-mêmes pourtant elle soit encore secondaire, serait à peu près de nulle valeur pour entraîner l'humanité dans les voies de l'avenir. C'est l'AMOUR, c'est la SYMPATHIE qui a découvert le but à SAINT-SIMON, c'est l'expression de cet amour, ce sont les accens passionnés de cette sympathie, qui y conduiront l'humanité.

Les sociétés humaines, dans leur développement jusqu'à ce jour, ont passé alternativement par deux natures d'époques auxquelles nous avons donné les noms d'*époques organiques* et d'*époques critiques*. Toutes les époques organiques ont les mêmes caractères abstraits; il en est de même de toutes les époques critiques. Dans les premières (*organiques*) l'humanité se conçoit une destination, et, de ce fait, résulte pour l'activité sociale une tendance déterminée. L'éducation et la législation font converger vers le but commun tous les actes, toutes les pensées, tous les sentimens; la hiérarchie sociale devient l'expression de ce but, elle est réglée de la manière la plus favorable pour l'atteindre. Il y a donc alors, dans les pouvoirs, *souveraineté*, *légitimité*, selon la véritable acception de ces mots. Les époques organiques présentent en outre un caractère général qui domine tous ces caractères particuliers : elles sont RELIGIEUSES. La religion est alors la synthèse de toute l'activité humaine, individuelle et sociale.

Les époques *critiques*, qui commencent lorsque la conception qui avait constitué une époque organique est épuisée, offrent des caractères diamétralement opposés. Dans leur cours, l'humanité ne se conçoit plus de destination; les sociétés n'ont plus de but d'activité déterminé; l'éducation et la législation sont incertaines dans leur objet; elles sont en contradiction avec les mœurs, les habitudes, les besoins de la société; les pouvoirs publics ne sont plus l'expression d'une hiérarchie sociale réelle; ils sont dépourvus de toute autorité, et la faible action qu'ils continuent d'exercer leur est même contestée; enfin, un fait général domine tous ces faits particuliers: les époques critiques sont IRRÉLIGIEUSES. La seule conception générale qui se produise alors, c'est que tout dans l'univers est abandonné aux impulsions d'une force aveugle; et si quelques esprits supérieurs essaient encore de diviniser le monde, c'est la divinisation du désordre qu'ils conçoivent, c'est à l'enfer qu'ils commettent le gouvernement des hommes et de l'univers. Les époques critiques se subdivisent elles-mêmes en deux périodes diverses : dans la première, qui en forme le début, on voit les esprits d'une fraction de plus en plus importante de la société se réunir dans un même dessein, et les actions tendre, de concert, à une même fin, savoir : la ruine de l'ancien ordre moral et politique. Dans la seconde, qui comprend l'intervalle entre la destruction et la réédification, on ne voit plus ni pensée ni entreprises communes: tout se résout en individualités, et l'égoïsme pur devient dominant.

La série historique, qui s'étend de l'antiquité grecque jusqu'à nous, présente à l'observation deux époques *organiques* et deux époques *critiques*. La première époque organique est constituée par le polythéisme; elle se termine au début de l'ère philosophique en Grèce. La seconde commence avec le christianisme, et s'arrête à la fin du quinzième siècle. La première époque critique date de l'apparition des philosophes en Grèce, et s'étend jusqu'à la prédication du christianisme; la seconde comprend le temps qui s'est écoulé depuis LUTHER jusqu'à nous. Toutes les sociétés européennes se trouvent à présent engagées, à un degré ou à un autre, dans la deuxième période de cette dernière époque critique.

L'humanité, n'ayant point eu jusqu'à ce jour conscience de sa loi de perfectibilité, n'a pu s'organiser pour le progrès. Les époques critiques, dans le passé, ont donc été une condition indispensable de ce progrès, en servant de transition d'une époque organique à une autre. Il a fallu détruire avant de songer à réédifier, et l'on voit que, jusqu'ici, ce n'a pas été de trop de tous les efforts réunis pour accomplir cette tâche lorsqu'elle s'est présentée. Toutefois, ces époques n'ayant eu qu'une valeur de destruction, il s'ensuit que, bien qu'elles aient été des conditions nécessaires du progrès, les théories *générales*, les *créations* politiques qui les ont caractérisées, ne doivent pas être comptées dans la série des faits progressifs; et qu'en conséquence, on peut suivre exclusivement le progrès dans la succession des époques organiques, en faisant abstraction des intervalles remplis par la critique.

Jetant donc un coup d'œil sur le développement de l'humanité dans la suite de ces époques, nous voyons se vérifier une première conception générale, savoir : le progrès non interrompu de l'ASSOCIATION. Ce progrès, dans la série des évolutions sociales, se montre avec évidence dans le passage de l'état de *famille* à l'état de *cité*, dans la réunion de plusieurs cités en un corps de *nation*, dans celle de plusieurs nations sous l'empire d'une même *croyance*, d'une même discipline, d'un même enseignement *spirituels*. Cette réunion, qui a été opérée pour les peuples de l'Europe occidentale par le catholicisme, par l'institution de la papauté, est le dernier terme réalisé de la tendance de l'humanité vers l'ASSOCIATION UNIVERSELLE, qui se présente comme l'état organique *définitif* dans lequel l'espèce humaine, représentée par les peuples les plus avancés en civilisation, doit entrer aujourd'hui.

L'association universelle, dont le nom seul équivaut à une définition, doit s'entendre de l'état où toutes les forces humaines étant engagées dans la direction pacifique, seront combinées dans le but de faire croître l'humanité en AMOUR, en *savoir*, en *richesse*, et où les individus seront CLASSÉS et RÉTRIBUÉS dans la hiérarchie sociale *en raison de leur* CAPACITÉ, *développée autant qu'elle pourra l'être par une éducation mise à la portée de tous.*

Les lacunes que présente l'association dans le passé, lacunes qui sont produites par les efforts mêmes qui devaient amener sa réalisation, se manifestent par un fait général, l'ANTAGONISME. L'espèce humaine, jusqu'à nos jours, offre le spectacle d'une lutte continuelle, qui règne successivement dans toute son intensité, de famille à famille, de cité à cité, de nation à nation, et qui se reproduit au sein même de chacune de ces sphères d'association, car l'association ne pouvait être complète et définitive tant qu'elle n'était pas universelle.

L'expression la plus vive de l'antagonisme pendant tout ce temps est la *guerre* proprement dite, qui, envisagée dans son objet primitif, la *conquête*, constitue alors le but dominant de l'activité sociale. Le fait le plus général qui résulte de la guerre est l'empire de la puissance physique; aussi l'*exploitation* du faible par le fort est-elle un des traits les plus saillans, les plus caractéristiques du passé. Cette exploitation, dans sa forme *primitive*, ou du moins dans celle qui succède à l'*anthropophagie*, est manifestée par l'*esclavage*, dans toutes les phases qu'il comprend depuis l'antiquité la plus reculée jusqu'au *servage* du moyen âge, dernier terme de l'esclavage proprement dit. Dans toute cette série nous voyons l'esclavage comprendre l'immense majorité de la population; et l'esclave, exploité MORALEMENT, *intellectuellement* et *matériellement*, condamné à la dépravation, aux souffrances physiques et à l'abrutissement.

Le christianisme, principalement dans les pays qui ont été soumis à l'Église catholique, a détruit l'esclavage proprement dit; mais il n'a pas détruit *l'exploitation de l'homme par l'homme*, dont l'esclavage n'était que la forme la plus grossière. Cette exploitation s'est continuée sous une autre forme qui lui a échappé; elle pèse encore aujourd'hui avec une grande intensité, dans toutes les sociétés européennes, sur l'*immense majorité de la population*; partout cette majorité est vouée à la misère, à l'abrutissement, à la dépravation; partout c'est son abaissement qui fait les frais des jouissances des classes privilégiées; et partout, dans les monarchies comme dans les républiques, aux États-Unis comme en Espagne, c'est le hasard de la *naissance* qui condamne à cet abaissement ceux qui le subissent.

Cette exploitation prolongée de l'homme par son semblable a sa raison, sans doute, dans l'ensemble des faits sociaux, mais elle reconnaît plus particulièrement pour cause la *constitution de la propriété*, dont le principe remonte directement au *droit de conquête*. L'humanité, avons-nous dit, s'achemine vers un état où chacun sera récompensé *selon ses œuvres*, après qu'il aura été mis à même de *mériter* (autant que son organisation le permettra) par une éducation à laquelle tous pourront prétendre. Si cet état est celui que doivent appeler aujourd'hui toutes les sympathies, s'il se présente comme le dernier terme de la tendance manifestée jusqu'ici par l'humanité, il est évident que la constitution actuelle de la propriété doit changer, puisqu'elle perpétue le privilége de la naissance et consacre un principe de rétribution, de participation aux avantages sociaux, étranger au mérite.

Le *droit* de propriété est un fait social variable, ou plutôt *progressif* comme tous les autres faits sociaux; vainement prétendrait-on le fixer au nom du *droit divin* ou du *droit naturel*; car le droit divin et le droit naturel sont progressifs eux-mêmes. A chaque transformation sociale, à chaque révolution politique, le droit de propriété a subi des modifications plus ou moins profondes. Sous le régime de l'esclavage, les hommes eux-mêmes formaient la portion la plus importante de la propriété : l'esclavage a été détruit; et c'est ce qu'auraient eu peine à comprendre sans doute les Catons, les Brutus, et les Gracques eux-mêmes. Des obligations de diverses natures, sous le nom de redevances féodales, avaient été imposées aux affranchis; dans la suite des temps, ces redevances ont disparu, encore qu'à leur origine elles eussent été considérées comme formant une propriété très-légitime. Enfin, le mode de transmission de la propriété n'a pas éprouvé de moindres variations. Aujourd'hui, ensuite de tous ces progrès, un nouveau progrès est à faire, qui consiste à transporter le droit de succession de la famille à l'état. Ce changement ne doit pas entraîner l'idée d'une *communauté* des biens, qui constituerait un ordre de choses non moins injuste, non moins violent que la répartition aveugle qui se fait à présent; car il est évident que la capacité des individus offrant de grandes *inégalités*, l'*égale* répartition des richesses, entre eux, serait essentiellement contraire au principe qui veut que chacun soit récompensé selon ses œuvres. Dans l'ordre que nous annonçons, ce qu'il y a de commun entre tous les individus, c'est que pour les uns comme pour les autres le *travail* doit être le seul titre de propriété, et que ce titre doit être direct pour chacun d'eux; ce qui revient à dire, en d'autres termes, que l'héritage, dans le sein des familles, doit être supprimé.

Cette révolution, justifiée par le *droit divin*, ou par le *droit naturel* (ces deux appellations ne représentant au fond que la même pensée), l'est encore par la considération des convenances matérielles ou de l'*utilité*, pour nous servir du terme que l'on a coutume d'appliquer à cet ordre de convenances. — Dans le nouvel état qui se prépare, l'*exploitation du globe* est le seul but de l'activité matérielle de l'homme; cette exploitation forme l'un des trois grands aspects de l'association universelle, qui devient *sous ce rapport* une *association industrielle*. Mais, pour que cette association soit réalisée et produise tous ses fruits, il faut qu'elle constitue une *hiérarchie*, il faut qu'une vue générale préside à ses travaux et les harmonise. Le but à atteindre ici consiste, d'une part, à mettre partout et dans toutes les branches d'industrie la *production* en rapport avec les besoins de la *consommation*; et, de l'autre, à répartir les individus dans l'atelier industriel, en raison de la nature et de la portée de leur capacité, afin que les travaux soient exécutés aussi bien qu'ils peuvent l'être, et à aussi peu de frais que possible. Or, pour que ce but soit atteint, il faut absolument que l'état soit en possession de tous les instrumens de travail qui forment aujourd'hui le fond de la propriété individuelle, et que les directeurs de la société industrielle soient chargés de la distribution de ces instrumens, fonction que remplissent aujourd'hui d'une manière si aveugle et à si grands frais les *propriétaires* et *capitalistes*. Alors seulement on verra cesser les catastrophes industrielles, particulières ou générales, que nous avons vu se multiplier d'une manière si affligeante dans ces derniers temps; alors, seulement, on verra cesser le scandale de la *concurrence illimitée*, cette grande négation de la critique dans l'ordre industriel, et qui, considérée sous son aspect le plus saillant, n'est autre chose qu'une guerre acharnée et meurtrière que, sous une forme nouvelle, continuent de se faire entre eux les individus et les nations.

Le changement que nous annoncions devoir s'opérer dans la constitution de la propriété, et tous ceux qu'il devait entraîner, s'éloignaient assez des idées reçues pour que nous ayons dû songer à présenter toutes les vues qui pouvaient faire comprendre la possibilité et le maintien d'une transformation aussi complète. Cette considération nous a conduits à parler des deux grands moyens de tout ordre politique, l'*éducation* et la *législation*.

L'éducation se divise naturellement en deux branches; l'éducation *morale* ou *générale*, et l'éducation *professionnelle* ou *spéciale*. La première (morale) a pour objet de mettre les idées et les sentimens en harmonie avec le but social, de faire *aimer* et *vouloir* à chacun ce qu'il *doit faire*. Elle s'empare de l'homme dès le berceau, et l'accompagne dans le cours entier de sa vie; elle prépare et sanctionne dans les consciences tous les changemens qu'appelle la tendance progressive de l'humanité. Plus cette éducation est directe, plus elle a de puissance, et moins l'intervention répressive de la législation devient nécessaire. Le dernier terme du progrès, sous ce rapport, serait de réduire l'utilité de la coercition législative aux seules anomalies vicieuses, c'est-à-dire aux organisations individuelles les plus *arriérées*, sur lesquelles l'éducation morale, aussi perfectionnée qu'il est possible de l'imaginer, serait demeurée sans pouvoir. Le progrès de la puissance de l'éducation morale peut donc être envisagé comme l'aspect le plus important du progrès de la LIBERTÉ, qui consiste surtout à *aimer* et à *vouloir* ce qu'*il faut* faire. L'éducation morale, ayant pour but principal de développer les sympathies, ne peut être donnée que par les hommes chez lesquels cette faculté est dominante : les formes appropriées à son action sont toutes celles que comporte l'expression *sentimentale*, et dans lesquelles se trouvent comprises celles que l'on désigne plus particulièrement aujourd'hui sous le nom de *beaux-arts*. Les deux principaux moyens de l'éducation morale, au moyen âge, ont été la *prédication* et la *confession* : par la première, les préceptes étaient donnés à tous, sous une forme déterminée, pour ainsi-dire, par la moyenne de la sensibilité et de l'intelligence des fidèles ; par l'autre, ces préceptes se trouvaient appliqués à chaque cas particulier, et leur enseignement approprié à chaque intelligence : ces deux moyens, quelles que soient d'ailleurs les modifications qu'ils pourront recevoir, et particulièrement le second, ne devront pas avoir moins d'importance dans l'avenir qu'ils n'en ont eu dans le passé.

L'éducation *professionnelle* ou *spéciale* est destinée à distribuer les connaissances nécessaires à l'accomplissement des divers ordres de travaux ou de fonctions auxquels peut donner lieu l'état de la société ; c'est par elle que chaque individu doit se trouver placé dans la position qui lui convient le mieux, et dans laquelle il peut le plus facilement *mériter*. Le règlement de cette éducation suppose que, d'une part, toutes les fonctions, tous les ordres de travaux que comporte l'état social sont nettement déterminés, et que, de l'autre, des mesures ont été prises pour provoquer et observer le développement des aptitudes, des CAPACITÉS individuelles, afin de leur donner la culture qu'elles demandent. Ce second aspect du réglement de l'éducation spéciale constitue pour l'avenir une tâche du plus haut intérêt : car il ne s'agit de rien moins ici que du premier et du plus important degré de l'ÉLECTION aux *fonctions sociales*.

La LÉGISLATION, en tant que sanction des prescriptions morales, n'a qu'une importance secondaire qui tend sans cesse à décroître; mais considérée dans son ensemble, elle comprend le réglement tout entier de l'ordre politique auquel l'éducation, générale et spéciale, doit approprier les individus. Personne, même aujourd'hui, ne nie que la législation ne doive rentrer dans les attributions des pouvoirs publics, quelle que soit, d'ailleurs, l'idée qu'on se forme de la nature de ces pouvoirs : mais on ne pense point généralement que l'éducation soit dans le même cas; et cependant, si l'on réfléchit à son importance, si l'on se rappelle que sa mission est de transmettre de génération en génération le trésor des progrès continus de l'humanité, et surtout d'exciter les efforts de toute nature qui peuvent l'augmenter, on s'étonne qu'on ait pu mettre en question de savoir si l'éducation devait être une attribution politique, lorsqu'elle est réellement la plus haute fonction, la plus noble tâche, que puissent ambitionner les hommes supérieurs, et lorsque, eux seuls, peuvent dignement l'accomplir.

Ces considérations, sur l'*éducation* et la *législation*, provoquaient immédiatement l'examen des questions suivantes :

Quelle sera la sanction suprême des préceptes recommandés ou prescrits? Quels seront les hommes chargés de diriger l'éducation, de faire les lois? d'où leur viendra leur mandat? quel sera leur caractère? quel sera leur rang dans la hiérarchie sociale? Quelle sera enfin cette hiérarchie, qui doit être l'expression de la société tout entière, de ses conceptions et de ses travaux?

Pour répondre à ces questions, il fallait avant tout nous expliquer sur une autre bien plus vaste, bien plus importante, la *question religieuse*, que nous avions tenue jusque-là dans l'ombre, dans la crainte d'exciter d'abord des préoccupations, de réveiller des préventions qui auraient pu s'opposer à ce qu'on voulût nous entendre. Au moment où nous devions enfin prendre la parole sur cette question, elle paraissait, nous le savions, définitivement résolue, dans le sens négatif, pour la plupart des esprits. Nous nous présentions avec une solution toute contraire, mais, avant de nous expliquer sur le dogme religieux que nous professions, nous avions à combattre, qu'on nous passe le mot, les préjugés philosophiques et scientifiques qui repoussent les idées fondamentales de toute RELIGION, quelle qu'elle soit. Nous nous attachâmes donc à montrer que l'*irréligion*, qui forme le caractère général de notre époque comme de toutes les époques *critiques*, n'était due qu'aux antipathies qui s'étaient développées contre un dogme vieilli, devenu insuffisant, et contre l'institution qui le réalisait; que, sous un autre rapport, elle n'était que la traduction de ce fait, savoir : Que l'homme avait cessé, en contemplant l'univers et sa propre existence, d'y apercevoir l'ordre, l'harmonie, l'ensemble, mais que par sa nature même, l'humanité tendait invinciblement vers une nouvelle conception d'ordre, et que du moment où elle l'aurait saisie, elle aurait une nouvelle religion, puisque l'ordre, l'harmonie, l'ensemble, ne sont que des expressions variées d'une CONCEPTION religieuse.

Examinant le témoignage que les sciences, disait-on, déposaient contre toute idée de ce genre, nous montrâmes que les sciences, par leur objet, par la nature de leur mode d'investigation, par leurs prétentions même, passaient à côté des idées fondamentales de toute religion, et ne prouvaient rien contre elles; que bien loin d'être irréligieuses dans leur essence, comme on le croit généralement, comme les savans, en tant qu'élèves de la philosophie critique, le croient eux-mêmes, elles contribuaient, en découvrant progressivement les lois qui régissent l'univers, à donner une idée toujours de plus en plus grande des desseins providentiels, et qu'en ce sens on pourrait dire des sciences, QU'ELLES RACONTENT LA GLOIRE DE DIEU. Sortant enfin de cet ordre d'argumens, nous invoquâmes le témoignage de l'histoire pour prouver que, bien loin d'avoir toujours été en décroissant dans la suite des temps, comme on paraissait le penser, la religion n'avait cessé, au contraire, de prendre de l'importance sous le double rapport et de la place qu'elle avait occupée dans l'existence *individuelle*, et de sa valeur *sociale*; ce qui est démontré dans la succession des époques organiques, par le passage du *Fétichisme* au *Polythéisme* et du *Polythéisme* au *Monothéisme*, considéré dans les deux phases qu'il comprend jusqu'à ce jour, le *Judaïsme* et le *Christianisme*. En résultat, nous sommes arrivés à cette proposition:

L'HUMANITÉ A UN AVENIR RELIGIEUX;

La religion de l'avenir sera plus grande, plus puissante qu'aucune des religions du passé;

Son dogme sera la SYNTHÈSE *de toutes les conceptions, de toutes les manières d'être de l'homme;*

L'INSTITUTION SOCIALE, POLITIQUE, CONSIDÉRÉE DANS SON ENSEMBLE, SERA UNE INSTITUTION RELIGIEUSE.

Tel est le point où nous en sommes restés. Les idées que nous venons de rappeler ont été l'objet d'une exposition détaillée qui nous a occupés pendant neuf mois ; elles ont reçu en outre de grands développemens, par suite des discussions qui se sont engagées ici à leur occasion : nous n'avons donc pu les retracer, dans ce résumé sommaire, que d'une manière très-incomplète. Cependant, en considérant la marche que nous avons suivie dans leur exposition, et le terrain sur lequel cette marche nous a conduits, il vous sera facile de concevoir quel doit être notre point de départ dans une exposition nouvelle.

Si toute époque *organique* est RELIGIEUSE, si la religion comprend dans son *dogme* toutes les conceptions de l'homme, toutes ses manières d'être, si enfin elle est la SYNTHÈSE SOCIALE, il est évident que, cette idée une fois produite, nous devons déduire l'avenir et tous les faits qu'il doit comprendre du *dogme* religieux que nous professons.

Voici donc la marche que nous suivrons : Nous montrerons comment le *dogme* religieux de la dernière époque organique était approprié aux circonstances au milieu desquelles il s'est développé ; comment tous les faits généraux, toutes les institutions de cette époque, en ont été la conséquence. Nous examinerons quelles sont les circonstances dans lesquelles ce dogme a laissé les sociétés ; nous dirons quel est le *dogme* nouveau que les progrès de l'humanité appellent, et quels sont les faits nouveaux, les institutions nouvelles qu'il doit engendrer. Dans notre prochaine réunion, Messieurs, nous commencerons à entrer dans cet examen.

Mais, avant de passer outre, nous éprouvons le besoin de caractériser la position dans laquelle nous place la doctrine que nous professons ; cette position, sans doute, est exceptionnelle ; cependant elle ne nous constitue pas en état de *secte*. Le mot *secte* s'entend d'une opinion qui se sépare : or nous ne nous séparons pas, nous ARRIVONS ; nous arrivons sur un terrain où aucune croyance générale, sincère, profonde, n'est établie, et c'est à combler cette lacune que nous aspirons. Nous n'avons point l'*esprit de secte*, car, dans le sens que l'on donne à ce mot, l'esprit de secte porte ceux qui en sont animés à repousser tout ce qui les entoure ; et nous, au contraire, nous allons au-devant de tous les partis, nous les appelons avec amour, car si nous rejetons les systèmes sur lesquels ils s'appuient, les faits qu'ils voudraient produire, nous trouvons que leurs efforts contradictoires prennent leur source dans des sentimens également légitimes. C'est ainsi que nous sympathisons avec les hommes qui essaient de ramener la société en arrière, pour leur amour de l'*ordre* et de l'*unité* ; que nous sympathisons encore avec ceux qui les combattent, pour le sentiment *progressif* qui les anime. Nous appelons les uns et les autres à se réunir à nous, car nous pouvons offrir aux premiers l'*ordre* et l'*unité* qu'ils aiment, aux seconds le *progrès* qu'ils désirent. C'est parce que la doctrine de SAINT-SIMON a la puissance de *rallier* tous les SENTIMENS, toutes les *idées*, tous les *intérêts* aujourd'hui divergens, qu'elle est une doctrine générale, qu'elle est une RELIGION.

DEUXIÈME SÉANCE.

ÉTAT DU MONDE AU MOMENT DE L'APPARITION DU CHRISTIANISME. — APPROPRIATION DU DOGME CHRÉTIEN AUX BESOINS DE L'HUMANITÉ. — FONDEMENT DE LA DIVISION ÉTABLIE AU MOYEN AGE, ENTRE LE POUVOIR TEMPOREL ET LE POUVOIR SPIRITUEL, ENTRE L'ÉTAT ET L'ÉGLISE.

Messieurs,

En nous conformant au plan que nous avons déclaré devoir suivre dans cette nouvelle exposition de la doctrine de Saint-Simon, nous avons à montrer d'abord comment le *dogme* religieux de la dernière époque organique a été approprié aux circonstances au milieu desquelles il s'est développé; comment tous les faits généraux, toutes les grandes institutions que présente l'histoire du moyen âge, époque d'où sont sorties les sociétés les plus avancées aujourd'hui en civilisation, ont été la conséquence nécessaire ou plutôt la réalisation de ce *dogme*. Cet examen, ce rapprochement devront avoir pour résultat de vous faire sentir la nécessité d'un *dogme* nouveau, et de vous mettre sur la voie de comprendre les caractères généraux qui doivent séparer la nouvelle conception religieuse de celle qui l'a précédée et préparée. Dans notre exposition de l'année dernière nous avons principalement procédé par la voie *analytique*, *à posteriori* : nous suivrons aujourd'hui la marche inverse, sans que pourtant l'exposition nouvelle dans laquelle nous allons entrer soit complétement *synthétique*, *à priori*. Pour lui donner ce caractère, nous devrions en effet, d'après ce que nous avons dit sur la nature et la portée des conceptions religieuses, commencer sans préambule par vous exposer, dans les termes où nous le concevons, le *dogme* religieux de l'avenir, et déduire directement de ce *dogme* l'institution sociale que nous annonçons, et dont nous avons dit qu'il devait être la synthèse. Mais en admettant que cette déduction vous parût rigoureuse et logique, le dogme lui-même dont nous l'aurions tirée pourrait rester encore à débattre entre nous. Avant donc de le prendre pour point de départ, nous devons essayer d'en préparer l'intelligence, en faisant pressentir, par la caractérisation de l'époque qui vient de finir, les élémens dont il doit se composer. Pour être autorisé à suivre une autre marche il faudrait supposer que, par son simple énoncé, ce dogme dût aussitôt rallier à lui toutes les intelligences, toutes les sympathies; mais si telle était notre conviction, ce ne serait plus une *exposition* que nous devrions nous proposer de faire, le temps de la *prédication* serait venu pour nous, et nous devrions alors renoncer à toute autre manière de manifester notre croyance, car on ne consent à analyser, à discuter des idées de la nature de celles que nous présentons, que lorsqu'on ne peut les *prêcher*. Mais nous n'en sommes point encore arrivés à ce temps; nous avons l'espoir qu'il n'est point éloigné; en attendant, nous l'appelons de tous nos vœux, nous travaillons de toutes nos forces à le produire, et tel est en ce moment le seul but de nos efforts.

Si les idées que nous avons présentées jusqu'à ce jour ont obtenu quelque faveur, si au moins elles sont parvenues à fixer l'attention, nous ne saurions douter que c'est à la relation intime dans laquelle elles se sont toujours montrées avec les faits qui intéressent l'ordre social qu'elles en sont redevables; que c'est enfin, sinon à leur valeur reconnue d'application, au moins aux prétentions qu'elles annoncent à cet égard. Tout le monde, aujourd'hui, sent plus ou moins profondément, d'une manière plus ou moins distincte, que l'état dans lequel se trouve l'humanité, dans lequel vivent les sociétés européennes, est un état provisoire qui touche à son terme, et que de grands changemens se préparent. Par suite de cette sensation, en quelque sorte instinctive, par ce vague pressentiment, les esprits se trouvent naturellement disposés à écouter tout ce qui peut paraître leur promettre une révélation de l'avenir. Mais ils ont renoncé à l'espoir de trouver cette révélation dans les spéculations théologiques, métaphysiques, historiques même, attendu que toutes les spéculations de cet ordre, qui se sont produites dans ces derniers temps, se sont montrées sans relation, dans leur principe ou dans leur fin, avec l'existence sociale de l'homme. Aujourd'hui, messieurs, nous avons à nous mettre en garde contre cette prévention, légitime d'ailleurs pour le moment, à laquelle sont livrés les esprits, car pendant quelque temps nous devrons perdre de vue, au moins en apparence, les questions qui se rapportent directement au réglement de l'ordre social, pour nous livrer à des considérations qui, à certains égards, pourront paraître nous faire tomber dans les spéculations proscrites dont nous parlions tout à l'heure. Mais si nous quittons un instant le terrain sur lequel nous avons été placés jusqu'ici, ce n'est que pour revenir bientôt nous y établir d'une manière définitive, avec de nouvelles forces et de nouvelles lumières.

Nous allons donc entrer en matière, en essayant d'abord de caractériser sous leur aspect le plus général les circonstances au milieu desquelles le christianisme est apparu.

Dans toute l'antiquité, dans tout le temps qui a précédé la prédication de l'Évangile, la guerre, ainsi que nous l'avons dit plusieurs fois déjà, constitue le but dominant de l'activité humaine. L'institution sociale alors n'a point d'autre raison. L'antique cité païenne n'est, à proprement parler, dans la plénitude de son institution, qu'une association militaire. A cette époque, les titres de *citoyen* et de *guerrier*, ceux d'*étranger* et d'*ennemi*, sont synonymes. Parmi la multitude des divinités qu'elle reconnaît, chaque cité a ses dieux tutélaires. Le seul culte que demandent ces dieux, c'est l'agrandissement de la cité qu'ils ont adoptée, et qui, en quelque sorte, les personnifie, c'est l'asservissement de toutes les autres. La guerre n'est point alors seulement le résultat d'une impulsion brutale, d'une nécessité de position, elle est encore une œuvre RELIGIEUSE, la plus éminemment RELIGIEUSE. Dans la lutte qui, par suite de cette position, s'établit entre les cités, quelques-unes l'emportent et s'incorporent les cités vaincues; ce phénomène se reproduit entre les cités envahissantes elles-mêmes, jusqu'au moment, enfin, où l'une d'elles parvient à soumettre toutes les autres à son empire, et à détruire leur individualité politique. Dans la série de civilisation à laquelle nous appartenons, nous voyons cet envahissement successif, partant de points différens, en Europe, en Asie, en Afrique, se consommer enfin au profit de la CITÉ ROMAINE, soit que cette cité fût douée à son origine d'une plus grande virtualité guerrière, soit qu'elle l'eût acquise au moment où les autres commençaient à la perdre. Le résultat de la conquête romaine a été la destruction de toutes les *cités*, dans la plus grande partie du monde alors connu, comme le résultat de toutes les conquêtes partielles, qui vinrent se fondre dans celle-ci, avait été déjà d'en réduire le nombre. Une seule cité alors, la cité envahissante, restait debout; mais dans les premiers temps de l'établissement de l'empire, on la voit bientôt elle-même se dépouiller de son caractère primitif, perdre peu à peu sa puissance d'envahissement, et se replier sur elle-même. Son but dominant alors n'est plus la CONQUÊTE, mais la *conservation*; la *cité romaine* enfin disparaît pour faire place à *l'empire romain*. Mais cet empire, quel ordre, quel état social représentait-il? Ce but que nous venons de lui assigner, la *conservation*, se trouva-t-il exprimé par un *dogme* nouveau, par une hiérarchie sociale correspondante, comme la *conquête* avait été exprimée, organisée par le *dogme* religieux, par l'institution sociale de la CITÉ? Non sans doute: en jetant les yeux sur cet immense empire, on ne trouve sur toute son étendue que des SENTIMENS, des *idées*, des *habitudes*, qui se rapportent à l'institution précédente, à celle de la CITÉ, et qui, dépourvus d'énergie et ne pouvant plus recevoir d'application sociale, n'établissent plus de LIENS positifs entre les individus. L'empire romain enfin ne forme point une société ; car, en tant qu'empire, il n'a point de religion, point de destination, point de but d'activité générale, il ne présente qu'une vaste *agrégation* d'hommes, qu'un amas informe de débris de sociétés. L'administration impériale, si étendue, si compliquée, si minutieuse, et qui au premier aspect présente tant de symétrie, ne constitue point un ordre politique, une hiérarchie sociale : cette administration n'est, à proprement parler, que l'immense bureau de la conquête. Tant que le mouvement d'envahissement était resté ascendant, l'agrégation qu'il déterminait, à mesure qu'il s'étendait, se trouvait maintenue, cimentée, non-seulement par la continuité de l'action de la force envahissante, mais encore, en quelque sorte, par la religion, par la moralité du peuple conquérant. Mais, lorsque ce mouvement commença à se ralentir, les liens de l'agrégation se relâchèrent visiblement, et lorsqu'enfin il eut entièrement cessé, on vit le monde romain tendre de jour en jour d'une manière plus prononcée à une dissolution complète.

Parvenu à ce terme, l'empire présente d'une manière évidente tous les caractères que nous avons précédemment assignés aux époques critiques : alors, en effet, la société n'a plus de destination qu'elle comprenne, de but d'activité connu ; l'*éducation*, la *législation*, ne tendent plus vers un objet déterminé ; les sentimens, les idées, les actes sont en divergence complète ; la légitimité des pouvoirs est à tout moment méconnue et contestée ; la violence et la corruption deviennent les principaux moyens de gouvernement, et l'on voit naître en même temps, et se développer toujours de plus en plus, l'égoïsme et l'immoralité. Tous les traits de cette situation sont enfin résumés dans un seul fait, l'IRRÉLIGION : les temples sont désertés, et leurs dieux insultés. Le DESTIN, ce dieu suprême, dont les desseins sont ignorés et déclarés impénétrables, et que pour cette raison l'on hait ou l'on redoute, est alors la seule divinité que l'on consente à reconnaître. Alors, sans doute, il existe bien encore un grand nombre de croyances *individuelles*, et c'est ce que l'on retrouve à toutes les époques critiques; mais par cela seul que les croyances qui subsistent sont *individuelles*, il n'y a plus de RELIGION, au moins dans l'acception rigoureuse de ce mot, qui ne peut s'entendre que d'une croyance SOCIALE.

Tels sont les caractères et les causes de cette démoralisation romaine, qui a si vivement frappé les esprits, et qui était à peu près parvenue à son terme vers la fin du premier siècle de l'empire. Ce grand corps semble alors ne plus se soutenir que par une sorte d'équilibre machinal; s'il ne se dissout point, c'est moins parce qu'il a une raison positive de se maintenir que parce qu'il n'en a point pour changer d'état.

Cette situation, si déplorable en apparence, avait cependant sa raison dans le plan providentiel; elle ne devait pas rester sans fruit : par elle, l'humanité se trouvait avoir fait un pas immense. Toute RELIGION, toute MORALE, tout ORDRE SOCIAL avaient disparu; mais il ne faut point oublier que la *religion*, la *morale*, l'*institution sociale*, qui venaient de périr, étaient celles de la GUERRE et de l'ESCLAVAGE.

La guerre, l'esclavage, devaient, il est vrai, se prolonger long-temps encore; mais dès lors ils étaient virtuellement détruits, car ils n'avaient plus de RELIGION *qui leur fût propre*, qui les SANCTIFIAT, et ils ne devaient plus en avoir; la SOCIÉTÉ GUERRIÈRE, proprement dite, venait de finir avec la CITÉ PAÏENNE.

La conquête romaine, en accomplissant cette tâche, se trouvait en avoir rempli une autre : elle avait rapproché et mêlé une foule de peuples, disséminés dans les trois parties du monde, et préparé ainsi l'établissement de la grande société, que devaient enfanter un nouveau *dogme*, une religion nouvelle.

Au milieu de l'œuvre elle-même de la dissolution romaine, cette religion régénératrice se produisit. Long-temps elle resta inconnue au monde qu'elle devait envahir. Mais nous n'avons point à nous occuper ici de ses commencemens, des difficultés qu'elle eut à vaincre pour se faire jour, des glorieux dévouemens par lesquels elle dut acheter son triomphe. Les progrès que l'humanité est appelée à faire ne se réalisent que lentement, successivement, et à la suite de longs efforts; telle est la loi qui lui a été imposée, telle est celle au moins qu'elle a subie jusqu'à ce jour. Nous laisserons de côté cet aspect du développement du christianisme, et nous nous occuperons, d'abord, de la *doctrine* qu'il venait produire et propager. Dans la suite, nous aurons à examiner tout ce que cette doctrine se trouva comprendre lorsqu'elle fut parvenue au dernier terme de son élaboration; mais, pour le moment, nous ne la considérerons que dans les *préceptes* par lesquels elle se manifesta à son origine.

En proclamant l'unité de Dieu et celle de la race humaine, le christianisme enseignait et prescrivait aux hommes l'amour du prochain, la fraternité universelle, le pardon des injures; il leur inspirait l'horreur du sang et de la violence. L'appropriation de ces préceptes aux circonstances au milieu desquelles ils se produisaient est évidente : elle ressort assez clairement de tout ce que nous avons dit précédemment, pour que nous n'ayons pas besoin d'insister sur ce point. Par là, non-seulement la guerre et ses produits se trouvaient mis en dehors de la religion, mais encore ils étaient directement et formellement *condamnés* par elle. Il y a plus, l'associa-

TION UNIVERSELLE se trouvait virtuellement comprise dans ces préceptes; et à ne les considérer qu'en eux-mêmes, il semble au premier aspect qu'ils auraient dû avoir pour résultat nécessaire la réalisation de cette association, de cet état *définitif* dans lequel nous avons dit que l'humanité devait entrer aujourd'hui; mais le temps de cette grande révolution n'était point encore venu : le christianisme n'était point appelé à l'*accomplir*, mais seulement à la *préparer*; et de même que le judaïsme, en proclamant l'unité de Dieu et de la race humaine, avait méconnu la conséquence directe de cette conception, la FRATERNITÉ UNIVERSELLE, en supposant qu'un seul peuple ou plutôt une seule famille avait été élue, adoptée par Dieu, de même le christianisme méconnut les conséquences sociales et politiques du dogme de la fraternité universelle, en admettant que cette FRATERNITÉ, dans toute sa plénitude, ne devait se *réaliser* que dans le CIEL.

Cette restriction du christianisme, qui a sa raison *à priori*, dans une conception théologique dont nous aurons à nous occuper plus tard, savoir : *La chute des anges et le péché originel, l'élection et la réprobation, le paradis et l'enfer*, peut se justifier encore par l'état dans lequel se trouvait l'humanité au moment de la venue du CHRIST. La guerre, sans doute, alors avait perdu son principe actif, sa raison première; mais elle était vivante encore dans tous les faits de la société, dans les sentimens, dans les idées, dans les intérêts, qui tous étaient ses produits. On sait quels étaient les amusemens, les spectacles de ces peuples devenus relativement pacifiques : les jeux sanglans du cirque sont encore présens à la mémoire de tout le monde; on sait aussi quel était à cette époque le sort de l'immense majorité de la population. L'esclavage, il est vrai, avait perdu de sa rigueur primitive; mais on peut dire qu'il était alors dans tout son luxe: en jetant les yeux sur les mœurs de ce temps, il semble en effet que les hommes au profit desquels il se trouvait établi ne fissent que commencer à sentir toute la valeur de ce privilége de la conquête, à entrer en jouissance enfin de l'EXPLOITATION de leurs semblables.

Indépendamment de cette possession acquise, la guerre avait encore une raison de fait dans les désordres, dans les révoltes qui s'élevaient à chaque instant au sein de l'empire, et qui nécessitaient incessamment l'emploi de la violence, le retour aux passions haineuses et brutales. L'empire romain enfin ne comprenait pas le monde entier; sa vertu d'envahissement était venue expirer aux frontières de peuples barbares qui l'entouraient de toute part, et ces peuples le menaçaient à son tour.

La guerre, encore qu'elle fût détruite dans son principe, pour la partie la plus avancée de l'humanité, devait donc long-temps encore exercer une grande influence sur le sort des sociétés. Cette situation fut profondément sentie par le fondateur du christianisme, qui, renonçant à voir sa loi devenir celle des sociétés politiques, ne la présenta que comme une LOI *individuelle dont l'accomplissement ne devait pas avoir de but sur la* TERRE.

Cette vue, par laquelle le christianisme se trouvait exclu de la tâche d'organiser la famille humaine dont il venait proclamer l'existence, fut exprimée dans ces paroles célèbres, qui ont été depuis si fréquemment et presque toujours si mesquinement invoquées : RENDEZ A CÉSAR CE QUI EST A CÉSAR, ET A DIEU CE QUI EST A DIEU. — MON ROYAUME N'EST PAS DE CE MONDE. Tout l'avenir du christianisme se trouva renfermé et prophétisé dans ce peu de mots; et le moyen âge, dans le fait le plus général que présente son institution, la division du pouvoir en *spirituel* et en *temporel*, n'a été que l'application de la pensée qu'ils exprimaient. Le christianisme, sans doute, ne devait pas rester aussi étranger à la terre, à la destinée sociale de l'homme, à l'ordre politique, que l'ont prétendu, dans les trois derniers siècles, la plupart de ceux qui ont entrepris de déterminer le sens des paroles que nous venons de rapporter; sa tendance, au contraire, malgré ces paroles, devait être d'envahir les sociétés; cependant les limites de son envahissement étaient irrévocablement posées par elles; tout ce qu'il pouvait prétendre était de partager la puissance, d'élever un trône à côté de celui de César, de fonder une *Église* en présence des *États*. Ce but, qui a été atteint par la division des pouvoirs dont nous parlions à l'instant, ne devait point être pour le christianisme une conquête facile; ce n'est qu'après plusieurs siècles de vicissitudes et de luttes qu'elle a été accomplie. Nous aurons à suivre ces luttes, ces vicissitudes; à rechercher, dans le débat qui s'est passé entre les *deux principes* qui se trouvaient en présence, quel a été le caractère de chacun d'eux, quels sont les faits qui se rattachent à l'action de l'un et de l'autre; quelles relations, quel pacte se sont établis entre eux; quelle a été leur influence réciproque, et dans quelle situation leur double action, parvenue à son terme, a placé les sociétés. Cet examen, quelque succinct qu'il devra être, car notre objet ici n'est point de faire un cours d'histoire, comporte pourtant un assez grand nombre de détails. Nous n'y entrerons pas aujourd'hui; il nous mènerait trop loin. Nous commencerons à nous en occuper dans notre prochaine réunion.

En attendant, messieurs, nous appelons votre attention, vos méditations, sur ce fait si long-temps méconnu, savoir: que la division des pouvoirs, au moyen âge, division qui a été si souvent controversée, et dont il a toujours été impossible jusqu'ici de fixer les termes, ne correspond pas, comme souvent on a paru le croire, à une distribution naturelle de travail, à une sorte de dualisme primitif et invariable que présenterait l'existence de l'homme. S'il en avait été ainsi, nous aurions pu voir l'*harmonie* s'établir entre les deux puissances, car il aurait été possible alors de fixer nettement les limites de leurs domaines respectifs; or, c'est ce qui n'est point arrivé. La raison en est simple : c'est que cette division des pouvoirs n'était autre chose que le résultat, l'expression de l'existence de deux sociétés qui se trouvaient en présence, et dont les destinées, dont les tendances étaient opposées : l'une qui pratiquait la loi nouvelle de Dieu, la fraternité universelle, la paix; l'autre qui continuait à suivre l'impulsion de César, personnification de la violence, de la haine, de la guerre.

Ce rapprochement pourrait suffire pour caractériser les deux sociétés. Il est évident que la première était progressive; qu'elle renfermait dans son sein le germe de l'avenir; tandis que la seconde, au contraire, manifestait un fait rétrograde et destiné à périr.

Ce partage de la puissance et des hommes, la lutte, l'opposition qui en ont été le résultat, ont aujourd'hui perdu leur raison; nous touchons à une époque où l'unité, l'harmonie, vont s'établir entre toutes les tendances de l'homme, et où, par conséquent, il n'y aura plus qu'une société et qu'un pouvoir; en nous servant un moment de la langue chrétienne, nous pourrions dire que la loi de César est arrivée à son terme; qu'elle va disparaître pour faire place à la loi de Dieu, dont le *règne*, enfin, doit *arriver sur la terre*. — Nous montrerons bientôt comment le christianisme, qui a préparé cette grande révolution, est impuissant pour l'accomplir.

TROISIÈME SÉANCE.

DU POUVOIR SPIRITUEL ET DU POUVOIR TEMPOREL.

CONFUSION DES DEUX POUVOIRS, A L'ORIGINE DU CHRISTIANISME, ENTRE LES MAINS DE LA PUISSANCE MILITAIRE. — CETTE CONFUSION SE CONTINUE ET SE FORTIFIE EN ORIENT. — ELLE S'AFFAIBLIT SANS CESSE ET TEND A DISPARAÎTRE EN OCCIDENT. — CONSÉQUENCES DE CETTE DIFFÉRENCE SUR LES DESTINÉES DES PEUPLES.

Messieurs,

Par l'apparition du christianisme, deux sociétés se trouvaient en présence : l'une, pleine d'avenir, manifestant la tendance de l'humanité vers la *paix*, vers l'association universelle; l'autre, formée de tous les débris du passé, et ne représentant plus, dès lors, qu'un fait destiné à périr, l'antagonisme, la *guerre*. Nous avons montré comment la première, encore qu'elle fût progressive, encore qu'elle seule fût en possession de l'élément constitutif, de la raison suprême de toute société, la RELIGION, ne pouvait cependant prétendre à *réaliser* complétement dans l'ordre politique les sentimens, les idées qu'elle venait *enseigner* aux hommes. Sa tâche n'était point d'accomplir l'ordre social dont elle contenait le germe, et dont, à quelques égards même, elle était un symbole, mais seulement de le préparer.

Pour remplir cette tâche, dont la conscience, d'ailleurs, ne lui avait pas été donnée, elle devait pactiser avec la société qu'elle était appelée à détruire, et borner ses prétentions, à l'égard de cette société, au partage de la puissance. Cette conquête, avons-nous dit, ne devait point être facile pour le christianisme; il a fallu, en effet, plusieurs siècles pour qu'elle fût consommée.

Jetons aujourd'hui un coup d'œil sur les vicissitudes qui accompagnèrent la marche ascendante de la société nouvelle; examinons comment s'est opérée, s'est constituée enfin cette division des pouvoirs, établie au moyen âge, division si mobile, si incertaine dans ses limites, si mal définie quant à son principe, et qui pourtant constitue l'aspect le plus saillant, le trait le plus caractéristique de l'époque où elle prit naissance.

Dans ce retour vers le passé, nous n'avons pas seulement pour objet d'éclaircir un fait mal apprécié, d'apporter une solution à un problème qui a été si longuement, et jusqu'à ce jour si vainement débattu; mais encore, et surtout, de montrer, dans ce qui a été, l'indication de ce qui doit être, et de justifier ainsi les vues que nous avons présentées sur la grande UNITÉ sociale qui se prépare.

Du point de vue où nous sommes placés, il n'y a pas lieu de s'occuper du christianisme, avant l'époque où il commença à prendre place dans l'ordre politique, où il imposa sa formule et sa foi aux pouvoirs en présence desquels il s'était si péniblement développé. Jusque là, en effet, les chrétiens se trouvent placés dans une position tout exceptionnelle : si leur existence intéresse vivement l'ordre social, ce n'est point par une action directe et publique; si les pouvoirs établis ne se mêlent pas de leur gouvernement intérieur, ce n'est point parce qu'ils sont indépendans, mais parce qu'ils sont isolés, séparés, et que l'existence, comme société, leur est même déniée. Il ne s'agit point alors pour la hiérarchie chrétienne de régler, de déterminer ses rapports avec la hiérarchie militaire : le grand objet, pour la société naissante tout entière, est d'exister pour elle-même au milieu de la société qui la persécute; tel est aussi le premier intérêt qui se révèle dans la plupart des écrits apologétiques publiés durant le cours de la persécution. Mais, à dater de l'avénement de Constantin, cette situation change : les chrétiens n'ont plus à se défendre contre la société qui leur est étrangère; leur but dominant est de l'envahir et de la diriger : c'est alors que pour la première fois il y a lieu de s'occuper de la relation des deux hiérarchies, des deux sociétés.

Et d'abord, au commencement, la confusion des pouvoirs est complète, et c'est dans les mains du successeur de César qu'elle est établie. Après l'avénement de Constantin, on voit bien les églises chrétiennes jouir encore de quelque indépendance, communiquer spontanément entre elles, convoquer des assemblées, prendre des décisions et les proclamer sans recourir à une sanction étrangère; mais, dès qu'un dissentiment se prolonge et cause quelque trouble, dès qu'il devient nécessaire en conséquence d'invoquer une autorité dont la décision soit sans appel, c'est à la puissance impériale qu'on s'adresse, parce que, hors d'elle, il n'y a point de souveraineté constituée et reconnue.

A peine Constantin fut-il monté sur le trône qu'on le vit intervenir pour terminer un schisme qui troublait les provinces d'Afrique, celui des Donatistes. Dans cette circonstance, il est vrai, il se conforma aux décisions de deux conciles; mais ces conciles, il les avait convoqués; et si l'on consulte la forme dans laquelle ces assemblées lui transmirent leurs actes, il est évident qu'elles-mêmes reconnaissaient leur dépendance à son égard. Enfin l'édit qui condamnait les schismatiques émana directement du prince lui-même.

Peu de temps après, l'hérésie arienne, qui a été si puissante dans l'Église, et qui pendant si long-temps a tenu son dogme en suspens, vint manifester avec plus d'éclat encore cette confusion des pouvoirs et la suprématie impériale. Long-temps le débat engagé entre Arius et l'évêque d'Alexandrie demeura renfermé dans la province où il s'était élevé, sans qu'il en fût référé à l'empereur. Arius avait été condamné par deux conciles; mais, sans avoir égard aux sentences qui le frappaient, il en appela aux évêques circonvoisins, qui, sans tenir plus de compte eux-mêmes de la décision qui leur était soumise, justifièrent Arius et sa doctrine, le reçurent à leur communion, et entreprirent de le défendre contre les attaques dont il était l'objet. La division s'établit bientôt, à ce sujet, dans tout le clergé, et de là passa dans le peuple, où elle se manifesta par de grands désordres. L'empereur crut alors devoir intervenir, et d'abord, sans s'inquiéter des décisions des conciles qui avaient prononcé déjà sur la question débattue, il écrivit en son propre nom à Arius et à l'évêque d'Alexandrie, pour les inviter à mettre fin à leur querelle, leur disant *qu'ils étaient fous de se disputer sur des matières qu'ils n'entendaient pas, et de faire tant de bruit pour un sujet si mince.*

Mais ni le clergé ni le peuple ne partagèrent l'indifférence impériale, et le désordre continuant et s'accroissant même chaque jour, Constantin convoqua à Nicée une assemblée générale de l'Église : lui-même assista à ce concile, qui, attendu l'importance de la secte à laquelle il fut opposé, et par son titre de premier œcuménique, a conservé tant de célébrité dans les fastes de l'Église chrétienne. Arius, sa doctrine et ses partisans y furent condamnés par une immense majorité. L'empereur, disent les écrivains ecclésiastiques, reçut avec *soumission et respect* les décisions du concile. Ce qu'il y a de certain, c'est qu'il envoya en exil ceux qui refusèrent d'y souscrire, et notamment le chef de l'hérésie, menaçant, en outre, des peines les plus sévères tous ceux qui persisteraient dans l'opinion condamnée; mais cette déférence de Constantin pour les décrets du concile ne fut pas de longue durée : cédant à des intrigues de cour, bientôt il rappela les exilés, et non-seulement dans le même temps il permit qu'un synode provincial, composé en majeure partie d'ariens, condamnât la formule sacramentale adoptée contre Arius par les pères de Nicée, mais encore il envoya en exil ceux qui, dans ce synode, avaient défendu cette formule. Athanase, patriarche d'Alexandrie, qui, dès l'origine de l'hérésie, s'en était montré l'adversaire le plus redoutable, fut à son tour condamné sous divers prétextes, et exilé par l'empereur, qui mit le sceau à cette réaction en contraignant le patriarche de Constantinople à recevoir Arius à sa communion. On voit à quoi se réduit le respect de ce prince pour les décrets du concile de Nicée, l'assemblée la plus solennelle pourtant qui eût été réunie jusqu'alors pour délibérer sur les intérêts du monde chrétien.

Dans tout ce débat, c'est la volonté de l'empereur qui décide de toutes choses, c'est par son autorité que les conciles s'assemblent, c'est par elle au moins que leurs résolutions deviennent obligatoires. Il est bien vrai que, dans la plupart des occasions, c'est en leur nom qu'il intervient dans les affaires de l'Église; mais il est évident, par l'incertitude qu'il témoigne entre leurs décrets, par l'approbation qu'il donne successivement aux uns et aux autres, encore qu'ils soient clairement contradictoires, qu'à ses yeux ces assemblées sont bien plutôt de simples conseils que des corps dépositaires d'une autorité qui leur soit propre. Il est également évident, par la lutte qui s'établit entre les divers conciles et par la confiance avec laquelle chacun d'eux croit pouvoir s'opposer à ceux qui l'ont précédé, que l'anarchie règne dans l'Église, que son gouvernement n'est point constitué, et que non-seulement il n'existe encore aucun signe certain auquel une autorité suprême puisse se faire reconnaître dans son sein, mais que l'on ne pense pas même, alors, qu'une pareille autorité puisse exister.

Dans un tel état de choses, la toute-puissance impériale est un fait nécessaire, car elle seule est unitaire, elle seule est toujours présente, elle seule est dépositaire d'une sanction, celle de la force. Cette sanction, sans doute, est insuffisante, elle est même en grande partie mal appropriée aux circonstances auxquelles elle s'applique; mais à défaut d'une sanction morale, qui ne pouvait évidemment résulter ici que de l'existence d'une hiérarchie ecclésiastique constituée, elle seule était capable de maintenir quelque ordre dans l'Église.

Sous les successeurs de Constantin, ce double phénomène de l'anarchie de l'Église et de la suprématie impériale continue à se manifester, et avec plus d'éclat encore, attendu l'activité croissante que devait prendre la société chrétienne au sortir de la persécution. Parmi les divisions qui s'élèvent dans son sein, il suffit de suivre celle qui se perpétue à l'occasion de l'arianisme, et qui pendant longtemps domine toutes les autres, pour vérifier la situation que nous venons de signaler. D'une part, les contradictions entre les conciles deviennent plus fréquentes et plus vives que jamais; de l'autre, ces assemblées se montrent dans une dépendance toujours plus absolue de la volonté de l'empereur. Dans le cours de ce débat, on peut prévoir d'une manière à peu près certaine quelle sera l'opinion de chacun des conciles appelés à s'en occuper, par l'opinion arrêtée, ou même passagère, du prince qui le convoque. C'est ainsi que, durant un espace de plus de soixante ans, le monde chrétien, selon l'opinion du souverain régnant, apparaît tour à tour arien, semi-arien, ou athanasien, ou plutôt *orthodoxe*, car nous savons aujourd'hui de quel côté était l'orthodoxie dans ce grand débat.

Sous Constantin, la situation à cet égard demeura incertaine, car s'il avait réhabilité la personne des chefs de l'arianisme, il n'avait pas prétendu pourtant réhabiliter formellement leur doctrine; après lui, le Nord et l'Occident se montrèrent orthodoxes sous l'empereur Constant, qui partageait cette croyance; l'Orient fut arien, sous son frère Constance, qui suivait l'opinion contraire; et lorsque les deux parties de l'empire se trouvèrent soumises à la puissance de ce dernier, l'Orient et l'Occident parurent tour à tour ariens ou semi-ariens, selon l'humeur changeante du prince; ce qui, après deux règnes éphémères, arriva encore pour l'Orient, sous Valens. Théodose-le-Grand, qui avait embrassé la foi de Nicée, employa toute son autorité à la faire prévaloir, et, vers la fin de ce règne puissant, il semble que l'arianisme ait complétement disparu.

Ici, une objection peut se présenter : on peut dire que la foi des empereurs n'était pas chez eux spontanée ; que, quelle qu'elle fût, elle leur était toujours inspirée directement ou indirectement par les évêques qui les entouraient. Ce fait est incontestable ; toute l'histoire l'atteste, et il serait impossible de concevoir qu'il en eût été autrement. Mais ce qu'il y a d'important à constater ici, c'est qu'aucune des opinions qui s'élèvent spontanément dans le sein du clergé ne peut prétendre à une domination publique qu'autant qu'elle parvient à se faire recevoir par le prince, et que celui-ci en fait ouvertement profession.

Pourtant, dans cette lutte, comme dans toutes celles qui l'ont suivie, il y a un fait important à remarquer : c'est le soin que prennent les empereurs de concilier à l'opinion qu'ils professent l'approbation des conciles, même celle des évêques qui, par la considération attachée à leurs sièges, sont en possession d'une influence générale sur l'Église. Les violences exercées sur quelques conciles pour leur faire souscrire une formule arienne, et notamment sur celui de Rimini, qui est resté célèbre à ce titre ; les persécutions dirigées dans le même but contre le pape Libère, dont la résistance fut ainsi momentanément vaincue, attestent hautement ce fait, dans lequel on doit voir, non-seulement l'aveu implicite, fait par les empereurs, de l'illégitimité de l'autorité qu'ils exerçaient, mais encore la révélation de la puissance qui, plus tard et ailleurs, devait s'élever indépendante à côté de celle des Césars.

La suprématie des empereurs dans les affaires de l'Église, indépendamment de ce qu'elle était un fait nécessaire, inévitable, comme nous l'avons vu déjà, fut encore, à l'origine, plus utile que nuisible à la cause du christianisme : elle constatait l'adoption de la foi nouvelle par le pouvoir politique : or, par cette adoption, le christianisme échappait à la persécution; il acquérait une nouvelle puissance pour se répandre, et pouvait enfin appliquer toutes les forces, toute l'énergie qu'il avait déployées jusque là pour se défendre, à travailler à son perfectionnement. Si, d'ailleurs, la persécution avait cessé, pendant long-temps le retour en était possible, et la conversion des empereurs à la foi chrétienne pouvait seule le prévenir. Ce danger, peu à craindre au temps dont nous parlons, ne paraîtra pas cependant chimérique si l'on réfléchit qu'après deux règnes chrétiens qui avaient duré plus de cinquante ans, Julien, ce héros de la philosophie critique, mais qui pourtant a été justement surnommé l'*Apostat*, parce que, selon la belle expression de M. Ballanche, il avait apostasié l'avenir, si l'on réfléchit, disons-nous, que Julien trouva encore dans les débris du paganisme assez de puissance pour se croire en état, à son avénement, de répudier le christianisme, et de conserver l'empire en se privant de l'appui de la foi nouvelle.

Mais, si l'intervention impériale dans les affaires de l'Église fut d'abord utile au christianisme, en se prolongeant au-delà des circonstances qui la rendaient nécessaire, elle ne pouvait manquer de devenir funeste à son développement : c'est ce que l'on vit bientôt arriver en Orient, où le pouvoir des princes sur l'Église devint chaque jour plus absolu et plus indépendant. Dans les débats religieux qui s'élèvent, on les voit, il est vrai, continuer à invoquer l'autorité des conciles; mais il est évident que de jour en jour cette autorité leur paraît moins nécessaire et moins respectable; ce qui est attesté par un grand nombre d'actes, dans lesquels, tout en citant les conciles, ils prononcent en leur propre nom, se présentant, en quelque sorte, comme les régulateurs de la foi. Pour prouver ce fait, il suffirait de rappeler les deux déclarations des empereurs Zénon et Héraclius, aux Ve et VIIe siècles, connues, l'une, sous le nom d'*hénotique*, l'autre, sous celui d'*ecthèse*, toutes deux prononçant sur des points de doctrines controversées, et notamment sur l'opinion d'Eutychès, concernant la nature de Jésus-Christ. On pourrait citer encore les décrets de Justinien sur la même question et sur l'origénisme, ainsi que les édits des empereurs dans le VIIIe siècle et les suivans, touchant la grande querelle élevée au sujet du culte des images.

Dans toutes ces occasions, non-seulement les empereurs d'Orient prononcent souverainement sur le dogme; mais on les voit encore, ce qui était d'ailleurs une conséquence de cette première usurpation, exercer la même autorité sur le personnel du clergé, nommant et déposant les évêques, selon que ceux-ci se montrent ou non favorables à l'opinion qu'ils veulent faire triompher. Au IXe siècle, cette confusion était parvenue à son dernier terme; il n'y avait point alors en Orient d'Église constituée, de hiérarchie ecclésiastique distincte, ou au moins indépendante, de la hiérarchie militaire; les empereurs y étaient, par le fait, revêtus des fonctions de souverains pontifes; et, bien loin que les faits tendissent, par leur marche, à changer cette situation, ils tendaient, au contraire, chaque jour, à l'affermir encore.

Nous avons vu quel a été le résultat de cet état de choses. Le paganisme n'avait plus d'autels en Orient; mais les habitudes qu'il avait créées, la dissolution morale qui avait suivi la chute de ce système avant l'apparition du christianisme, y subsistaient à peu près dans leur entier ; aucune loi n'y était reconnue, aucune autorité n'y était sacrée, aucune existence assurée, pas même celle des princes, dont le pouvoir paraissait si absolu : le clergé lui-même avait participé à la corruption générale, et les mœurs des plus considérables de ses membres se distinguaient à peine de celles des puissans laïques de l'époque. Pourquoi le christianisme n'avait-il pas arrêté le cours de ce désordre? pourquoi n'en avait-il pas triomphé? c'est que, par des circonstances que nous apprécierons mieux en examinant ce qui s'est passé ailleurs, il n'avait pu se séparer à temps d'un ordre politique dont le principe lui était étranger, et qu'à l'origine il avait reçu mission de combattre et de détruire; c'est, en d'autres termes, parce qu'il s'était arrêté, dans son développement, à la limite où les successeurs de César pouvaient seulement consentir à le recevoir.

L'Orient a bien porté la peine de l'impuissance dont le christianisme y a été frappé : lorsque les peuples qui avaient embrassé la foi de Mahomet vinrent envahir ses provinces, il se trouva sans force et incapable de résister à leur puissante impulsion. Sur toute la surface de cet empire, immense encore, tous les hommes faisaient le signe de la croix : mais ce symbole ne représentait aucun ordre, aucune puissance. Les chrétiens d'Orient, hors d'état de repousser l'agression qui les menaçait, ne pouvaient pas même espérer de s'incorporer leurs vainqueurs, de les soumettre à leur foi, car il n'avaient qu'une foi languissante, et, à proprement parler, ils ne formaient point un corps, une société ; le paganisme et les vertus qui lui étaient propres avaient disparu de l'Orient, et le christianisme y était définitivement avorté.

Jusqu'ici, en examinant quel a été le sort du christianisme dans ses relations avec les pouvoirs qu'il trouva établis à sa naissance, nous ne nous sommes guère occupés que de l'Orient. Si nous avons commencé par exposer ce qui s'est passé dans cette partie de l'empire romain, c'est d'abord parce qu'elle a été le premier théâtre où le christianisme a figuré avec éclat, et où ses premiers progrès se sont accomplis, et ensuite parce que l'histoire des vicissitudes qu'il y a éprouvées, quant à la question qui nous occupe, peut servir à mieux faire comprendre le développement tout contraire que, heureusement pour l'humanité, il a eu en Occident.

Ici, dès l'origine, les circonstances sont différentes : à partir de l'adoption du christianisme par la puissance politique, c'est-à-dire à partir de l'époque où, du point de vue où nous sommes placés, il y a lieu de s'occuper de la relation des deux sociétés, des deux hierarchies, un fait se remarque d'abord : c'est la faiblesse de l'action du pouvoir impérial en Occident, jusqu'au moment très-rapproché où l'invasion des barbares vint y mettre un terme. Depuis la translation du siége de l'empire en Orient par Constantin, il suffit de jeter un coup d'œil sur la succession des empereurs pour voir que c'est en effet seulement dans cette dernière partie du monde romain que l'autorité impériale est forte, active, assurée. Au temps dont nous parlons, l'empire, considéré dans son ensemble, tend sans doute à une dislocation générale; dès lors il se présente comme une proie que doivent se disputer et se partager les ambitions personnelles que la force pourra favoriser accidentellement. Mais c'est en Occident, d'abord, que ces déchiremens, que ces luttes intérieures se manifestent.

A partir de Constantin jusque vers le milieu du Ve siècle, époque où, par le fait, l'empire romain expire en Occident, on voit les empereurs de Constantinople se succéder régulièrement, et achever leurs règnes, en général assez long-temps, sans être menacés ou troublés dans la possession et l'exercice du pouvoir, par des tentatives d'usurpation. Pendant tout ce temps, enfin, la puissance impériale en Orient est toujours nettement et visiblement manifestée. Il n'en est pas de même en Occident: les deux fils de Constantin, qui lui succèdent immédiatement dans cette partie de l'empire, commencent par s'en disputer la possession les armes à la main. Quelques années plus tard, celui des deux qui était demeuré vainqueur dans cette lutte est tué par Magnence, qui lui arrache l'empire. De là, jusque au règne d'Augustule, et si l'on en excepte celui de Valentinien Ier, l'Occident n'est qu'une arène sanglante où des chefs de soldats viennent se disputer la puissance, qui, par cette raison, ne peut parvenir à se développer dans aucune main. Durant la lutte, elle reste souvent indéterminée pour les peuples; il y a alors lacune dans son action, et lorsque ceux qui la possèdent viennent à l'exercer, leur objet est bien plutôt de se maintenir que de prendre l'initiative sur la société, et de la régler.

Nous n'aurons pas besoin de rapporter les faits qui caractérisent la situation différente à cet égard de l'Orient et de l'Occident, ces faits vous sont connus; nous nous contenterons d'en appeler à vos souvenirs. Nous ne nous arrêterons pas non plus à en rechercher les causes; leurs conséquences seules, par rapport à la question que nous examinons, doivent nous occuper : or, ces conséquences sont faciles à saisir.

Les empereurs d'Orient, n'ayant rien à redouter pour leur existence et la sécurité de leur pouvoir, doivent nécessairement porter toute leur attention, toute leur activité sur le mouvement intérieur de la société, et particulièrement sur celui du christianisme, qui domine tous les autres. L'état précaire de la puissance impériale en Occident ne comporte pas qu'elle y ait cette action intime et continue : aussi, à quelques exceptions près, y voyons-nous la société chrétienne, ou, si l'on veut, l'Église, s'y développer en quelque sorte sur elle-même, par la seule impulsion du principe qui lui est propre. Tandis qu'en Orient presque tous les conciles, ceux au moins qui ont quelque importance, sont convoqués par l'empereur, dirigés par sa volonté, et sanctionnés seulement par son autorité; en Occident, au contraire, et pendant toute la durée de l'empire, c'est presque toujours la seule volonté des chefs de l'Église qui détermine ces réunions; c'est leur autorité seule qui y préside et qui fait recevoir leurs décisions.

Pour vérifier ce fait, il suffit de jeter les yeux sur la série des conciles tenus à Rome dans le cours des IVe et Ve siècles. Non-seulement ces conciles se réunissent, procèdent à leur travaux, et font recevoir leurs décrets sans l'intervention des empereurs, mais encore on les voit souvent s'élever contre des conciles orientaux appuyés de toute l'autorité impériale, dans le temps même où les deux parties de l'empire sont soumises à un seul sceptre. C'est ainsi que, pendant le débat de l'arianisme, plusieurs de ces conciles cassent les décrets de ceux de l'Orient favorables à cette doctrine, et rétablissent les évêques déposés par eux et exilés par les empereurs.

A l'occasion de ces conciles de Rome, sur lesquels nous aurons à revenir, en les considérant sous un autre aspect, lorsque nous nous occuperons des progrès de la puissance papale, il y a ici un fait important à observer, et que l'on peut regarder comme un des signes les plus frappans de la faiblesse du pouvoir impérial en Occident : c'est qu'à partir de Constantin ce pouvoir n'y a plus de siége déterminé: Rome a cessé d'être la ville des Césars. Les écrivains catholiques, frappés de ce fait, n'ont pas hésité à dire que les empereurs romains s'étaient retirés devant la majesté du trône de saint Pierre. Si, par cette expression, ils ont voulu dire que les empereurs ont effectivement, et avec la conscience d'une nécessité qui les pressait, cédé la place à une puissance qui s'élevait, et dont l'ascendant les dominait, assurément cette expression est impropre, car, au temps où ce fait s'est passé, il est évident que l'idée qu'on peut aujourd'hui se former d'une puissance, et qu'on s'en formait surtout alors, ne pouvait s'attacher à la position où se trouvaient encore à cette époque les faibles successeurs de saint Pierre. Ce qu'il y a de certain pourtant, c'est qu'il est impossible de ne pas reconnaître aujourd'hui que cette séparation a concouru providentiellement et d'une manière puissante à hâter le triomphe de la doctrine du Christ, soit en privant les empereurs de la force, de l'influence morales attachées au nom même de la ville appelée éternelle, de la ville dont le monde était accoutumé à recevoir ses lois, soit en permettant que cette force, que cette influence s'attachassent, graduellement et en se transformant, à la parole du pontife qui y représentait la loi nouvelle.

Mais bientôt la puissance précaire des empereurs en Occident, et toutes les chances pour elle de ressaisir son ancienne position et de s'y affermir, furent pour toujours détruites par un événement qui jusqu'à ce jour ne nous a guère été présenté que comme une horrible catastrophe, mais dans lequel pourtant il nous faut bien encore reconnaître un fait providentiel, qui a hâté au moins l'accomplissement du progrès nouveau que l'humanité était appelée à faire. Nous voulons parler de l'invasion des barbares. Ces peuples, qui entouraient l'empire romain de toutes parts, et qui, dès le IVe siècle, avaient fait sur son territoire de fréquentes excursions, s'y débordèrent d'une manière irrésistible au commencement du Ve; et, dans le cours de ce siècle, couvrirent de leurs établissemens, le Nord et l'Occident. Nous n'avons point à retracer les faits de cette invasion; il suffira de rappeler qu'à la fin du Ve siècle, la Grande-Bretagne, les Gaules, l'Italie, l'Espagne, l'Afrique, étaient devenues le domaine des barbares. Les victoires de Bélisaire et de Narsès, dans le siècle suivant, firent rentrer, il est vrai, une partie des provinces conquises sous l'autorité des empereurs d'Orient : l'Afrique et l'Italie furent dans ce cas; mais ce faible retour de la domination impériale en Occident est ici sans importance : les provinces d'Afrique allaient bientôt, et pour toujours, sortir de la sphère du christianisme; et quant à l'Italie, à peine venait-elle d'être soustraite au pouvoir des Goths, qu'elle rentra sous le joug des Lombards. Si quelques portions de ce territoire primitif de l'empire échappent à ces nouveaux conquérans, elles n'en subissent pas moins la loi de dissolution générale, et ne tardent pas à devenir des états à peu près indépendans dans les mains des chefs qui continuent à y commander au nom des monarques de Constantinople.

Ainsi fut détruite, par l'invasion des barbares, l'unité matérielle qui, de droit au moins, avait jusque là existé en Occident; le pouvoir politique qui avait succédé à celui des empereurs s'y trouva morcelé en une foule de dominations incertaines, flottantes, qui pendant long-temps devaient rester sans racines dans la société au milieu de laquelle elles s'étaient établies. Ce changement, qui, au moment où il se produit, ne se présente que comme un affreux bouleversement, mettait pour toujours l'Église chrétienne, c'est-à-dire la société pacifique, à l'abri de l'envahissement dont la puissance unitaire et guerrière des empereurs pouvait la menacer, et permettait au clergé, en le dégageant momentanément de toute influence étrangère, de préparer les élémens de l'ordre nouveau qui devait principalement sortir de son sein et mettre fin à ce chaos.

A dater des premiers temps du Ve siècle, les empereurs avaient commencé à concentrer leurs forces et à reployer leur administration sur les provinces qu'ils pouvaient le plus espérer de défendre, laissant aux plus menacées, en les abandonnant, le soin de se préserver contre l'invasion, et de se régler intérieurement comme elles l'entendraient. Par suite de cet abandon successif, qui s'étendit bientôt à tout l'Occident, les évêques, qui se trouvaient déjà en possession de la direction des esprits et de la confiance des peuples, et qui depuis long-temps participaient à l'administration municipale, furent naturellement dès lors investis de tous les pouvoirs. Lorsque les barbares vinrent former des établissemens sur le territoire de l'empire, le clergé était en quelque sorte, par le fait, le dépositaire et le gardien des pays envahis. Cette position, qui avait encore resserré le lien d'affection par lequel les peuples lui étaient unis, faisait de ses chefs les arbitres, les modérateurs naturels de la conquête ; et lorsque les vainqueurs songèrent à se fixer définitivement dans les pays dont ils s'étaient emparés, ce fut avec l'Église qu'ils eurent à traiter.

La plupart des nations envahissantes professaient, il est

vrai, l'arianisme, et il semble que cette circonstance ait dû amoindrir de beaucoup sur elles le crédit du clergé occidental romain, qui, en presque totalité, était orthodoxe; mais ces peuples, nouvellement convertis au christianisme, n'étaient guère en état d'apprécier l'importance de la division qui, à cet égard, s'était établie entre les chrétiens. Le christianisme était encore pour eux une simple formule, et l'esprit de cette doctrine leur était à peu près complétement étranger. D'après ce que l'on sait de plusieurs d'entre eux, il est même évident qu'en se rangeant sous la bannière du Christ, ils avaient cru seulement adopter un Dieu qui leur donnerait plus de puissance à la guerre. Les affections militaires, les intérêts de la conquête, tenaient d'ailleurs beaucoup trop de place dans leur esprit pour qu'ils pussent songer à employer, d'une manière continue, leur activité, leur énergie à faire triompher tout autre ordre d'affections et d'intérêts : aussi, si l'on en excepte les Vandales d'Afrique, qui firent aux catholiques une guerre cruelle, ces peuples se montrèrent-ils beaucoup plus tolérans, à l'égard de la doctrine qui leur était opposée, que leurs habitudes violentes n'auraient pu le faire croire, beaucoup plus même que ne l'avaient été les Ariens civilisés de l'empire, lorsqu'ils avaient disposé du pouvoir. Les Visigoths et les Bourguignons dans les Gaules, les Lombards en Italie, firent bien éprouver quelques persécutions aux catholiques; mais ces persécutions ne furent que passagères, et firent bientôt place à la tolérance. Les Ostrogoths, qui avaient précédé les Lombards en Italie, poussèrent même cette tolérance jusqu'au point de permettre aux vaincus de condamner publiquement dans des conciles la croyance des vainqueurs. On se rappelle la lettre qu'écrivait Théodat, un de leurs rois, à l'empereur Justinien, et dont le sens général était que Dieu ayant permis la pluralité des religions, il ne se croyait point le droit d'entreprendre de soumettre les peuples à une même foi. Ce n'est point dans le but, comme on l'a fait jusqu'à présent, d'exalter la sagesse du roi barbare que nous rappelons cette lettre ; car Dieu ne permet la pluralité des religions que lorsque les hommes n'ont point encore le désir de l'unité et la force de l'établir. Le seul objet de cette citation est de montrer l'indifférence religieuse des peuples qui envahirent l'empire romain.

Indépendamment de cette indifférence qui permettait aux barbares de se rapprocher sans répugnance des évêques orthodoxes et de transiger avec eux, leur position leur faisait encore une nécessité impérieuse de ce rapprochement, de cette transaction, puisque ces évêques seuls connaissaient le pays envahi, ses ressources et ses mœurs, et qu'eux seuls, en communion d'idées, de sentimens et d'intérêts avec la population vaincue, pouvaient la déterminer à se résigner à sa condition, et à accepter le joug de ses nouveaux maîtres. Par suite de cette situation, les évêques, en acquérant des titres à la considération des vainqueurs, en acquéraient nécessairement de nouveaux à l'amour des vaincus, qu'ils protégeaient, autant que de pareilles circonstances pouvaient le permettre, contre les violences et les dévastations de la conquête.

La position de l'Église se trouvait alors complètement changée ; elle n'était plus, comme sous l'empire, l'humble sujette du pouvoir politique, liée envers lui à l'obéissance, soit par le souvenir de bienfaits reçus, soit bien plus encore par une habitude qui remontait à l'origine même de son existence publique. Dès lors elle commençait à vivre de sa vie propre, et, en servant d'arbitre entre les peuples et leurs chefs militaires, elle devenait une puissance. Cette position, il est vrai, était bien irrégulière, bien incertaine encore; mais le premier pas était fait, les autres ne pouvaient manquer de se faire.

Si l'arianisme avait eu peu d'importance au moment même de la conquête, il pouvait néanmoins, en se perpétuant et s'enracinant, exercer une influence funeste sur le sort de la société chrétienne. Indépendamment de l'effet que cette doctrine, par sa nature intime, pouvait avoir plus tard sur le réglement social (ce que nous pourrons avoir à examiner en nous plaçant dans un autre ordre d'idées), il est évident pour tout le monde qu'elle avait, au moins, dès lors le grave inconvénient de rompre l'unité de la croyance chrétienne : aussi les évêques catholiques employèrent-ils tous leurs soins à la détruire.

Parmi les peuples barbares qui avaient envahi les Gaules, les Francs, qui s'y étaient établis les derniers, étaient encore idolâtres, et se trouvaient les seuls dans ce cas. Les évêques entreprirent de les convertir, non-seulement pour les rapprocher de la population vaincue, mais encore dans le but d'employer leur puissance contre l'arianisme, qui, depuis long-temps déjà, avait été apporté dans l'Est et dans le Midi de la Gaule par les Bourguignons et les Visigoths. On sait avec quelle facilité Clovis, favorisé par les évêques catholiques de ces provinces, parvint à mettre fin à la domination des princes ariens qui y régnaient alors, et par conséquent à leur croyance, qui n'y avait point d'autre appui que celui de leur protection. Le même but fut atteint par la même sollicitude, bien que par d'autres moyens, au VIe siècle en Espagne, et au VIIe siècle en Italie. Dès lors l'arianisme se trouva détruit dans l'Occident tout entier, et si l'unité chrétienne n'y fut pas encore constituée politiquement, elle y fut au moins assurée comme doctrine.

Ainsi, par l'invasion des barbares, non-seulement l'*Église* chrétienne en Occident acquit à l'égard de la puissance *militaire* une liberté de fait, qui devait lui servir d'acheminement à l'indépendance politique et régulière dont nous l'avons vue plus tard en possession; mais encore, au milieu de cette tourmente, elle se trouva appelée à passer de la contemplation à l'action, à se mêler aux événemens, à pénétrer dans la vie des peuples, à prendre enfin une existence sociale.

Tels sont, messieurs, les faits qu'il importe surtout de remarquer au milieu des désordres de la conquête, et de la confusion générale qui en fut la suite, principalement du VIe au VIIIe siècle. Toutes nos histoires sont remplies de gémissemens sur les pertes que l'humanité, que la civilisation, éprouvèrent dans le cours de cette période. Aujourd'hui il ne peut plus nous être permis de répéter ces lieux communs : la plainte, à ce sujet, devrait bien plutôt faire place dans nos bouches à l'hymne de grâce. En effet, rien n'a péri alors que ce qui devait périr; rien n'a été négligé que ce qui pouvait l'être sans danger. A l'approche des peuples barbares, nous voyons disparaître, il est vrai, les institutions, les mœurs, les arts, la philosophie, qui formaient les élémens de la civilisation romaine; mais il ne faut point oublier que cet édifice qui s'écroule est celui du paganisme, ou plutôt, ce qui est bien moins encore, celui de la *critique* du paganisme : ce qu'il ne faut point oublier surtout, c'est qu'à mesure que cette ruine se consomme, et grâce à la place qu'elle laisse libre, se développent graduellement les institutions, les mœurs, la poésie, et, s'il est permis de s'exprimer ainsi, la philosophie chrétienne, c'est-à-dire l'élément progressif, le principe de vie, qui devaient enfanter les sociétés modernes.

Jetons un moment les yeux sur l'Orient, avant le temps qui a précédé son envahissement définitif par le mahométisme : là, rien ne périt de ce qui fait ici l'objet de nos regrets ; la civilisation romaine s'y maintient dans presque tout son éclat ; et lorsque, après plusieurs siècles de séparation, les croisades eurent mis de nouveau en présence les deux parties de l'ancien empire romain, l'Occident, s'il ne fut pas touché, fut au moins frappé d'étonnement à la vue des merveilles de la civilisation orientale, tandis que l'Orient, au contraire, parut reculer d'effroi et de dégoût à la vue de la rudesse de l'Occident. Et, cependant, de quel côté était la vie ? De quel côté étaient la force et l'avenir ? La suite l'a montré : nous avons vu ce qu'est devenu l'Orient, et nous voyons ce que nous sommes, nous, fils ingrats de ces temps, de ces institutions que nous nous plaisons à flétrir aujourd'hui sous les noms de ténèbres et de barbarie. Un tel rapprochement peut suffire, il n'a pas besoin de commentaire.

Du VIe au VIIIe siècle, les rapports de l'*Église* et de sa hiérarchie avec la société *militaire* et ses chefs ne présentent rien de fixe et de régulier : l'*Église* est à peu près indépendante, au moins quant au règlement de sa discipline intérieure et de son dogme. Mais cette indépendance ne s'appuie sur aucune base solide ; elle n'est point encore le résultat d'une institution politique, et, à proprement parler, elle n'est due qu'au désordre général et à l'indifférence des chefs *militaires*. Au VIIIe siècle, des relations plus suivies, plus intimes, s'établissent entre les *deux puissances*. Ici commence, pour ainsi dire, une nouvelle série de faits : nous nous en occuperons dans notre prochaine réunion.

Ce retour vers le passé est aride, sans doute. Nous sentons surtout, messieurs, combien peu d'intérêt il doit vous présenter, à vous qui ne pouvez encore clairement comprendre le lien qui existe entre cette investigation et ce que nous aurons à vous dire dans la suite. Nous ferons donc tous nos efforts pour en sortir le plus promptement possible. Nous aussi nous avons hâte d'arriver à l'avenir ; car c'est l'avenir qui nous occupe, et c'est sur lui surtout que nous voulons porter vos regards.

QUATRIÈME SÉANCE.

DU POUVOIR SPIRITUEL ET DU POUVOIR TEMPOREL EN OCCIDENT.

INDÉPENDANCE DU CLERGÉ A L'ÉGARD DE LA PUISSANCE MILITAIRE, APRÈS LA CONQUÊTE DES BARBARES. — ANARCHIE DANS LE SEIN DE L'ÉGLISE. — CHARLEMAGNE : INFLUENCE DE SON RÈGNE SUR L'ÉTABLISSEMENT POLITIQUE DU CHRISTIANISME. — SUPRÉMATIE DES ÉVÊQUES SUR LES SUCCESSEURS DE CHARLEMAGNE. — NÉCESSITÉ POUR LE CLERGÉ DE FORMER CORPS, DE SE CONSTITUER EN HIÉRARCHIE.

MESSIEURS,

L'invasion des barbares, avons-nous dit, avait eu de grands avantages pour la société chrétienne : elle l'avait délivrée du danger d'envahissement dont pouvait la menacer la puissance unitaire des empereurs romains; en remettant momentanément entre les mains des chefs de l'Église les intérêts des pays abandonnés par l'empire, elle avait encore resserré le lien par lequel les peuples leur étaient unis; enfin, en brisant violemment l'institution romaine, elle avait détruit les obstacles qui auraient pu s'opposer au développement des conséquences sociales de la foi nouvelle.

Cependant l'état de choses qui suivit la conquête pouvait, en se prolongeant, entraîner de graves inconvéniens pour l'Église, et l'empêcher de recueillir les avantages que sa position nouvelle semblait lui promettre. Le christianisme n'avait encore d'unité que comme doctrine; comme corps, comme association, il n'en avait point. L'Église chrétienne, sous ce rapport, n'était encore alors qu'une abstraction; car aucune organisation formelle, aucune hiérarchie générale, n'établissait de lien régulier et permanent entre ses membres, c'est-à-dire entre les églises provinciales et leurs chefs. Ce dernier progrès ne pouvait se réaliser que par la continuité de relations fréquentes et actives entre les églises; or, la conquête, en détruisant d'abord toute sécurité dans les communications, en morcelant le territoire, et en séparant politiquement les peuples qui l'habitaient, rendait de jour en jour ces relations plus difficiles. Les différentes églises locales se voyaient donc menacées de tomber dans l'isolement, de perdre les traditions de dogme et de discipline, qui seules établissaient un lien entre elles et constituaient leur unité; enfin, à défaut de l'impulsion, de l'excitation, qu'elles avaient jusque là reçues de leur contact presque journalier, elles étaient exposées à perdre bientôt toute activité.

Vers la fin du VIIe siècle, la plupart de ces inconvéniens commençaient à se faire vivement sentir. Les communications entre les églises n'avaient plus lieu qu'accidentellement, les conciles étaient devenus fort rares; et si l'on en excepte ceux d'Espagne, qui s'occupaient autant des affaires de l'État que de celles de l'Église (1), ces assemblées, soit par leur juridiction, soit par leur objet, ne s'étendaient guère au-delà des limites étroites d'une province. L'autorité des métropolitains, la seule qui eût été encore nettement établie dans le sein de l'épiscopat, était presque partout tombée dans l'oubli, et les évêques particuliers, isolés dans leurs diocèses, et exerçant sur les églises qu'ils gouvernaient un pouvoir presque absolu, montraient une tendance de plus en plus prononcée à localiser leurs affections et leurs vues, à tomber même dans l'égoïsme. Des diversités importantes s'étaient établies dans l'administration des églises, dans le mode de l'élection de leurs chefs, et jusque dans les pratiques du culte; enfin, comme il est facile de le concevoir dans une pareille situation, le mouvement intellectuel du christianisme s'était prodigieusement ralenti, et, sur plusieurs points même, il avait pris évidemment une tendance rétrograde. Mais la formation des grandes dominations temporelles qui prirent naissance dans le VIII° siècle vint heureusement arrêter le progrès de ce mal : en facilitant, en provoquant même de nouvelles communications entre les églises, ces établissemens politiques leur rendirent le mouvement et la vie qu'elles étaient menacées de perdre. Obligés de passer rapidement sur les faits, nous nous transporterons d'abord au temps de Charlemagne, sous le sceptre duquel la partie la plus importante alors de l'Europe se trouva bientôt rangée.

L'Église ne pouvait être tirée de la situation dans laquelle elle se trouvait, et que nous venons de décrire, que par

---

(1) Voy. en particulier les Conciles de Tolede.

l'emploi de moyens extraordinaires et exceptionnels : une autorité unitaire, européenne, en possession d'une grande puissance matérielle capable d'apprécier la mission civilisatrice du christianisme et animée du désir de voir cette mission s'accomplir, pouvait seule remplir une pareille tâche. Cette autorité se trouva dans la personne de CHARLEMAGNE.

Pendant toute la durée de ce règne, nous voyons la puissance *temporelle* reprendre, dans les affaires de l'*Église*, la suprématie que les empereurs romains avaient autrefois exercée, et qui, comme nous l'avons vu, avait été si funeste à l'Orient. Les lois, les réglemens ecclésiastiques se multiplient alors d'une manière prodigieuse; car, après l'abandon et l'isolement dans lesquels les églises, les établissemens religieux étaient restés pendant si long-temps, et attendu les changemens survenus dans la société, tout était à réorganiser, à régler de nouveau dans leur sein. Le nom de CHARLEMAGNE est attaché à tous les actes qui sont produits dans ce but, ou plutôt c'est de son autorité que ces actes émanent directement. C'est lui qui convoque les conciles, qui détermine l'objet de leur réunion, qui sanctionne leurs décrets et les fait exécuter. Mais ce n'est pas toujours par l'intermédiaire des conciles que ce prince intervient dans le réglement ecclésiastique, dans les instructions qu'il donne aux commissaires extraordinaires (*missi dominici*), qu'il envoie dans les provinces pour veiller au maintien de l'ordre public; il leur ordonne de visiter les églises, les monastères, et de s'assurer si les clergés régulier et séculier vivent selon la règle propre à chacun d'eux; il leur trace la conduite que les membres de ces clergés doivent suivre dans les débats qui peuvent s'élever entre eux, et se réserve de prononcer souverainement sur ceux de ces débats qui ne pourraient se terminer dans la forme qu'il prescrit. Au milieu des désordres, des troubles qui avaient pris place du VIe au VIIIe siècle, la masse du clergé, dans une grande partie de l'Occident, était tombée dans l'ignorance; l'intelligence des livres sacrés et des écrits des pères de l'Église s'était obscurcie, et les textes eux-mêmes de ces ouvrages avaient été altérés. Charlemagne fit revoir et corriger ces textes par les hommes les plus capables de son époque; et, pour obvier aux inconvéniens des interprétations vicieuses que des prêtres ignorans auraient pu en donner, il fit composer pour eux un recueil d'homélies qu'ils devaient apprendre par cœur et se contenter de réciter au peuple. Enfin, pour arrêter le progrès de l'ignorance et pour en prévenir le retour, il institua dans le sein des églises et des monastères des écoles qui étaient destinées à donner à ceux qui se proposaient d'embrasser la vie ecclésiastique ou monastique, l'instruction qu'exigeait cette profession. La règle monastique qui, au VIe siècle, avait été établie par Saint Benoît de Nurse, était tombée dans l'oubli; Charlemagne s'efforça d'y rappeler les ordres religieux; enfin il parvint à rétablir l'uniformité dans le culte, en obligeant les églises de ses états à adopter le rituel romain. Mais ce n'est point seulement à réformer des abus locaux, à rétablir l'ordre ancien, à interpréter une législation existante et à l'appliquer aux circonstances de la société que ce prince emploie son autorité : il intervient encore, et d'une manière non moins absolue, dans les controverses qui prennent alors naissance dans le sein de l'Église et l'occupent tout entière. Le septième concile général, tenu dans ce siècle à Nicée, et appelé à prononcer sur la grande querelle qui s'était élevée en Orient au sujet du culte des images, avait décidé que ce culte était conforme à la doctrine de l'Église : cette décision était parvenue en Occident, où elle commençait à occuper vivement les esprits : CHARLEMAGNE, sans avoir égard à l'autorité solennelle d'où elle émanait, fit composer un ouvrage en quatre livres, connus sous le nom de livres Carolins, dans lequel elle était combattue sans ménagement. Enfin, malgré les remontrances du pape, qui avait approuvé les actes du concile oriental, qui y avait pris part par ses légats, il fit condamner formellement le culte des images par un concile particulier tenu à Francfort-sur-le-Mein, en 794. Une hérésie nouvelle sur la nature de JÉSUS-CHRIST, celle des *Adoptiens*, s'était élevée dans le nord de l'Espagne, et de là avait bientôt retenti dans tout l'Occident. Une dispute animée s'était engagée entre les Grecs et les Latins au sujet de la *procession* du Saint-Esprit : ce fut par la sollicitude de CHARLEMAGNE que différens conciles furent appelés à examiner ces querelles, et parvinrent à y mettre fin (1). Pendant tout le règne de ce prince rien ne se fait dans l'Église sans sa participation, et presque toujours c'est lui qui prend l'initiative dans les choses qui la concernent. Parmi les actes de ce règne qui ont été conservés jusqu'à nous, et que l'on désigne sous le nom général de *capitulaires*, quels que soient, d'ailleurs, leur objet ou leur forme, ceux qui sont relatifs au gouvernement de l'Église, soit qu'ils prononcent sur sa discipline intérieure, soit qu'ils règlent ses rapports avec les fidèles, sont beaucoup plus nombreux que ceux qui s'appliquent à

---

(1) Sur la première, voir en particulier les Conciles de Narbonne, 791 ; de Ratisbonne, 792 ; de Francfort, 794 ; et d'Aix-la-Chapelle, 799 ; et sur la seconde, le concile de Gentilly, près Paris, 767 ; et celui d'Aix-la-Chapelle, 809.

quelque autre branche que ce soit de l'administration publique.

Au premier aspect il semble que l'action de Charlemagne sur l'Église ne se distingue en rien de la suprématie exercée par les empereurs d'Orient; mais si l'on considère de plus près le caractère de ce prince, l'esprit et la tendance qui se manifestent dans ses actes, et la nature enfin des circonstances au milieu desquelles il agit, on reconnaît bientôt que cette ressemblance n'est qu'apparente. On sent, en effet, que bien loin de vouloir maîtriser, subalterniser, la puissance de l'Église, son but, au contraire, est de l'étendre, de l'exalter, parce qu'il comprend la haute mission qu'elle a à remplir dans le monde, et parce qu'il reconnaît particulièrement qu'elle seule peut rapprocher et confondre les peuples si divers soumis à son empire, et déterminer ces peuples à vivre sous un gouvernement régulier.

La soumission du clergé envers lui, encore qu'elle soit complète, ne ressemble pas davantage à la servilité du clergé d'Orient envers les successeurs de Constantin : c'est un corps qui sent les destinées qui lui sont réservées, et qui s'unit avec empressement et avec amour à la puissance qui peut lui donner ce qui lui manque encore pour les accomplir.

Ce n'est pas, d'ailleurs, à une source étrangère que Charlemagne puisait les inspirations qui dirigeaient sa conduite envers l'Église, puisque l'on voit que tous ses conseillers principaux appartenaient au clergé, et que presque toutes les missions politiques qui parcouraient continuellement son vaste empire, soit pour lui en faire connaître la situation, soit pour y faire exécuter ses lois, étaient présidées par des évêques.

Charlemagne, dans l'histoire, est une figure à part. Dans ses rapports avec l'Église, ce n'est point comme prince temporel, comme conquérant, qu'il se présente, mais comme un législateur pacifique, et, s'il est permis de s'exprimer ainsi, comme un pape provisoire.

Au surplus, la situation dans laquelle se trouva l'Église après sa mort montre assez combien ce règne lui avait été favorable. Et, d'abord, l'activité intellectuelle lui avait été rendue : les noms d'Alcuin, de Paul Diacre, de Théodulf, d'Éginhart et de beaucoup d'autres qui appartiennent à cette époque, attestent suffisamment le progrès qu'elle avait fait sous ce rapport. De nombreux couvens avaient été fondés; l'Église, en possession déjà de biens considérables, avait reçu encore un immense accroissement de richesses, et son indépendance sous le rapport matériel se trouvait alors complétement assurée par l'établissement définitif d'un impôt qui lui était propre, celui des dîmes. Le clergé avait été investi d'une juridiction absolue sur ses membres, ainsi que sur toutes les affaires qui le concernaient, et au moyen du rapport qu'il avait sû établir entre l'objet de la plupart des transactions civiles et les prescriptions de la loi religieuse, il était parvenu à l'étendre aux plus importantes des transactions de cet ordre (1).

On s'est beaucoup élevé, dans les trois derniers siècles, contre les faits que nous venons de rapporter comme attestant le développement de l'Église, et on a eu raison; car alors l'Église avait accompli sa destination; elle ne comprenait rien au progrès qu'elle avait mis la société en état de

---

(1) Toutes les contestations s'élevant à la suite de mariages ou de testamens se trouvèrent d'abord dans ce cas, et, par une extension naturelle, presque toutes les transactions civiles subirent bientôt la même loi.

désirer, et elle n'était plus qu'un obstacle à l'accomplissement de ce progrès. Mais au temps où elle fut mise en possession des avantages dont nous venons de parler, sa situation était bien différente : à cette époque elle était progressive, et elle seule l'était ; tout ce qui pouvait alors contribuer à étendre sa puissance était donc une véritable conquête pour la civilisation, pour l'humanité. C'est ainsi que, dans les jugemens à porter sur l'Église et sur ses institutions, il ne faut jamais oublier qu'il y a dans son histoire deux époques distinctes, l'une qui s'étend depuis son origine jusqu'à la fin du XVe siècle, l'autre qui comprend tout le temps qui s'est écoulé depuis lors jusqu'à nous ; et que les mêmes faits, selon qu'on les considère à l'une ou à l'autre de ces époques, changent complétement d'aspect.

Jusqu'à CHARLEMAGNE, et pendant toute la durée de ce règne, l'Église n'avait point eu de place déterminée dans l'ordre social, le clergé n'avait été revêtu d'aucun caractère politique. En contact continuel avec les chefs de la société militaire, admis et appelé dans leurs conseils, il avait exercé sans doute une grande influence sur la marche des événemens, sur la conduite des états, ou, pour employer l'expression du temps, sur les affaires temporelles ; mais jusque là cette influence n'avait été qu'indirecte : tout ce que l'Église avait obtenu, soit pour elle-même, soit pour la société tout entière, elle ne l'avait dû qu'à l'ascendant que ses chefs, attendu leur supériorité morale, devaient prendre naturellement sur ceux de la société militaire, et non pas à l'exercice d'un droit public qui lui fût reconnu ; l'Église enfin, hors de son sein, n'avait point encore parlé et commandé en son nom ; mais, sous les successeurs de CHARLEMAGNE, et grâce aux progrès qu'elle avait faits sous ce règne, elle ne tarda pas à prendre une autre attitude. Dans les démêlés de Louis-le-Débonnaire avec ses fils, et dans la lutte qui s'établit ensuite entre ces derniers, ce n'est plus comme médiateur ou comme conseil que le clergé intervient, mais comme autorité; c'est en son nom propre, au nom de la puissance religieuse, que lui seul représente, qu'il prononce entre les prétentions qui s'élèvent et se combattent. Jusque là il avait été, volontairement ou non, plus ou moins soumis à la puissance militaire; maintenant c'est comme arbitre, comme juge qu'il se présente dans ses rapports avec cette puissance. En 822, les évêques réunis à Attigny soumettent Louis-le-Débonnaire à une confession et à une pénitence publiques pour les cruautés qu'il avait exercées sur plusieurs membres de sa famille (1). En 833, ceux de Compiègne le déposent, et, un an après, Louis ne se croit relevé de cette déchéance qu'après avoir été absous par le concile de Saint-Denis, et avoir obtenu de cette assemblée la permission de reprendre les insignes de la royauté. Le concile tenu en 842, à Aix-la-Chapelle, dépouille Lothaire des États qu'il possédait en France, et les partage entre Louis et Charles-le-Chauve ses frères. Or, dans la position nouvelle que le clergé se trouve avoir prise alors, il ne se borne pas seulement à déclarer où se trouve la souveraineté dans les cas où elle vient à être contestée, il détermine encore de quelle manière la souveraineté elle-même doit être exercée. Un concile tenu à Paris en 829 prescrit aux rois les devoirs qu'ils ont à remplir; celui d'Aix-la-Chapelle, en partageant les États de Lothaire à ses frères, trace à ces derniers la conduite qu'ils doivent tenir dans le gouvernement des peuples qui leur sont soumis; enfin, en 859, les

---

(1) Il avait tonsuré et enfermé ses trois jeunes frères, et avait fait crever les yeux à Bernard, roi d'Italie, son neveu, qui en était mort.

évêques du concile de Savonnières jurent, en présence de CHARLES-LE-CHAUVE et de ses neveux, une ligue dont l'objet est *la correction des rois, des grands et des peuples*. Or, les princes, bien loin de s'élever contre le pouvoir que s'attribue l'Église, s'empressent eux-mêmes de le reconnaître, soit en lui soumettant spontanément leurs différends, soit en recherchant sa sanction pour les projets qu'ils méditent.

L'Église alors touchait au but que nous avons dit précédemment lui avoir été assigné dès l'origine : elle avait pris place dans l'ordre politique; elle était entrée en partage de la puissance, et, dans ce partage, la supériorité lui était échue; ce qui devait être, puisqu'elle était progressive, qu'elle était appelée à détruire les sentimens, les idées, les intérêts de la société avec laquelle elle pactisait, et qu'elle ne pouvait y parvenir qu'en exerçant sur elle une magistrature. Mais pour qu'elle pût user convenablement du pouvoir dont elle se trouvait en possession, et il y a plus, pour qu'elle pût même conserver ce pouvoir, un nouveau progrès lui restait à faire : il fallait qu'elle-même s'organisât, se constituât comme société.

Au temps dont nous parlons, au IXe siècle, l'anarchie régnait encore dans l'Église; les évêques, depuis long-temps déjà, dominaient tous les autres ordres du clergé; mais aucun lien déterminé et puissant ne les unissait entre eux; aucune autorité suprême, régulière et permanente ne réglait leur action, ne coordonnait leurs efforts, et ne les faisait converger vers un but commun. A cette époque, on reconnaissait bien généralement que le *pouvoir spirituel* appartenait à l'Église ; mais l'Église elle-même restait indéterminée, et, considérée dans son ensemble, elle n'avait point encore, à proprement parler, d'existence. Aussi, dans les débats dont nous avons parlé, voit-on les princes qui s'y trouvent engagés, et qui n'hésitent point d'ailleurs à se reconnaître justiciables de l'Église, opposer les conciles aux conciles, en appeler des évêques au pape et du pape aux évêques. L'histoire des descendans de Charlemagne pourrait fournir des preuves nombreuses de ce fait. Or, la conduite de ces princes à cet égard ne pouvait être autorisée que par celle que tenait le clergé lui-même, dont les actes n'attestaient que trop souvent le désordre qui régnait dans son sein. C'est ainsi, par exemple, que dans le cours des querelles qui s'étaient élevées entre Louis-le-Débonnaire et ses fils, le pape Grégoire IV étant venu en France, avec des vues que ne partageaient pas les évêques de ce pays, ces prélats lui déclarèrent que *s'il était venu pour excommunier, lui-même s'en retournerait excommunié.*

Cet état de choses, en se prolongeant, n'aurait pu manquer de devenir funeste à l'Église, et de l'empêcher d'accomplir la mission qui lui avait été donnée. Et d'abord, dans cette situation, le pouvoir qui de droit lui avait été reconnu pouvait être facilement annulé de fait par des princes habiles qui auraient su jeter et maintenir la division entre ses membres épars; et lorsque enfin les sociétés militaires auraient été fixées et régularisées, les évêques, se trouvant placés individuellement en présence des chefs de ces sociétés, auraient été bientôt sans force à leur égard, et se seraient vus, sans doute, en peu de temps réduits à n'être plus que les instrumens dociles de leurs passions et de leurs caprices; supposition qui paraîtra suffisamment justifiée, si l'on se rappelle la complaisance que, dans le temps même de la plus grande vigueur de l'Église, les clergés nationaux montrèrent souvent pour les princes temporels. Mais heureusement alors tout était préparé pour empêcher ce danger de se réaliser. L'Église avait pris la position qu'elle devait prendre. Pour s'y affermir et pour la mettre à profit, dans le but qui lui était marqué, il ne manquait plus dans son sein qu'une autorité qui, en quelque sorte, la représentât, la résumât tout entière, et qui, lui donnant l'impulsion, réglât tous ses mouvemens, et les rapportât à une seule fin.

Au premier aspect, il peut paraître que les conciles généraux étaient naturellement appelés à remplir cette tâche; mais pour peu qu'on y réfléchisse, on ne tarde pas à changer d'avis. En effet, il est évident qu'en l'absence d'une autorité européenne, la convocation et la réunion de ces assemblées étaient à peu près impossibles, et que, quand bien même cet obstacle aurait pu être levé, le mal que nous venons de signaler n'en serait pas moins resté à peu près dans son entier, puisque dans les intervalles des réunions de ces conciles, intervalles nécessairement fort longs, aucune autorité n'aurait été chargée de faire exécuter leurs décrets. Ce qu'il fallait à l'Église, c'était donc un chef, et un chef unique et permanent, dont les conciles eux-mêmes reçussent leur mandat et leur sanction. Or ce chef lui était alors clairement désigné dans l'évêque de Rome.

Dans notre prochaine réunion, Messieurs, nous nous occuperons de l'institution de la PAPAUTÉ; nous épuiserons alors tout ce qui nous reste à dire sur la division des pouvoirs établie au moyen âge, et sur la caractérisation des deux sociétés dont l'existence simultanée a donné lieu à cette division.

CINQUIÈME SÉANCE.

DU POUVOIR SPIRITUEL ET DU POUVOIR TEMPOREL.

PROGRÈS DE LA PUISSANCE DES ÉVÊQUES DE ROME. — TÉMOIGNAGE DE LEUR CONSTANTE SUPRÉMATIE. — SES CAUSES. — GRÉGOIRE VII. — FONDATION DE LA HIÉRARCHIE ECCLÉSIASTIQUE, DE L'UNITÉ CATHOLIQUE, DE LA PAPAUTÉ.— CARACTÉRISATION DE LA SOCIÉTÉ SPIRITUELLE ET DE LA SOCIÉTÉ TEMPORELLE. — EXPLICATION DE LEUR OPPOSITION.

MESSIEURS,

La position de l'évêque de Rome à l'égard des autres évêques, durant les premiers siècles de l'Église, a donné lieu à deux opinions contradictoires. Si l'on en croit les défenseurs de la papauté, le pontife romain se trouvait, dès l'origine, en possession de toute la puissance que nous le voyons exercer plus tard, par exemple, au XII⁰ siècle. Suivant les adversaires de cette grande institution, au contraire, ce pontife, pendant un long espace de temps, n'aurait joui dans l'Église d'aucune distinction, d'aucune prééminence. Ni l'une ni l'autre de ces opinions n'est évidemment recevable. La loi de développement imposée à toutes les institutions, et principalement aux grandes institutions, ne permet point d'admettre la première; et quant à la seconde, indépendamment de ce qu'il serait impossible de concevoir l'autorité prodigieuse que l'Église romaine a exercée, si l'on n'admettait pas que, dès l'origine, le germe de cette autorité avait été déposé dans son sein, une foule de faits viennent encore la démentir.

Ainsi, dès le II⁰ siècle du christianisme, on voit les évêques de Rome étendre leur sollicitude à toutes les églises existantes, et s'efforcer d'établir entre elles l'unité de doctrine et de pratiques. Les chrétiens d'Asie ne s'accordaient point avec ceux d'Europe sur le temps de la célébration de la Pâque : le Pape VICTOR engage avec eux, à ce sujet, une correspondance dans laquelle il essaie de les amener à la coutume de l'Église romaine, et ne pouvant y parvenir, il les frappe d'excommunication. Au III⁰ siècle, Saint CYPRIEN, évêque de Carthage, et métropolitain de toutes les églises d'Afrique, proclame formellement la prééminence du siége de Rome sur tous les autres, et reconnait que ce siége est la source de l'épiscopat. Au IV⁰ siècle, le Pape ANASTASE dit, en parlant de tous les peuples chrétiens : *mes peuples*; et appelle toutes les églises chrétiennes des *membres de son propre corps*. Peut-être, dira-t-on, que ce n'est là, de la part de ce pontife, qu'une prétention qui ne saurait constituer un droit; mais cette prétention, apparemment, devait avoir quelque fondement; et ce qui le prouve, c'est qu'on chercherait vainement, à quelque époque que ce fût, un autre évêque qui en élevât de semblables.

Au surplus, à dater de ce siècle, les faits viennent en foule attester cette prééminence de l'évêque de Rome. Dans le cours des débats de l'arianisme, on voit les prélats orientaux, dépossédés et proscrits pour avoir soutenu la cause de l'orthodoxie, se réfugier à Rome, en appeler au Pape des condamnations qui les avaient frappées, et recevoir de lui leur réhabilitation. Or, parmi ces prélats, se trouvait le patriarche d'Alexandrie, c'est-à-dire le chef de l'une des églises considérées comme primitives et apostoliques. Le témoignage de l'historien ecclésiastique (1) qui, au Ve siècle, rapporte ce fait, mérite d'être recueilli : il dit, à cette occasion, que le soin de veiller sur toutes les églises appartient à l'évêque de Rome, *attendu la dignité de son siège*. Dans tous les conciles importans qui se tiennent en Orient, le Pape, représenté par ses légats, obtient toujours la première place; quant à ceux auxquels il n'assiste pas, il ne reçoit jamais leurs décisions qu'après les avoir examinées et jugées dans des conciles tenus par lui à Rome ; et, comme nous l'avons observé déjà, dans un grand nombre de cas, on le voit infirmer et casser les décrets qu'il soumet à cette révision. Enfin, lui seul se présente comme l'arbitre et le régulateur des débats religieux qui s'élèvent en Occident. Au VIe siècle, un évêque d'Orient disait à Justinien qu'il pouvait y avoir plusieurs princes sur la terre, mais qu'il n'y avait qu'un seul Pape sur toute l'Église; et lorsque, dans le sixième concile général tenu à Constantinople, le Pape Agathon déclare, dans une lettre adressée à cette assemblée, que toute

(1) Sozomène.

l'Église catholique a toujours embrassé la doctrine de l'Église de Rome, comme étant celle du prince des apôtres, non-seulement les évêques présens admettent cette prétention sans la contester, mais encore ils reconnaissent positivement que tous ceux qui ne sont pas en communion avec l'Église romaine sont hors des voies de l'orthodoxie. Enfin les empereurs d'Orient, malgré leur désir d'élever Constantinople au-dessus de Rome, n'osent point pourtant disputer la primauté au siége épiscopal de cette dernière ville, et se bornent seulement à réclamer le second rang pour celui de Constantinople. Au VIIIe siècle, les chefs des peuples barbares qui avaient envahi l'Occident reconnaissent eux-mêmes d'une manière éclatante la suprématie de l'évêque de Rome sur tous les autres. Lorsque PEPIN eut résolu de s'emparer du trône des Mérovingiens, ce ne fut pas seulement au clergé de ses états qu'il s'adressa pour donner à cette entreprise la sanction religieuse qui devait la légitimer aux yeux des peuples; il rechercha encore l'approbation du Pape, et l'on voit même qu'après avoir obtenu cette approbation, il ne crut définitivement affermie sur sa tête la couronne qu'y avait placée l'archevêque de Mayence, qu'après l'avoir reçue une seconde fois des mains du pontife romain lui-même.

Les faits que nous venons de citer ne sont pas, à beaucoup près, les seuls de cette nature que l'histoire pourrait nous offrir; mais ils suffiront, sans doute, pour prouver que dans tous les temps l'évêque de Rome a été en possession d'une véritable prééminence sur l'Église.

Cependant, au IXe siècle, cette prééminence, quelque accroissement qu'elle eût reçu, quelque bien établie qu'elle fût dans la conscience du clergé et des peuples, n'était point encore devenue la base d'une hiérarchie régulière et reconnue; et, en admettant pour un moment la distinction subtile établie à cet égard par les protestans, on pourrait dire qu'elle était plutôt de *rang* que d'*autorité*. Mais, à cette époque, il était inévitable qu'elle ne prît bientôt un autre caractère, et on s'expliquera facilement la révolution qui ne tarda pas à s'opérer sous ce rapport, si l'on s'arrête un moment à considérer la situation dans laquelle se trouvait alors l'évêque de Rome.

Et, d'abord, quant à l'importance de son établissement temporel, ce pontife était placé, à l'égard de tous les autres évêques, dans une position tout-à-fait exceptionnelle. A partir du VIe siècle, et par suite de l'abandon dans lequel les empereurs d'Orient avaient laissé l'Italie, les Papes étaient devenus, par le fait, souverains de la portion la plus importante de ce pays. Les peuples barbares qui, à différentes époques, l'avaient envahi, n'avaient pu parvenir à s'y fixer : aucun pouvoir politique n'y avait donc succédé à celui des empereurs d'Orient; d'où il était résulté cette différence entre la position de l'évêque de Rome et celle des autres évêques de l'Occident, que, tandis que ces derniers n'avaient été appelés à s'occuper des intérêts des peuples qu'aux titres de modérateurs de la conquête et de conseillers des conquérans, lui, s'était trouvé seul, pour ainsi dire, chargé du soin de gouverner le territoire romain, et de le préserver contre les invasions nouvelles qui pouvaient le menacer. Les donations de Pepin et de Charlemagne, en étendant, en affermissant cette souveraineté des Papes, en la rendant directe d'indirecte qu'elle était, eurent sans doute la plus grande et la plus heureuse influence sur les destinées de l'Église, mais elles ne firent pourtant que constater et régulariser un fait déjà existant. Il est bien vrai que ces princes avaient prétendu se réserver un droit de suzeraineté sur les pays dont ils avaient cédé aux Papes la souveraineté effective ; et dans la suite, cette suzeraineté parut naturellement attachée au titre d'empereur, qui fut alors rétabli en Occident ; mais il ne faut point oublier que c'étaient les Papes qui donnaient la couronne impériale, et que, malgré la suzeraineté des empereurs (suzeraineté toujours mal définie, toujours contestée par les peuples d'Italie et par les Papes, et qui, par cette raison, ne put se maintenir long-temps), le pontife romain, à partir de Charlemagne, fut effectivement souverain *de droit* à Rome, comme il l'avait été de fait long-temps auparavant.

Sous le rapport spirituel, les évêques de Rome ne se trouvaient pas alors dans une position moins exceptionnelle que sous le rapport temporel. Pendant les désordres occasionés par la conquête, eux seuls avaient continué à s'occuper des intérêts généraux du christianisme. Les missions qui, au VIe siècle, avaient opéré la conversion de l'Angleterre, et qui, au VIIIe, avaient commencé celle de la Germanie, avaient été ou provoquées ou organisées par eux ; toutes les églises, ainsi fondées par leur sollicitude ou sous leur protection, se trouvaient naturellement dans leur dépendance immédiate. Au temps dont nous parlons, tous les évêques d'Italie reconnaissaient sans contestation leur suprématie ; et ce qui restait de l'Église chrétienne en Espagne, après la conquête des Arabes, était dans le même cas. Dans cette situation, les Papes n'avaient plus qu'un pas à faire pour s'emparer de la souveraineté sur toutes les églises, et c'est ce qui ne tarda point à arriver.

Dans le Xe siècle, de grands progrès furent faits vers ce but. Pour l'atteindre complétement, il ne fallait plus qu'un homme de génie, qui ne pouvait long-temps manquer aux circonstances, et qui, en effet, dans le siècle suivant, se trouva dans la personne de Grégoire VII.

A cette époque, sans doute, tout était préparé pour la constitution définitive de l'Église, pour le dernier progrès qui lui restait à faire. Cependant, alors, de graves désordres existaient dans son sein, qui semblaient la menacer d'une ruine prochaine. Un grand nombre de membres du clergé de tous les ordres se trouvaient engagés, soit par le mariage, soit par des liaisons illicites, dans les liens de la famille, dans la sphère étroite des affections domestiques inconciliables alors pour les prêtres avec les affections générales. Par suite de leurs rapports continuels et intimes avec la société militaire, et en l'absence d'une autorité qui leur rappelât sans cesse la mission qu'ils avaient à remplir à l'égard de cette société, beaucoup d'entre eux en avaient contracté les goûts et les habitudes, et, par exemple, se livraient sans scrupule à la profession des armes. Enfin, dans presque toute l'Europe, les chefs *militaires* s'étaient emparés du privilége de conférer les dignités ecclésiastiques, c'est-à-dire de nommer les chefs de la société *pacifique*. Ce dernier abus était alors parvenu au plus haut degré, et les princes, et l'empereur d'Allemagne particulièrement, faisaient un honteux trafic de ces dignités.

Grégoire VII comprit tout le danger de cette situation; il sentit que, si elle se prolongeait, c'en était fait du christianisme, et en conséquence, il employa toutes les forces de son génie, toute la fermeté de son caractère, il fit servir toute la puissance de la loi morale, que lui seul alors représentait dans sa plénitude, pour mettre un terme à ce désordre. Les efforts qu'il fit dans ce but, les événemens qui s'ensuivirent, et entre autres ceux qui se rattachent à la querelle des investitures (c'est-à-dire à celle qui s'éleva entre le Pape et les princes temporels, au sujet du droit que réclamaient ceux-ci de conférer les dignités ecclésiastiques), tous ces événemens, disons-nous, sont beaucoup trop connus, ils ont tenu beaucoup trop de place dans les histoires modernes, dans la polémique critique, pour que nous ayons besoin de nous arrêter à les retracer. Notre rôle ici, par rapport aux entreprises de Grégoire VII, doit donc se borner à opposer au jugement qu'en ont porté les protestans et les philosophes un jugement nouveau. Ce jugement peut être exprimé en peu de mots : Grégoire VII, en obligeant les prêtres à garder le célibat, ne fit que les obliger à sortir du cercle des affections *individuelles* pour rentrer dans celui des affections *générales*. En forçant les princes à se désister du droit de conférer les dignités ecclésiastiques, il ne fit que soustraire la société *pacifique* et *progressive* à la domination de la société *militaire* et *rétrograde*. On l'a accusé d'avoir ainsi brisé les liens qui seuls pouvaient unir les prêtres à leurs patries respectives et leur donner le caractère de citoyen. Oui, sans doute, il les a brisés ces liens; mais il faut se souvenir que le christianisme était une religion *universelle*, qui n'avait de valeur qu'à ce titre, et que Grégoire VII, en obligeant les prêtres à n'avoir d'autre patrie que l'Église, que l'humanité tout entière, ne fit que les rappeler à l'esprit de la loi chrétienne.

Après Grégoire VII l'Église fut définitivement constituée; dès lors, le clergé chrétien, répandu dans toute l'Europe, ne forma plus qu'une société dont les membres se trouvaient étroitement unis par le lien d'une hiérarchie puissante; et, au moyen de l'influence exercée par l'Église sur les laïques, ceux-ci se trouvèrent engagés, jusqu'à un certain point, dans l'association européenne.

Considérée sous le rapport *militaire*, l'Europe était alors morcelée en une foule de dominations diverses, et livrée à l'anarchie. Sous le rapport *spirituel*, au contraire, elle présente, après Grégoire VII, le spectacle de l'association la plus vaste qui eût encore existé. Les croisades, qui sauvèrent l'Europe de l'invasion des Arabes, c'est-à-dire de la barbarie, ne tardèrent point à attester la puissance de cette association.

On a beaucoup parlé de la tyrannie des Papes, du pouvoir excessif exercé par eux depuis Grégoire VII jusqu'au XVe siècle. Ce qu'on leur reproche surtout, c'est d'avoir déposé, excommunié des rois, et d'avoir, par là, provoqué les peuples à la désobéissance. Mais dans quelles occasions firent-ils cet usage de leur autorité ? voilà ce qu'il convient d'examiner de nouveau; et du point de vue où nous pouvons aujourd'hui envisager le christianisme et sa mission, il est inévitable que les faits ne se présentent à nous avec un caractère tout différent de celui que le protestantisme et la philosophie leur ont donné jusqu'ici. En effet, nous trouvons que les princes envers lesquels les Papes se sont portés à ces extrémités, sont, par exemple, des empereurs d'Allemagne, qui, comme Henri IV et Henri V, prétendaient s'attribuer le droit de dispenser à leur gré les titres et les dignités de l'Église, ou qui, comme Frédéric Ier, Othon IV et Frédéric II, voulaient soumettre l'Italie entière à leur puissance, et placer ainsi les Papes dans leur dépendance absolue. Quant au dernier de ces princes, on trouvera sans doute, aujourd'hui, la rigueur dont il fut l'objet suffisamment justifiée, si on se rappelle qu'il avait en outre manqué à un engagement dont l'exécution alors intéressait le salut général de l'Europe, celui de porter ses armes dans la Terre-Sainte, c'est-à-dire d'aller combattre, au centre même de sa puissance, l'ennemi le plus redoutable de la chrétienté. Nous voyons encore les excommunications des Papes tomber sur des rois qui, comme Lothaire, Philippe Ier et Philippe-Auguste, avaient répudié leurs femmes pour épouser leurs maîtresses (1). Or, ceux qui se sont tant élevés contre ces excommunications ne paraissent point avoir compris que dans ces occasions il s'agissait de la dignité et de la liberté des femmes; que si la souveraine puissance des Papes n'eût ainsi dès l'origine réprimé la tendance des chefs militaires, la polygamie, par leur exemple, serait devenue bientôt, peut-être, la loi de l'Europe; que la polygamie faisait rentrer les femmes dans l'esclavage, et que l'esclavage des femmes, c'est la barbarie.

Tels sont en général les cas dans lesquels nous voyons les Papes frapper de leurs censures les princes temporels; tels sont ceux auxquels la critique s'est principalement attachée lorsqu'elle s'est proposé de mettre en évidence le scandale et les dangers de la puissance papale.

Il y a ici une remarque importante à faire, c'est que pendant tout le temps de la plénitude de l'institution catholique, on ne voit les princes contester aux Papes le droit de les juger que dans les cas où ils sont personnellement atteints par l'exercice de ce droit, se montrant toujours prêts d'ailleurs à en reconnaître la légitimité, lorsqu'il frappe leurs rivaux et favorise leur ambition. C'est ainsi que la plupart des empereurs d'Allemagne que l'on voit résister avec tant de violence aux excommunications qui les dépossèdent, avaient reçu sans scrupule la couronne qui avait été enlevée par cette voie à leurs prédécesseurs; c'est ainsi

---

(1) Le second de ces princes avait fait plus : en répudiant sa femme, il avait épousé celle du comte d'Anjou, encore vivant.

encore que l'on voit Philippe-Auguste, qui avait hautement refusé de reconnaître l'autorité des Papes sur les rois, dans le temps où cette autorité l'obligeait à reprendre la femme qu'il avait répudiée, ne pas hésiter à se faire l'exécuteur de la sentence d'excommunication portée contre Jean-Sans-Terre, et qui, en dépouillant ce prince de ses états, lui en transférait la propriété.

Une autre remarque, encore qu'elle ait été faite plusieurs fois déjà, doit naturellement se reproduire ici ; c'est que les écrivains qui, toutes les fois qu'il s'agit de la suprématie temporelle des Papes, témoignent tant de sollicitude pour les droits des princes, tant de respect pour leur autorité, qui montrent tant d'alarmes pour les dangers que court la fidélité des peuples, sont justement ceux qui au fond sont les adversaires les plus prononcés de la royauté, et les défenseurs les plus zélés du *droit* d'insurrection (1).

Maintenant, Messieurs, pour faire comprendre la lutte qui, jusqu'au XVe siècle, n'a cessé de régner entre la société militaire et la société religieuse, il nous suffira, sans recourir encore à des considérations qui se lient directement à l'avenir, de signaler et de rapprocher dans leur caractérisation la plus générale, les sentimens, les idées, les actes qui distinguent les deux sociétés pendant tout le temps où elles se trouvent en contact.

L'esclavage, institué primitivement par la société militaire, forme encore au moyen âge la base de l'institution

---

(1) L'insurrection est un *fait* et un *droit* qui se produit toutes les fois qu'une *religion* a accompli sa destination, et qui, sous une forme ou sous une autre, constitue l'état général et habituel de la société, jusqu'à l'apparition d'une nouvelle *religion*, ou, si l'on veut, et ce qui revient au même pour nous, d'une doctrine sociale nouvelle.

temporelle; l'Église, par sa doctrine, le condamne formellement; et, par son enseignement et par ses actes, tend sans cesse à le détruire : au VIᵉ siècle, Grégoire-le-Grand affranchit les esclaves de ses domaines, et c'est au nom du Christ et pour accomplir sa loi qu'il déclare leur rendre la liberté. A partir de cette époque, on voit le clergé recommander sans cesse ces affranchissemens comme l'acte le plus méritoire aux yeux de Dieu; les chartes de manumission qui ont été conservées jusqu'à nous attestent hautement à cet égard l'influence du christianisme et celle de l'Église.

Dans la distribution des avantages sociaux, la naissance est le seul titre que reconnaisse la société militaire. — L'Église, dans sa hiérarchie, ne fait aucune acception de ce titre, elle se recrute même sans scrupule parmi les esclaves, ne tenant compte ainsi que de la capacité; la plupart des Papes, jusqu'au XVᵉ siècle, sont de basse extraction, et c'est des rangs inférieurs de la société que s'élève le plus grand de tous, le véritable fondateur de la papauté, Grégoire VII (1).

Le sentiment de nationalité est le plus élevé auquel la société militaire puisse atteindre; encore est-il évident que pendant long-temps ce sentiment est beaucoup trop large pour elle, ce qui est attesté suffisamment par les guerres intestines qui, sous le nom de guerres privées, remplissent les annales de chaque peuple et de chaque province pendant les premiers siècles du moyen âge. — L'Église, au contraire, s'élève dès le moment de sa naissance au sentiment de la philanthropie universelle; et tandis que les seigneurs féodaux, dans le sein d'une même nation, réclament comme le plus important et le plus noble de leurs priviléges le droit de

---

(1) Voltaire a dit à cette occasion : « L'histoire de l'Église est pleine de ces exemples qui encouragent la simple vertu, et qui confondent la vanité humaine. »

vivre continuellement en *guerre*, l'Église, par ses exhortations et ses censures, ne cesse de travailler à rapprocher les hommes, à les unir, à établir entre les peuples et leurs chefs la *paix* qu'elle réalise dans son sein.

C'est à la force et au hasard que la société militaire abandonne le soin de régler les différends, et de prononcer dans les cas incertains, et c'est ce que prouve l'usage établi ou consacré par elle, des épreuves et des combats judiciaires. — L'Église est en possession d'une loi morale qui lui donne le moyen d'apprécier la valeur de toutes les actions, d'une législation, ou si l'on veut, d'une science à l'aide desquelles elle peut les suivre dans leurs transformations diverses, et les rapporter à leurs auteurs; et dans tous les débats qui la concernent, ou qu'elle parvient à attirer à elle, c'est à cette double autorité, seulement, qu'elle recourt pour distinguer le vrai du faux, le juste de l'injuste, pour prononcer entre l'innocent et le coupable.

Enfin, tandis que la société militaire ne conçoit d'autre moyen pour s'agrandir que la violence et la guerre, c'est par des missions *pacifiques* qui, le plus souvent, coûtent la vie à ceux qui les remplissent, que la société religieuse tend au même but et y parvient.

De ces rapprochemens et de beaucoup d'autres de même nature, qu'on pourrait établir encore, il doit ressortir clairement que la lutte entre les deux sociétés était inévitable, qu'elle tenait à leur diversité essentielle, et qu'elle devait durer tant que cette diversité continuait à se manifester avec quelque vigueur.

Pour le christianisme, il y allait de la vie s'il recevait la loi de la société militaire : or, si l'on reconnaît que le développement de cette doctrine et des faits qu'elle devait produire n'était autre chose que le développement lui-même de la civilisation, bien loin de continuer à accuser l'Église d'avoir cherché sans cesse à étendre sa puissance, de s'être appliquée constamment à la soustraire à la loi de l'*État*, on devra bénir au contraire les efforts qu'elle a faits dans ce but, et reconnaître, comme nous l'avons dit déjà, que la division des pouvoirs, qui a été le résultat de la lutte soutenue par elle, et qui est devenue l'expression régulière de cette lutte, a été la conquête la plus importante que l'humanité ait pu faire dans le cours de l'époque qui vient de finir.

Mais on nous demandera sans doute pourquoi l'Église chrétienne, étant revêtue du caractère progressif, n'a point envahi la société tout entière; pourquoi elle n'a point imposé sa LOI à l'ordre politique; pourquoi, en d'autres termes, elle n'a pas dirigé tous les intérêts sociaux.

Cette question, messieurs, il nous tarde d'y répondre; car elle nous amène à l'exposition directe de la doctrine d'avenir que nous annonçons.

Si le christianisme n'a pas pu parvenir à s'emparer exclusivement de la direction sociale, c'est que *son dogme était incomplet*; c'est qu'il n'avait point compris la manière d'être *matérielle* de l'existence de l'homme, ou ne l'avait comprise, au moins, que pour la frapper d'anathème; voilà pourquoi la société *militaire*, malgré les vices de son institution, malgré la réprobation qui pesait sur elle, a pu se maintenir en présence de l'*Église*, et l'obliger même à reconnaître sa légitimité, légitimité qui, à la vérité, n'était pas celle à laquelle elle prétendait, mais qui était réelle pourtant, et qui, dans le fait, tenait à ce qu'elle seule pouvait offrir un cadre au déploiement de l'activité matérielle de l'homme.

Dans notre prochaine réunion, nous aurons à examiner de ce point de vue la valeur du *dogme* catholique. En fixant votre attention sur les imperfections qu'il présente, nous préparerons vos esprits à l'adoption du dogme de l'avenir.

SIXIÈME SEANCE.

DOGME CHRÉTIEN.

ANATHÈME CONTRE LA MATIÈRE. — INFLUENCE DE CET ANATHÈME SUR LES BEAUX-ARTS, LA SCIENCE ET L'INDUSTRIE.

Messieurs,

Au commencement de cette exposition, nous avons dit que l'humanité s'acheminait vers un état de choses où la distinction établie aujourd'hui entre l'ordre *religieux* et l'ordre *politique* disparaîtrait, et où tous les hommes, ne formant plus qu'une seule société, ne reconnaîtraient plus qu'un seul pouvoir. Pour justifier cette prévision, qui se rattache à une CONCEPTION RELIGIEUSE nouvelle, nous avons dû revenir sur le passé, et particulièrement sur la dernière époque organique, qui, naturellement aujourd'hui, doit le plus préoccuper les esprits qui cherchent à établir un lien entre le passé et l'avenir. En vous rappelant sommairement les faits qui se rapportent à la lutte que l'on voit régner pendant tout le cours de cette époque entre la société religieuse et la société politique, et qui viennent aboutir, dans le moyen âge, à la division du pouvoir en *spirituel* et *temporel*, notre but a été de vous montrer les véritables causes de cette division, son utilité, et son caractère nécessairement provisoire, ou plutôt transitoire.

De tout ce que nous avons dit dans ce but, une impression, sans doute, vous sera restée; c'est la prédilection que nous avons témoignée pour l'institution catholique, ce sont les efforts que nous avons faits pour justifier ce qui, dans cette institution, a été si généralement condamné dans le cours des trois derniers siècles. Deux considérations principales devaient naturellement nous placer à ce point de vue : l'une qui était de vous mettre sur la voie de comprendre le progrès nouveau auquel l'humanité est appelée, et qui se rattache principalement à celui que le catholicisme lui a fait faire; l'autre de justifier l'idée fondamentale de la doctrine de Saint-Simon, en mettant en évidence, dans le développement du christianisme, la loi providentielle du progrès donnée à l'humanité, loi qui se trouverait nécessairement infirmée si l'on ne pouvait faire sentir ou démontrer qu'une doctrine, qui pendant quinze siècles a régné sur les cœurs, a été progressive aussi bien que l'institution qui l'a réalisée.

En nous efforçant ainsi, et par ces motifs, de réhabiliter le catholicisme, quant à l'influence qu'il a exercée sur les sociétés pendant tout le temps de sa plénitude et de sa vigueur, nous n'avons pas prétendu ramener à cette doctrine les intelligences et les cœurs qui s'en sont éloignés. Le catholicisme, c'est-à-dire en définitive le christianisme parvenu au plus haut degré de développement et de perfection auquel il pouvait atteindre, a pour jamais accompli sa destination. Rendons un dernier hommage à ce grand système : c'est lui qui a brisé les chaînes de l'esclave ; c'est lui qui a tiré la femme de l'état d'abaissement auquel le règne exclusif de la force l'avait condamnée : c'est lui qui nous a révélé l'aspect *spirituel* de notre nature et qui nous a appris à nous soumettre à l'autorité d'une loi purement morale ; c'est lui qui, du cercle étroit, de la sphère inférieure de la famille et de la patrie, a étendu, a élevé nos sympathies jusqu'à la fraternité universelle.

Mais après avoir payé au catholicisme ce dernier tribut d'amour et d'admiration, tournons nos regards vers l'avenir, aux portes duquel il nous a conduits sans pouvoir nous les faire franchir ; et que désormais son seul titre à notre reconnaissance soit de nous avoir préparés à cet avenir, de nous avoir mis en état de désirer et de concevoir la RELIGION NOUVELLE qui va nous le révéler.

Dans notre dernière réunion, nous avons dit que si le catholicisme, malgré le caractère progressif dont il était revêtu, n'était point parvenu à détruire la société militaire, à soumettre à sa loi l'ordre politique tout entier, c'est qu'il avait laissé en dehors de sa sanctification une des manières d'être importantes de l'existence humaine, la manière d'être *matérielle*, qu'il n'avait comprise dans son dogme que pour la frapper d'anathème. C'est de ce point de vue que nous avons aujourd'hui à considérer le christianisme, dans le but de montrer, dès à présent, et d'une manière directe, le progrès le plus important que la conception religieuse de l'avenir doit présenter par rapport à celle qui vient de finir, le progrès social le plus important, par conséquent, que l'humanité ait à faire.

En avançant précédemment que la division des pouvoirs établie au moyen âge avait pour origine directe ces paroles célèbres : *Mon royaume n'est pas de ce monde; rendez à* César *ce qui est à* César, *et à* Dieu *ce qui est à* Dieu, nous avons ajouté que ces paroles elles-mêmes, indépendamment de la justification qu'elles pouvaient recevoir de l'état dans lequel se trouvait le monde à l'époque où elles furent prononcées, avaient une raison plus profonde encore dans le dogme théologique de la *chute des anges*, du *péché originel*, de l'*élection* et de la *réprobation*, du *paradis* et de l'*enfer*.

Habitués, comme nous le sommes par la philosophie critique, à rire de ces dogmes, à ne les considérer que comme des aberrations de l'esprit humain, que comme des hors-d'œuvre en quelque sorte, qui apparaissent au milieu des produits plus sérieux de son activité, nous devons avoir peine à comprendre qu'elles aient pu avoir quelque relation avec le sort des sociétés : et cependant c'est d'elles seules que l'époque où elles ont régné reçoit sa physionomie et son caractère; c'est par elles que l'on peut s'expliquer la nature de la loi MORALE qui signala cette époque, et l'état dans lequel s'y trouvèrent la *science* et l'*industrie*.

Peu de mots suffiront pour rendre le sérieux à ces croyances, pour faire comprendre l'influence qu'elles ont eue sur les destinées de l'humanité, pour montrer que leur règne est fini, comme celui de l'ordre social qui les a réfléchies, et pour indiquer enfin celles qui doivent prendre leur place.

Dans tout le passé, nous trouvons établi, comme conception fondamentale de l'esprit humain, le dogme de deux principes, l'un auteur de tout BIEN, l'autre de tout MAL. Le fétichisme, dans les êtres, dans les formes de la nature qu'il

6.

personnifie et déifie, en reconnaît de favorables et d'ennemis. Le polythéisme a eu ses dieux bons et ses dieux mauvais ou infernaux, et la guerre des Titans contre Jupiter atteste assez, dans cette théogonie, l'existence des deux principes. L'antique théologie orientale, plus savante que les autres, nous présente le bien et le mal dans deux personnifications principales. Enfin, dès les premières pages de *la Genèse*, on voit le principe du mal, dont l'histoire n'est pas donnée, apparaître pour corrompre l'ouvrage de la divinité, pour séduire l'homme, pour le faire déchoir, et devenir ainsi, dans le monde, la cause du péché et de la mort.

Le christianisme n'a point échappé à ce dualisme primitif, qui, du point de vue où nous sommes placés en ce moment, et par rapport à l'avenir, constitue sans contredit son aspect le plus important. Et cependant, nous devons nous hâter de le dire, le christianisme présente à cet égard un progrès immense sur toutes les théologies qui l'ont précédé. Dans celles-ci, en effet, le bien et le mal apparaissent comme étant co-éternels; le christianisme a mis fin à cette croyance. En présence des hérésies des *gnostiques*, et particulièrement de celle des *manichéens*, qui donnaient pour base à la religion nouvelle les traditions orientales sur les deux principes, les Pères de l'Église ont établi ce dogme : Qu'*un* Dieu *bon avait seul existé de toute éternité ; que les démons avaient été bons dans l'origine, et n'étaient devenus mauvais que par suite de leur révolte; que l'homme aussi avait été créé dans l'état d'innocence, et n'était déchu de cet état que pour avoir cédé, en faisant usage du libre arbitre qui lui avait été donné, aux séductions des anges tombés.*

Toutefois, quelque grand que soit ce progrès, si on le considère comme devant servir de préparation à celui qui reste à faire sous ce rapport, ses conséquences sur le christianisme lui-même, sur l'ordre moral créé par lui, et sur la destinée sociale de la portion de l'humanité soumise à sa loi, ne se firent que faiblement sentir. En effet, par le dogme de la chute des anges et de celle de l'homme, les chrétiens, comme les manichéens, admettaient que le bien et le mal se trouvaient mêlés, confondus dans le monde; que l'homme, durant sa vie terrestre, était sans cesse attiré, sollicité par deux principes contraires qui, à un jour suprême, celui du jugement dernier, devaient se partager l'espèce humaine pour l'éternité; ce qui se trouva clairement exprimé par le dogme de l'*élection* et de la *réprobation*, du *paradis* et de l'*enfer*.

Le christianisme est donc encore profondément empreint du dogme antique et primitif des deux principes, c'est-à-dire de l'ANTAGONISME UNIVERSEL. Mais ce qu'il nous importe surtout de considérer ici, c'est la caractérisation qu'il a donnée du mal, c'est la source qui lui a été assignée. L'Église, sans doute, admet bien que, par le péché originel, l'homme a été à la fois frappé de déchéance dans *son esprit* et dans *sa chair*; mais, dans l'élaboration successive de ce dogme, on la voit peu à peu oublier la déchéance de l'esprit, ou au moins la tenir dans l'ombre, pour mettre de plus en plus en saillie la déchéance de la chair et sa corruption, à laquelle elle finit par rapporter à peu près tout le mal. *La chair, c'est le péché*, a dit saint PAUL: toute la doctrine de l'Église sur le mal et sa source se trouve en quelque sorte renfermée dans ce peu de mots.

Au surplus, pour vous convaincre que telle fut la pensée dominante de l'Église à cet égard, il vous suffira d'en appeler à vos souvenirs : vous verrez que la plupart de ses prescriptions MORALES ont pour objet de réprimer, nous dirions presque d'anéantir chez l'homme les appétits, les besoins *matériels*; que si elle ne considère pas les privations, les souffrances physiques, qu'elle prescrit ou recommande, comme les *seuls* moyens de mériter aux yeux de Dieu, elle les regarde au moins comme indispensables dans ce but, tandis qu'elle présente sans cesse les jouissances de cet ordre comme constituant *toujours* un obstacle au salut.

Ouvrez les livres qui renferment ses enseignemens et ses contemplations, vous y verrez que les pensées *spirituelles* y sont constamment opposées aux pensées *charnelles*, comme on opposerait le bien au mal, et que si, selon la doctrine de l'Église, l'homme peut *quelquefois* combattre le démon en réprimant les élans de *son esprit*, il le combat *toujours* lorsqu'il réprime les impulsions de *sa chair*.

Parmi les dogmes du christianisme, parmi les commentaires que l'Église en a donnés, les applications qu'elle en a faites, on pourrait en citer, il est vrai, qui paraissent contradictoires à ce que nous venons d'avancer, et notamment le dogme capital de l'INCARNATION du verbe, et celui de la *résurrection* des corps; la sanctification donnée au mariage, et, enfin, l'attention qu'a toujours eu l'Église, en prescrivant, à certaines époques, l'abstinence de la chair des animaux, de déclarer que ce n'était point parce que cette espèce de nourriture était impure qu'elle en ordonnait l'abstinence, mais seulement dans un but de pénitence et de mortification.

Mais il ne faut point oublier que l'Église se trouvait en présence d'hérésies nombreuses et puissantes, qui regardaient les corps et la matière, en général, comme l'œuvre du principe éternel du mal; que pour repousser ce dogme, elle se trouvait forcée de réhabiliter jusqu'à un certain point l'ordre matériel, et qu'enfin, sans quelques concessions de cette nature, l'humanité lui aurait entièrement échappé.

Que l'on examine d'ailleurs les dogmes, les concessions dont nous venons de parler, et on les trouvera tous empreints de l'anathème porté sur la matière.

Le verbe se fait chair; mais c'est pour expier les crimes des hommes; et la chair qu'il revêt qu'est-elle autre chose, en effet, dans toute la vie du Christ, qu'un symbole de pauvreté et de souffrance, qu'un précepte vivant donné à l'homme de mépriser son corps, s'il veut trouver grâce devant Dieu? Et, ce qu'il faut bien remarquer ici, c'est que si Dieu se fait chair, la chair pourtant ne se confond point en Dieu, ce qui dans ce dogme est assez attesté par la distinction qui s'y trouve établie avec tant de soin, des *deux natures*, des *deux opérations*, des *deux volontés* du Christ.

L'Eglise admet la résurrection des corps pour la vie future et leur perpétuité dans cette vie; mais dans le séjour des justes, dans celui des récompenses, dans le paradis, enfin, elle ne peut parvenir à se figurer leur activité, et ce n'est que dans l'enfer, où ils doivent souffrir, qu'elle leur conçoit une destination.

Elle sanctifie le mariage; mais elle le regarde toujours pourtant comme un état inférieur, et cela, non pas parce qu'il tend à rétrécir les affections de ceux qui y sont engagés, mais à cause du lien *charnel* qu'il établit entre eux. Ce qui est évident, puisqu'en plaçant le célibat au-dessus du mariage, elle ne fait dépendre, d'une manière nécessaire au moins, la perfection qu'elle attribue à cet état de l'accomplissement d'aucune fonction sociale; et que nous trouvons, en effet, que la plupart de ceux qu'elle nous présente comme ayant *mérité*, sous ce rapport, ont passé leur vie dans la solitude.

Enfin, il est peu important que l'Église ait pris soin d'établir qu'elle ne regardait point comme impure la chair des animaux, puisqu'en en prescrivant l'abstinence son but avoué était de *mortifier la chair* de ceux qu'elle soumettait à cette loi. Eh! pourquoi aurait-elle voulu la mortification de la chair si elle ne l'avait jugée impure?

Parcourez tous les monumens que nous a laissés le christianisme, et partout vous y verrez la réprobation de la matière; partout vous y verrez, malgré quelques inconséquences, quelques subtilités, qu'en définitive dans l'esprit de cette doctrine, l'ordre matériel constitue, à proprement parler, l'empire du démon, celui du mal. Rappelez-vous, par exemple, cette parabole historique de l'Évangile, dans laquelle le démon, voulant séduire le Christ, lui promet de lui donner les villes, les royaumes, les empires, et toutes leurs richesses, et vous y trouverez cette pensée clairement exprimée.

Toute l'aversion de l'Église chrétienne pour la matière, tous les anathèmes dont elle l'a frappée, se trouvent enfin résumés dans la manière dont elle a conçu Dieu, type de toute perfection, et qui, suivant elle, à ce titre, n'est et ne peut être qu'un *pur esprit*, d'où elle a naturellement tiré cette conclusion, que ce n'est que par l'*esprit* que l'homme peut entrer en rapport avec Dieu et *mériter* devant lui.

Voilà, messieurs, la raison profonde de ces paroles : *Mon royaume n'est pas de ce monde.... Rendez à César ce qui est à César et à Dieu ce qui est à Dieu.* Voilà la raison profonde de la séparation qui s'est établie au moyen âge entre l'Église et l'État, et de la division des pouvoirs qui a exprimé cette séparation; voilà pourquoi, enfin, le règne de César, encore qu'il fût déshérité de la religion, a pu se maintenir, et jusqu'ici même conserver une existence légitime, puisque lui seul a pu ouvrir une carrière et donner une loi au déploiement de la force matérielle de l'homme.

Jetons les yeux sur la carrière que l'Église a parcourue dans le temps de sa splendeur, et nous verrons, en effet, que tout ce qui appartient à l'ordre matériel a été abandonné par elle.

Elle a contemplé la vie dans l'homme et dans Dieu, et ses contemplations, elle les a produites dans une poésie sublime qui a initié l'humanité à une existence nouvelle; mais comme elle n'a aimé que l'*esprit*, c'est l'esprit seul qu'elle a animé et chanté. Dans le cours du moyen âge, la *matière* aussi a eu sa poésie: mais c'est en dehors de l'Église, de sa foi, de ses inspirations, et par conséquent sous le poids de ses anathèmes, que cette poésie a pris naissance et s'est développée.

L'activité *scientifique* de l'Église est attestée par les nombreux et importans travaux qu'elle nous a laissés. Mais presque tous ses travaux, soit qu'ils aient pour objet Dieu et ses attributs, soit qu'ils traitent de l'homme et de ses facultés, de ses relations avec Dieu et avec ses semblables, se rapportent exclusivement à une seule science, celle de l'esprit. Les cloîtres, il est vrai, furent pendant long-temps les seuls dépositaires des sciences *physiques*, et ces sciences ne restèrent point absolument sans culture dans leur sein. Mais ils n'avaient point été institués pour les cultiver, et ce ne fut en conséquence qu'accidentellement, exceptionnellement, que quelques moines s'en occupèrent; aussi voyons-nous que dans leurs mains elles restèrent à peu près stationnaires, et qu'elles ne se développèrent avec éclat et rapidité que lorsque le christianisme étant arrivé à son déclin, elles passèrent dans les mains des *laïques*. Or l'effroi que l'Église témoigna en leur voyant prendre cet accroissement montre assez combien son dogme était peu propre à les comprendre et à favoriser leurs progrès.

Quant à l'activité *matérielle*, il était naturel, en tant que cette activité était *militaire*, que l'Église y restât étrangère, puisque son dogme la condamnait formellement, et que la mission principale qui lui avait été donnée était d'y mettre un terme; mais on ne la voit pas prendre une plus grande part aux travaux matériels de l'ordre *pacifique*. On doit bien reconnaître, sans doute, qu'en subalternisant toujours de plus en plus l'élément militaire, en réprimant les habitudes violentes, en développant graduellement les mœurs pacifiques, elle a puissamment contribué aux progrès de l'industrie; mais son action sous ce rapport n'a été qu'indirecte. La célèbre maxime, *qui travaille prie*, semble, il est vrai, l'associer d'une manière plus intime aux travaux de cet ordre, et en renfermer une sorte de sanctification; mais si on se rappelle qu'elle regardait le *travail* comme un *châtiment* imposé à l'homme, et si l'on réfléchit, en même temps, aux conditions pénibles auxquelles il était soumis alors, il sera permis de penser que c'était surtout en raison de sa vertu expiatoire qu'elle le considérait comme un moyen de salut.

Au surplus, la maxime dont nous venons de parler se trouvait neutralisée par une foule d'autres maximes bien plus impératives, et qui, mettant la pauvreté, les privations physiques, au premier rang des vertus, tendaient non-seulement à enlever tout mobile à l'industrie, mais encore même à faire considérer son développement comme impie.

Ce qu'il y a de certain, c'est que l'Église ne s'est point donné pour tâche de présider à l'activité industrielle, et que, jusqu'à un certain point, l'accroissement qu'a pris cette activité a été en contradiction avec la morale chrétienne.

C'est ainsi que l'élément *matériel* exprimé à la fois par la POÉSIE, par la *science*, par l'*industrie*, s'est élevé, et peu à peu s'est organisé en dehors de l'Église et de sa loi, jusqu'au moment où, arrivé à un certain degré de puissance, il est devenu la négation du dogme chrétien qui l'avait repoussé, et le point d'appui de toutes les attaques dirigées contre ce dogme.

Lorsque le christianisme apparut, l'ordre matériel tout entier était réglé par la violence et pour elle. La *chair* alors était la *chair* selon CÉSAR; elle était devenue impie et devait périr. L'Église a été chargée d'exécuter la sentence portée contre elle; mais elle n'a pu y parvenir qu'en la condamnant d'une manière absolue et sans réserve. Aussi, lorsque le temps fut venu où, par suite de ses efforts, la matière dut être sanctifiée, parce qu'elle était préparée pour une destination nouvelle, l'Église se trouva incapable de comprendre ce progrès et de l'accomplir. Ce fut alors que son autorité fut méconnue et renversée; car elle avait cessé d'être dans la voie providentielle.

L'aspect le plus frappant, le plus neuf, sinon le plus important, du progrès *général* que l'humanité est aujourd'hui appelée à faire, consiste, Messieurs, dans la réhabilitation de la matière, réhabilitation qui ne pourra avoir lieu qu'autant qu'une conception religieuse nouvelle aura fait rentrer dans l'ordre providentiel et en Dieu même cet élément, ou plutôt cet aspect de l'existence universelle que le christianisme a frappé de sa réprobation.

SEPTIÈME SÉANCE.

DOGME SAINT-SIMONIEN.

Messieurs,

Plus d'une fois déjà nous avons eu occasion d'exprimer devant vous cette idée, que tout état organique des sociétés humaines était la conséquence, la représentation d'une conception religieuse. Si l'ordre social est successif, c'est que l'homme ne parvient que successivement à connaître Dieu, et en Dieu le phénomène de sa propre existence, sa destination; de telle sorte qu'à la rigueur on pourrait dire que *l'homme est un être religieux qui se développe*.

Le développement religieux de l'humanité peut être envisagé sous un grand nombre d'aspects. Dans le cours de l'année dernière, lorsque nous avons entrepris de démontrer, contrairement à l'opinion commune, que la marche de la religion avait toujours été ascendante, nous avons fixé votre attention sur plusieurs de ces aspects; aujourd'hui, en nous tenant au point de vue où nous nous sommes placés dans la séance précédente, nous avons à vous en signaler un nouveau.

C'est une observation qui a été faite depuis long-temps déjà et que l'on entend souvent reproduire, que toutes les religions qui ont précédé le christianisme ont été *matérielles*, tandis que celle-ci a été essentiellement *spirituelle*. Cette observation, qui ne se trouve liée chez ceux qui l'ont faite à aucune vue d'avenir, et qui, par conséquent, est demeurée stérile pour eux, n'en mérite pas moins d'être recueillie, car l'insuffisance des données qui lui servent de base ne prouve que mieux l'évidence du fait qu'elle exprime. Le fétichisme, le polythéisme et le monothéisme juif, quelle que soit la distance qui sépare ces états religieux, quelque important que soit le progrès que l'humanité ait fait en passant de l'un à l'autre, progrès que nous avons entrepris déjà de faire apprécier, présentent en effet ce caractère commun, que c'est principalement sous l'aspect matériel, bien qu'à des degrés différens, que l'existence de l'homme et l'existence universelle y sont *senties*, *connues* et *pratiquées*. Dans ces trois premières phases de la conception religieuse, c'est toujours d'une manière physique, extérieure, que la divinité se manifeste à l'homme, qu'elle lui soit favorable ou contraire, et que l'homme entre en rapport avec la divinité, soit qu'il la supplie, soit qu'il lui rende des actions de grâce. Dans chacune d'elles, les *désirs* de la divinité, qu'on nous passe cette expression, se présentent toujours comme ayant un objet matériel, ce qui est assez attesté par la nature des sacrifices, des tributs, des pratiques qui alors constituent le culte. Dans cette première époque, la loi religieuse n'est, à proprement parler, que le réglement de l'activité physique, aussi presque toutes ses sanctions sont-elles puisées dans les intérêts qui se rapportent à cette activité. Les états sociaux qui correspondent à ces trois états religieux en réfléchissent exactement le caractère : le but dominant de l'activité, collective et individuelle, y est matériel, et *la force* en est le lien principal, le régulateur suprême. Nous ne prétendons pas dire assurément que, dans ce premier âge de l'humanité, l'élément spirituel ait été absolument sans manifestation, sans puissance : non sans doute, car il ne nous serait plus possible, après une pareille abstraction, de concevoir l'existence de l'homme et son activité; mais ce que nous constatons et ce que nous voulons seulement faire remarquer ici, c'est que *l'aspect* matériel de la vie domine alors dans la conception religieuse comme dans l'institution sociale ; que *l'aspect* spirituel lui est subordonné, ou que plutôt alors cet aspect, bien que les faits qui s'y rapportent ne soient pas sans existence, n'est point encore révélé à l'homme d'une manière distincte, n'est point devenu l'objet de ses méditations, ne constitue point encore pour lui enfin un but d'activité, de perfectionnement. Ce serait perdre notre temps, Messieurs, que de nous arrêter à faire ressortir, dans les états religieux et sociaux dont nous venons de parler, les traits qui mettent en évidence le caractère matériel que nous leur attribuons. Le fétichisme se présente encore à vos yeux sur plusieurs points du globe; le polythéisme grec et romain, qui forme l'un des points de départ des sociétés chrétiennes, vous a transmis les monumens les plus importans de sa théologie, de sa poésie, de ses institutions, de ses entreprises. Le mosaïsme, autre élément, autre point de départ de la civilisation moderne, vous a légué intégralement sa révélation, sa loi, son histoire. Il peut donc vous suffire de regarder autour de vous, d'en appeler à vos souvenirs pour vérifier ce que nous avançons, pour retrouver aussitôt dans ces états religieux et sociaux le caractère dominant que nous leur assignons; caractère tellement évident d'ailleurs que presque tous les écrivains qui ont comparé la religion chrétienne à celles qui l'ont précédée ont exprimé cette comparaison par l'épithète de *matérielles* donnée aux religions anciennes.

Le christianisme, en effet, du point de vue où nous sommes placés en ce moment, commence et constitue une seconde époque dans la série du développement religieux et social de l'humanité. Par lui un nouvel aspect de l'existence, l'aspect spirituel, est révélé à l'homme et devient pour lui l'objet dominant de *son amour*, de ses *méditations*, de son *activité*. Pour le chrétien, l'existence matérielle n'est point inaperçue, et seulement subordonnée par le fait, comme l'existence spirituelle avait été plus ou moins inaperçue, subordonnée par le fétichiste, le polythéiste ou le juif; cette partie de son existence, il la connaît et c'est sciemment qu'il la répudie. Non-seulement il ne recherche pas les jouissances matérielles, il les évite; et bien loin d'employer ses forces à repousser les souffrances de cet ordre, il les recherche comme une source de bénédictions, de sanctification, comme un moyen, en quelque sorte, de réduire son existence à son expression la plus pure, en la dégageant de tout lien *terrestre*, de toute affection *corporelle*. Pour lui, et autant qu'il peut être donné à l'homme de méconnaître sa propre nature et de s'y soustraire, toutes les espérances, toutes les craintes, toutes les joies, toutes les douleurs sont de l'ordre spirituel. Il veut se perfectionner, mais seulement par l'esprit, car il ne reconnaît de divin en lui que l'esprit. C'est surtout par une action intérieure, spirituelle, qu'il conçoit le rapport de Dieu à l'homme et de l'homme à Dieu, et à ses yeux l'homme le plus religieux, le plus près de Dieu, est celui qui, comme l'ermite ou le stylite, par exemple, oubliant en quelque sorte son corps et le monde sensible qui l'entoure, se replie en lui-même pour y chercher Dieu, pour le saisir, et consume sa vie dans cette vague contemplation, dans ce culte mystique.

Nous avons vu quelles ont été les conséquences du christianisme, réalisé autant qu'il pouvait l'être, non par des individus, mais par des sociétés, et nous savons maintenant de quoi l'humanité lui est redevable. Avant d'être chrétien, l'homme avait aimé, il avait pensé, mais cette partie de son être, de son activité, était restée, en quelque sorte, ignorée de lui; le christianisme la lui révéla; il lui apprit à contempler l'amour et à l'aimer, à contempler la pensée et à la connaître, et en lui donnant dans cette vie nouvelle qu'il lui découvrait un point d'appui, pour se détacher de tendances, d'affections, qui ne formaient plus qu'un obstacle à son progrès, elle lui ouvrit en même temps une nouvelle carrière de perfectionnement.

Mais à côté des avantages du christianisme, nous avons vu aussi les inconvéniens qui sont résultés de la vue exclusive qu'il avait introduite. En frappant de sa réprobation l'existence physique de l'homme, il n'avait pas pu pourtant l'anéantir, en réprimer l'activité; cette partie de l'existence continua donc à se manifester; mais dépourvue d'une sanctification religieuse directe, ce ne put être que d'une manière désordonnée, et en quelque sorte par la révolte. De là deux sociétés, deux pouvoirs; de là cet antagonisme qui a régné pendant toute la durée organique du christianisme, et qui, comme nous l'avons vu précédemment, a été représenté dans l'ordre politique par la lutte de l'état et de l'église, et dans chaque individu par celle de l'esprit et de la chair. Mais si le christianisme ne parvint point complétement à comprimer la manière d'être matérielle de l'existence de l'homme (ce qui était la tendance de sa loi, et ce qui serait arrivé s'il eût été possible que cette loi, dans toute sa rigueur, eût été appliquée aux sociétés), sous le poids de sa réprobation pourtant cette manière d'être n'eut qu'un développement lent et imparfait. Le progrès des sociétés chrétiennes, sous le rapport matériel, progrès qu'on ne saurait nier assurément, resta sans proportion avec leur progrès spirituel; et le chrétien parfait, le véritable chrétien, c'est-à-dire le solitaire ou le moine, ne se perfectionna spirituellement qu'en renonçant d'une manière absolue à son perfectionnement physique, jusqu'au moment enfin où l'humanité, à défaut d'une vue complète de Dieu et de sa destinée en Dieu, se trouva avoir atteint la limite même de son progrès spirituel, comme par la même raison, avant le christianisme, elle avait atteint celle de son progrès matériel. Car l'homme est *un*, et il ne peut prétendre à tout le perfectionnement dont chacun des aspects de son existence peut être susceptible que par le perfectionnement de l'ensemble.

Aujourd'hui, messieurs, le progrès à faire dans la conception religieuse, dans l'institution sociale, doit paraître clairement indiqué; il est évident qu'il s'agit de réunir les deux points de vue à chacun desquels l'homme jusqu'ici a été exclusivement placé; de recomposer l'unité qu'il a divisée, ou plutôt, ce qui est plus exact, de comprendre, de saisir dans son ensemble cette unité qu'il n'a aimée, qu'il n'a connue, qu'il n'a pratiquée encore que partiellement, que successivement. Au premier aspect, et en considérant d'une manière superficielle le développement de la religion, on peut être conduit à penser que l'humanité, en embrassant le christianisme, en se pénétrant de plus en plus de ses préceptes, a manifesté sa tendance à se dégager graduellement des affections matérielles, de l'existence physique, pour donner toujours un plus grand développement à ses affections, à son existence spirituelle, et qu'en conséquence le progrès à faire sur le catholicisme devrait plutôt consister à affaiblir encore dans la conception religieuse, dans l'institution sociale, l'élément matériel, qu'à le sanctifier et à l'exalter. Mais cette conséquence, que repousseraient aujourd'hui toutes les sympathies progressives, et qu'aucune puissance de raisonnement ne pourrait parvenir à justifier, se trouve évidemment démentie par la marche même de l'humanité, lorsqu'on la considère plus attentivement et d'un point de vue plus élevé. On voit alors, en effet, que cette marche est *successive*, et que, dans la série des termes qu'elle comprend, l'homme tend sans cesse à se rapprocher de l'unité. Par suite de cette tendance, nous l'avons vu s'élever de la conception des êtres multiples et indépendans du fétichisme et du polythéisme, à celle d'un Dieu unique ; par suite de la loi qui lui a été imposée de ne connaître Dieu et le phénomène de sa propre existence que successivement, nous l'avons vu, après avoir conçu l'unité, l'envisager d'abord sous l'aspect matériel dans le judaïsme, puis ensuite sous l'aspect spirituel dans le christianisme. Aujourd'hui, que tous les termes de l'évolution religieuse ont été parcourus, il est évident que l'homme, en vertu de la loi à laquelle il a obéi jusqu'ici, doit s'élever à une conception qui comprendra dans leur ensemble et dans leur combinaison les deux aspects de l'unité qui lui ont été successivement révélés. Or, messieurs, il ne faut point oublier que, lorsque nous disons que c'est en vertu des pas qu'il a déjà faits que l'homme doit s'élever à cette conception, c'est comme si nous disions que c'est en vertu d'un désir nouveau conçu par lui, puisqu'en effet cette loi de développement que nous invoquons n'a pu être dévoilée que par ce désir lui-même. Maintenant nous allons vous présenter dans son expression dogmatique la formule dans laquelle, par opposition au passé, et en nous tenant dans les termes de la discussion actuelle, doit se produire la conception religieuse nouvelle que nous annonçons.

Dieu est *un*. Dieu est tout ce qui est ; tout est en lui, tout est par lui, tout est lui (1). Dieu, l'être infini, universel, exprimé dans son unité vivante et active, c'est *l'amour* infini, universel, qui se manifeste à nous sous deux aspects principaux, comme *esprit* et comme *matière*, ou, ce qui n'est que l'expression variée de ce double aspect, comme *intelligence* et comme *force*, comme *sagesse* et comme *beauté*. L'homme, représentation finie de l'être infini, est comme lui, dans son unité active, *amour* ; et dans les modes, dans les aspects de sa manifestation, esprit et matière, intelligence et force, sagesse et beauté. Nous verrons plus tard quelle transformation cette triple

---

(1) La dernière partie de cette formule a été depuis *perfectionnée* ; toutefois nous conservons ici l'ancienne expression, parce qu'elle est un terme du développement du dogme Saint-Simonien, et parce que le progrès, pour nous, consiste, non pas à *détruire*, à *abolir*, mais à *développer*, à *transformer* ; or, notre dogme a dû se *développer* dans le temps ; car la pensée humaine est *progressive* comme la VIE, comme le SENTIMENT qui l'inspire. La formule la plus avancée *jusqu'ici* du dogme Saint-Simonien se trouve à la fin de ce volume.

7.

expression de l'existence doit recevoir pour l'homme considéré dans son activité sociale. L'*esprit* et la *matière*, sur lesquels tant de discussions se sont engagées et se perpétuent encore, ne sont donc point deux entités réelles, deux substances distinctes, mais seulement deux aspects de l'existence, infinie ou finie, deux abstractions principales à l'aide desquelles nous *analysons* la vie, nous *divisons* l'unité pour la comprendre.

Nous avons prévu, messieurs, toutes les objections, toutes les préventions que la formule que nous venons de produire doit soulever en vous. Le catholicisme, comme doctrine vivante, comme loi morale, est aujourd'hui complétement détruit; mais sa théologie domine encore les intelligences à leur insu; et si cette théologie, dans sa systématisation complète, ne se trouve plus que rarement dans les esprits, c'est au moins sur ses débris, c'est avec les abstractions, les entités qu'elle a créés, qu'aujourd'hui encore, comme depuis plus de deux siècles, se livrent tous les combats de la philosophie et de la métaphysique. Au moment donc où nous présentons une conception générale entièrement différente, nous devons nous attendre à voir s'élever contre nous toute cette science morte, soit dans sa forme primitive, soit dans les systèmes partiels et contradictoires auxquels sa dispersion a donné lieu. Mais, parmi les préventions que la formule que nous venons d'employer est de nature à provoquer, il en est une que nous pouvons regarder comme certaine, c'est qu'avec cette formule on aura vu se reproduire un système plusieurs fois tenté déjà, mort aussitôt que né, et dont le nom seul aujourd'hui équivaut à une condamnation, le *panthéisme*. Quel que soit le sens étymologique de de ce mot, nous le repoussons, attendu que son acception, sa valeur réelle se trouvent déterminées par les systèmes mêmes qui ont donné lieu à sa création, et que nous ne prétendons reproduire aucun de ces systèmes, qui tous, sans exception, nous paraissent très-inférieurs au catholicisme, au-delà duquel nous prétendons faire un pas, et le pas le plus important que l'humanité ait fait encore. Au surplus, peut-être pourrions-nous rapporter à cette prévention première toutes les objections qu'il nous est possible de prévoir. C'est ainsi que l'on pourra penser que pour nous, ou Dieu, ou les existences individuelles, ne sont que des abstractions; qu'en supposant l'unité absolue de l'existence, nous détruisons la liberté de l'homme, et que de ce point de vue il ne nous est plus possible de concevoir les phénomènes de relation, d'opposition, d'activité, de passiveté, de causes et d'effets, sans lesquels pourtant le mouvement et la vie ne sauraient se comprendre dans l'univers ou dans l'homme. Quoi qu'il en soit de ces objections, nous pouvons affirmer que les difficultés que peut présenter notre conception ne sont point autres que celles qui se sont présentées à toutes les conceptions religieuses, à tous les systèmes philosophiques, et que la religion a toujours résolues d'une manière satisfaisante pour la conscience humaine, tandis que la philosophie s'est contentée, en quelque sorte, de les soulever et de les agiter. Ce que nous pouvons affirmer encore, c'est que ces difficultés devront trouver, dans la religion de l'avenir, une solution beaucoup plus large, beaucoup plus satisfaisante, que celle que leur ont donnée toutes les religions du passé. Nous ne prétendons pas dire assurément qu'il n'y aura plus de mystère pour l'humanité : non, sans doute; l'homme est un être *fini*; par conséquent il est inévitable, quel que soit son développement, qu'il arrive toujours à une limite où le mystère doit commencer pour lui ; mais il y aura cette différence entre l'avenir et le passé, que le mystère ne se présentera plus à lui comme une pensée de terreur, et qu'à proprement parler il ne portera plus sur ses destinées, qui lui seront infailliblement révélées par ses désirs, par ses espérances, mais seulement sur la manière dont ces destinées peuvent s'accomplir dans le sein de Dieu, hors du cercle ou lui-même peut en être directement l'agent.

Mais avant de répondre aux objections que nous venons de prévoir, nous avons à nous prémunir contre une prévention plus générale, qui pourrait se présenter comme une fin de non-recevoir à la discussion même dans laquelle nous annonçons devoir entrer ; nous voulons parler de celle qui s'attache aujourd'hui à tous les débats théologiques ou métaphysiques. Ce n'est pas sans raison assurément que cette prévention s'est élevée ; une longue expérience semble avoir prouvé que toutes les discussions de cette nature étaient nécessairement stériles, et ce qu'il faut bien reconnaître, au moins, c'est que toutes celles qui se sont produites dans ces derniers temps, et qui se continuent encore, ont pleinement justifié ce jugement ; ce qui devait être, car toutes ont été plus ou moins étrangères, dans la pensée qui leur a donné naissance ou dans la fin qu'ils se sont proposée, à la destinée sociale de l'homme. Or nous n'hésitons point à dire que tout problème théologique ou métaphysique qui ne prend pas son point de départ dans une vue sociale ou qui ne s'y rattache point, manque d'une base réelle, et que toute solution d'un pareil problème qui n'est pas susceptible d'une application sociale, d'une transformation politique, est nécessairement vaine.

Pour nous donc, les questions théologiques, métaphysiques et les questions sociales sont identiques, et ne présentent, à proprement parler, que deux faces différentes sous lesquelles peuvent être envisagés des faits de même nature. C'est à ce titre que nous repoussons l'analogie que l'on pourrait vouloir établir entre les discussions auxquelles nous allons nous livrer, et celles qui se passent autour de nous ; c'est à ce titre, surtout, que nous réclamons votre attention, qu'autrement nous ne nous croirions point en droit de fixer. Incessamment nous allons avoir à considérer l'avenir directement sous le rapport politique ; mais nous devons auparavant nous en occuper sous le rapport religieux, car il ne faut point oublier que tout ordre politique est avant tout un ordre religieux.

Au surplus, messieurs, si nous ne nous sommes point trompés sur la valeur de ce que nous avons dit précédemment, peut-être pouvez-vous déjà apercevoir quelques-unes des conséquences que notre conception sur la nature de Dieu doit avoir sur les destinées futures de l'humanité ; il en est une surtout qui doit vous frapper.

Dans notre dernière réunion, nous avons dit que dans tous les temps antérieurs au christianisme, l'homme, sous des formes diverses, avait toujours conçu l'univers et sa propre existence comme livrés à l'action de deux forces contraires et co-éternelles, le *bien* et le *mal* ; que le christianisme, en modifiant profondément cette conception primitive, avait pourtant consacré encore le dualisme, l'antagonisme qu'elle exprimait, par les dogmes de la chute des anges et de celle de l'homme, des élus et des réprouvés, du paradis et de l'enfer ; et nous avons montré que, dans la suite, la *chair*, la *matière* était devenue en quelque sorte, pour les chrétiens, la personnification du mal, comme l'*esprit* celle du bien. Or il est évident que, si l'on doit reconnaître aujourd'hui que la chair, que la matière, n'est comme l'esprit qu'un des aspects, une des manifestations de l'être infini, de la substance universelle, on doit reconnaître aussi que ce dualisme disparaît, et avec lui l'antagonisme qui s'est perpétué jusqu'ici.

Le temps est venu où l'homme doit comprendre que toutes les parties de son existence, comme celles de l'existence universelle, sont harmoniques; que toutes sont également appelées au progrès; qu'en se développant matériellement, il n'accomplit pas moins une œuvre religieuse, il ne se rapproche pas moins de Dieu qu'en se développant spirituellement; que ces deux progrès aujourd'hui sont inséparables; que l'un ne peut plus s'opérer que dans la proportion de l'autre, et que l'un et l'autre, dans leur ensemble, dans leur combinaison, ne sont que l'expression du progrès de l'amour par lequel l'homme tend sans cesse à se rapprocher de Dieu, de l'amour infini.

La conception qui réhabilite la matière, en la faisant rentrer en Dieu lui-même, ne met pas seulement l'homme en possession d'une existence que le christianisme lui avait déniée, elle agrandit encore le champ de son amour et de son intelligence : de son amour, puisqu'elle ne lui laisse plus rien à redouter, à haïr; de son intelligence, puisqu'en l'appelant à connaître Dieu, elle l'appelle à *tout* connaître.

Le mal, comme existence positive, ne saurait plus désormais se concevoir. Ce que l'homme jusqu'ici a regardé comme constituant l'empire du mal comprend, à chaque phase de son développement, ce qui a excédé ses sympathies, ce qui a échappé aux prévisions de son intelligence, ce qui, en menaçant sa vie ou son repos, a surpassé ses forces. Or, à mesure qu'il s'est développé, la sphère des objets qu'il a *aimés*, des faits qu'il a *compris*, et qu'il a *soumis* à son pouvoir, s'est constamment agrandie, et à mesure aussi l'empire du mal s'est rétréci pour lui; ce qui est assez attesté par la décroissance que n'a cessé de subir l'importance de la conception du mal dans les états religieux qui se sont succédés jusqu'à ce jour, depuis le moment où le culte des *puissances ennemies* se montre dominant, jusqu'à celui où ce culte, dans le christianisme, est définitivement renversé. Si l'homme aujourd'hui ne peut encore tout embrasser par son amour, tout comprendre par sa science, tout soumettre à son pouvoir, il sent qu'il est appelé à aimer, à savoir, à pouvoir de plus en plus. De ce point de vue, ce qu'il a regardé jusqu'ici comme formant le système du mal ne doit plus se présenter à lui que comme la carrière ouverte à son progrès, que comme la distance qui sépare le point où il est parvenu de celui qu'il doit atteindre.

L'homme n'a point à lutter dans ce monde contre une puissance ennemie; il n'arrive point non plus à la vie sous le poids d'une iniquité qu'il doive expier par la douleur; l'homme enfin n'est point déchu : il a été créé perfectible en recevant le désir immense du progrès et la faculté indéfinie de l'accomplir; et depuis le jour où, selon la tradition, il a acquis *la science du bien et du mal* (jour de sa chute, nous dit-on, mais que nous ne saurions concevoir aujourd'hui que comme celui de son premier progrès), il n'a cessé de suivre l'impulsion de sa vocation divine. Sa vie sur la terre n'est donc point, comme on l'a dit, une vallée de misère, un temps d'exil et d'expiation, mais un des termes de la carrière illimitée de progrès, de gloire et de bonheur, qui lui a été ouverte. Si nous n'avons rien à maudire en regardant en arrière, nous n'avons rien non plus à regretter ; car , comme l'a dit SAINT-SIMON , *l'âge d'or, qu'une aveugle tradition a placé jusqu'ici dans le passé, est devant nous.*

HUITIEME SEANCE.

RÉPONSE A QUELQUES OBJECTIONS SUR LE DOGME.

Messieurs,

Nous avons aujourd'hui à nous livrer à des discussions arides, il faut nous y résoudre ; car avant de nous servir de la formule religieuse que nous avons produite, avant d'en faire la base, la raison, des vues que nous avons à vous présenter sur l'avenir social de l'humanité, nous devons essayer de détruire les objections qu'elle a dû inévitablement soulever, et qu'il nous est facile de prévoir, puisque ces objections ne peuvent être que celles en présence desquelles cette formule s'est établie.

Déjà dans la séance précédente nous avons entrepris de lui donner une première justification, en montrant que la marche suivie jusqu'à ce jour par l'humanité dans son développement religieux la conduisait inévitablement à la conception nouvelle que nous annoncions. Cette justification est insuffisante, nous le savons ; et d'abord elle ne peut avoir de valeur que pour ceux qui, admettant le développement progressif de l'humanité, reconnaissent la possibilité de trouver, dans les pas qu'elle a faits, l'indication de ceux qu'elle doit faire. Mais, pour ceux-là même, elle peut paraître incomplète, attendu que si toute prévision sur les destinées de l'espèce humaine, pour être juste, doit trouver sa vérification dans les tendances manifestées par l'enchaînement des faits du passé, aucune série de faits historiques cependant ne peut constituer une démonstration à cet égard, qu'autant qu'elle a pour base une vue sympathique ou qu'elle parvient à la produire. Or, dans les termes concis où nous avons dû présenter la formule qui nous occupe en ce moment, il est impossible qu'elle ait été d'abord bien comprise, il est inévitable même qu'on ne lui ait attribué des conséquences qu'elle ne comporte pas, une tendance que nous serions les premiers à condamner. Et d'abord nous nous attacherons à repousser la dénomination de *panthéisme* qui sans doute lui aura été appliquée, et avec cette dénomination, la prévention qui s'y attache aujourd'hui.

Assurément si ce mot n'avait d'autre sens que celui de son étymologie, nous ne verrions aucune raison de le repousser ; et, toutefois, dans ce sens même, il ne saurait nous convenir, car il n'exprime point la vie, il ne présente aucune idée de destination pour l'homme, et c'est là, surtout, ce que doit exprimer le nom de toute conception religieuse ; mais il y a plus, l'acception de ce mot est aujourd'hui fixée par les systèmes qui ont donné lieu à sa création, il ne peut donc, en aucune façon, s'appliquer à la conception que nous produisons; car, ainsi que nous l'avons dit, elle n'a rien de commun avec ces systèmes (1).

Ce n'est que d'aujourd'hui seulement que l'homme est arrivé, par Saint-Simon, à sentir l'unité et à la comprendre; mais dans presque tous les temps nous voyons qu'il a eu la notion *abstraite* de l'unité, notion qui a toujours été, en quelque sorte, une forme de son esprit. Les systèmes panthéistiques connus ne peuvent être considérés que comme l'expression, la manifestation de cette idée abstraite, de cette forme de l'intelligence humaine, que comme des tentatives impuissantes pour saisir l'unité qui a toujours échappé à leurs auteurs. Parmi les conceptions philosophiques auxquelles le nom de panthéisme a été appliqué, examinez celles qui ont pris naissance dans les écoles de la Grèce, et celles même des stoïciens, encore que ces derniers paraissent avoir eu une influence plus directe sur la vie de l'homme et sur sa destinée, et vous verrez que l'unité, qu'elle y soit rapportée à un principe matériel ou à un principe intellectuel, n'y est jamais présentée que

―――――

(1) En repoussant avec tant d'instance la dénomination de *panthéisme*, nous ne saurions trop répéter que notre seul but est de prévenir une confusion qui serait de nature à faire prendre le change sur la conception nouvelle que nous produisons, ou à empêcher même les esprits de lui donner l'attention qu'elle réclame pour être comprise. Du reste, lorsque cette conception aura été complétement développée, et que, par conséquent, la confusion que nous devons redouter aujourd'hui ne sera plus possible, le mot panthéisme, réduit alors à son acception étymologique, pourra, sous un rapport, lui être convenablement appliqué. A ne considérer, en effet, que d'une manière abstraite le progrès religieux de l'homme vers l'unité, et en y faisant entrer le progrès nouveau que nous annonçons, on peut dire, avec exactitude, que les termes généraux qu'il comprend sont le *polythéisme*, le *monothéisme* et le *panthéisme*.

comme substance, comme propriété, mais non poin
comme *activité*, non point comme exprimant une tendance
une volonté. Xénophanes et Parménide, en *idéalisant* l'u
nivers, conçu par eux comme une unité absolue et indivi
sible, Zénon de Cittie et ses disciples, en le *matérialisant*
laissent également son aspect *vivant*, c'est-à-dire, en défi
nitive, l'unité réelle en dehors de leurs spéculations. L
système moderne de Spinosa, plus complet, puisqu'il pré
sente la combinaison de l'*idéalisme* et du *matérialisme* de
systèmes antérieurs, donne lieu pourtant à la même ob
servation. Ce métaphysicien célèbre établit qu'il n'y
qu'une substance; que cette substance est infinie; qu'ell
est tout ce qui est, qu'elle est Dieu. Puis il lui donne pou
qualités la *pensée* infinie et l'*étendue* infinie. Mais il ne v
point au-delà de cette détermination abstraite, et c'est
la justifier dans ces termes mêmes qu'il emploie toute
les ressources de sa puissante logique, en s'attachant sur
tout à battre en ruine l'*ontologie* chrétienne. Spinosa
comme ses devanciers, ne conçoit donc encore qu'u
tout sans volonté, que des propriétés sans activité
et sans lien même, puisque, bien qu'il prétende que l
pensée et l'*étendue* infinies ne forment qu'une seule e
même chose, une unité indivisible et absolue, il ne défi
nit point cette unité, ne la caractérise pas, et affirm
même qu'elle n'est point susceptible d'être déterminée,
d'être qualifiée autrement que comme substance primitive
universelle (1). Ce qu'il y a de commun entre tous ces sys
tèmes, comme on le voit, c'est que l'unité qu'ils établis

---

(1) Il la nomme *Dieu*, il est vrai ; et, dans son système, Dieu se présent
comme la seule existence réelle; mais il ne le définit point autrement qu

sent n'est qu'une abstraction dépourvue de *vie*, qu'ils ne peuvent offrir, par conséquent, aucun attrait *sympathique* à l'homme, lui donner aucune révélation, et qu'enfin ils le laissent isolé au milieu du monde qu'ils prétendent lui expliquer. Et voilà pourquoi nous disons que tous sont de beaucoup inférieurs aux conceptions religieuses qui tour à tour ont régné sur l'humanité, sans en excepter même le fétichisme; car, bien que dans cette conception l'homme et l'univers ne soient sentis, compris, que divisés, morcelés, et par conséquent d'une manière incomplète et grossière, c'est la vie, c'est la volonté pourtant qui y sont senties et comprises : aussi a-t-elle pu lier l'homme au monde extérieur, lui révéler une destination, lui donner une loi, et l'acheminer ainsi dans la voie du progrès. En examinant attentivement les conceptions des panthéistes, on voit que le problème qu'ils se sont posé est bien plutôt celui de l'*identité* (1), qui se rapporte à la *substance*, que

---

comme substance infinie universelle. Les idées morales qui se trouvent exprimées dans les ouvrages de Spinosa sont étrangères à sa conception panthéistique, qui n'a jamais produit que le fatalisme chez ceux qui l'ont admise.

(1) « L'être, disait Xénophanes, est un; il est toujours *semblable à lui-même*. » Aristote de Xénoph., cap. III.

» L'existence réelle est unique, indivisible, *homogène partout*, déterminée par elle-même, invariable, hors de laquelle il n'y a rien, est parfaite au plus haut point. » (Buhle, sur *Parménide*.)

» La substance unique et infinie est *homogène partout*; elle n'éprouve ni accroissemens, ni variations, ni sensations. » (Id., sur *Mélissus*.)

C'est dans la *pensée*, du reste, que les panthéistes de la première école d'Élée plaçaient cette réalité homogène et voyaient l'identité absolue de l'être, tandis que les physiciens de l'école d'Ionie et ceux de la seconde école d'Élée professèrent un panthéisme essentiellement matérialiste. Les uns furent franchement athées ; les autres, en petit nombre, n'admirent la notion

celui de l'*unité* qui se rapporte à la *vie* : c'est-à-dire qu'ils ont été bien plus frappés de la nécessité rationnelle de l'*homogénéité* des parties substantielles de l'univers qu'entraînés par l'élan sympathique qui, portant l'homme à étendre sans cesse le cercle de son existence, lui a dévoilé successivement l'*harmonie* des manifestations si nombreuses, si variées, de la vie universelle, et l'a toujours fait tendre, de plus en plus, à concevoir, à saisir leur fin suprême. C'est de ce point de vue, surtout, que l'unité doit être comprise : or c'est cette unité vivante qui, jusqu'à ce jour, est restée inconnue à l'humanité, et que SAINT-SIMON est venu lui révéler. Nous ne nous arrêterons pas davantage à caractériser les systèmes panthéistiques, dans le but de montrer que nous ne saurions prétendre à les faire revivre : personne plus que nous n'est convaincu de leur impuissance, de leur stérilité, qui pourrait nous être prouvée par ce seul fait que les plus célèbres d'entre eux n'ont jamais eu pour résultat positif que le fatalisme, lorsqu'ils ne sont pas venus se perdre dans le septicisme (2). Et cependant ces efforts, réduits à leur valeur réelle, réclament une justification qui leur est due à un double titre, et comme exprimant la tendance de l'homme à chercher l'unité, et plus directement encore comme ayant eu pour résultat de prouver, autant

---

de *Dieu* que comme la plus haute des abstractions, et ne lui accordèrent que des attributs négatifs. Tennemann, Buhle, Degerando et, avant eux, tous les anciens historiens de la philosophie, ont fait cette remarque qu'ils appliquent spécialement à Xénophanes, celui de tous les panthéistes dont le système semblait pourtant se rapprocher le plus du déisme.

(2) Le fatalisme dut être et fut en effet la conséquence à laquelle arrivèrent les panthéistes des écoles matérialistes ; ce fut dans l'abîme du doute que vinrent se perdre les panthéistes des écoles idéalistiques. *Voyez* Cicéron, Sextus Empiricus, Bayle, etc., sur *Xénophanes*, *Zénon*, d'*Élée*, etc.

qu'il était possible de le faire par la seule voie rationnelle, que rien ne pouvait exister en dehors de Dieu, puisque, par définition même, Dieu serait anéanti par une pareille existence.

Nous allons maintenant répondre succinctement aux objections directes que la formule que nous avons présentée est aujourd'hui de nature à soulever, attendu les préoccupations auxquelles sont livrés les esprits, et les formes que leur a imposées la conception religieuse qui vient de finir.

Toutes ces objections pourraient peut-être se rapporter à une seule difficulté, celle de comprendre la pluralité dans l'unité ; nous les examinerons pourtant dans les termes divers où elles peuvent se produire.

1°. Si l'esprit et la matière ne sont que de pures abstractions, que des aspects de l'existence universelle, si l'univers est un et s'il est Dieu, les idées d'activité et de passivité, de cause et d'effets, ne sont que des illusions. Et cependant ces idées sont primordiales ; ce n'est qu'à leur aide que nous pouvons concevoir la production des phénomènes, et leur enchaînement, le mouvement et la vie. Elles repoussent donc invinciblement celle de l'identité, de l'unité absolue qui suppose nécessairement l'immobilité.

Nous répondons : Aucune substance ne saurait exister en dehors de la substance divine ; aucune vie ne saurait se manifester hors du sein de Dieu, car alors, à proprement parler, il n'y aurait plus de Dieu. Les entités d'esprit et de matière considérées, l'une comme principe actif, l'autre comme principe passif, l'une comme cause, l'autre comme effet, l'une enfin comme étant Dieu, l'autre ce qui n'est pas Dieu, ne peuvent plus se concevoir ; car soit que l'on admette que la matière ait été créée par Dieu, en dehors de lui, soit qu'on suppose qu'elle ait existé éternellement hors de son sein, on doit reconnaître que Dieu ne remplit pas l'immensité, et que sa puisssance par conséquent, quelque grande qu'on l'imagine, est limitée, conditionnelle. En d'autres termes, dans l'une ou l'autre de ces hypothèses on anéantit Dieu, qui ne peut se concevoir sans l'infinité et la toute-puissance. Au point de développement où sont parvenues la sympathie et la science humaine, la dualité, telle qu'on l'a entendue jusqu'ici, telle qu'on l'a cru nécessaire pour comprendre Dieu, pour s'expliquer sa puissance, ne saurait plus être admise sans avoir pour conséquence nécessaire l'athéisme. Cependant deux révélations irrésistibles nous sont aujourd'hui également et simultanément données, celle de l'identité, de l'unité absolues, et celle de la diversité, de la pluralité ; c'est ainsi que l'humanité distingue avec certitude son existence particulière, finie, de l'existence universelle, infinie, et que dans l'ordre fini, même, chaque homme établit une distinction de même nature entre lui et ses semblables, entre son espèce et d'autres espèces, organiques ou inorganiques, entre tous les phénomènes enfin que présentent la relation, le contact de toutes ces existences diverses, de toutes les individualités qu'elles renferment. De ce point de vue on retrouve donc, non-seulement la dualité, le *fini* et l'*infini* (1), l'homme et l'univers ou Dieu ; mais encore une multiplicité sans limites dans le sein de laquelle se passent ces alternatives d'activité et de passivité, de causes et d'effets qui nous frappent de toutes parts. Maintenant, comment l'unité et

(1) La réponse à cette objection *chrétienne* porte encore elle-même l'empreinte du *christianisme*. Le chrétien qui conçoit quelque chose en dehors de Dieu par esprit peut faire ce dualisme : l'*infini* et le *fini*. Pour le Saint-Simonien Dieu étant *tout ce qui est*, le dualisme *logique* n'existe *dans le sein de l'infini* qu'entre les deux faces du *fini*, le *moi* et le *non-moi*.

(Voir à la fin de ce volume la lettre du Père Enfantin à Peiffer.)

la pluralité peuvent-elles se concilier ? Voilà le mystère ; mais comme les deux termes d'où ressort ce mystère sont également incontestables pour l'homme, il doit prononcer sans hésiter que c'est ainsi que se passe le phénomène de la vie universelle, que c'est ainsi que l'unité se témoigne, que Dieu se manifeste.

2° Si tout est Dieu, si toutes les activités individuelles ne sont que des modes de l'existence divine, il n'y a plus de liberté pour l'homme, par conséquent plus de moralité pour ses actes.

D'abord nous ferons remarquer que cette difficulté, quelque grande qu'elle soit, n'est point particulière à notre conception ; qu'elle s'est présentée à tous les dogmes religieux, à tous les systèmes philosophiques, et que sous les noms de liberté et de fatalité, de grâce et de libre arbitre, elle n'a cessé jusqu'à ce jour d'occuper les esprits, sans avoir pu obtenir encore de solution rationnelle, c'est-à-dire sans qu'on ait pu parvenir à concilier la toute-puissance et la prescience que l'on a dû nécessairement attribuer à Dieu, quelle que fût la manière d'ailleurs dont on le conçût, avec la spontanéité de l'homme, et les perturbations qu'elle paraissait devoir produire. Ici encore nous pourrions nous borner à dire que deux révélations également certaines nous sont données ; d'une part la toute-puissance, la toute-science de Dieu, ou autrement l'harmonie nécessaire de toutes les manifestations de l'existence universelle, et de l'autre la spontanéité, la liberté de l'homme ; en ajoutant que la conciliation de ces deux révélations incontestables est un mystère que la foi doit combler, comme elle l'a toujours fait aux époques religieuses. Mais nous présenterons en outre une considération qui jusqu'ici est restée inaperçue, et qui est de nature à donner un caractère tout nouveau à la solution de ce problème.

Aux époques critiques ou irréligieuses, l'homme ne se conçoit plus de destination; aucun attrait sympathique ne le porte vers l'avenir, et cependant il se sent emporté par un mouvement irrésistible vers une fin qu'il ignore et qui ne lui cause que de l'effroi. Cette force qui l'entraîne malgré lui, il l'appelle *fatalité* et il la maudit; alors il est passif, car c'est sans sa participation que s'accomplit le mouvement auquel il cède; il est esclave, car il se sent opprimé. Aux époques organiques ou religieuses, l'homme se conçoit une destination et il l'aime. De toute part il se sent porté vers le but qu'il désire; cette force qui le dirige, il l'appelle *providence* et il l'adore. Alors il est actif, car il concourt de toute sa puissance à l'accomplissement de sa destinée; alors il se sent libre, car ce qu'il fait dans ce but est ce qu'il aime le plus. Partant des différences que présentent ces deux natures de situations par lesquelles jusqu'ici l'humanité a alternativement passé, nous pouvons appliquer à la liberté morale ce que nous avons dit précédemment de la liberté politique, qui n'en est après tout qu'un aspect, savoir, que cette liberté pour l'homme consiste à *aimer* ce qu'il DOIT faire; et peut-être cette vue bien comprise fera-t-elle disparaître ce mystère qui, jusqu'à ce jour, est resté au fond de la question qui vient de nous occuper.

3° Si tout est en Dieu, si tout est Dieu, il n'y a pas de création; or, avec la relation de créature à créateur disparaît l'existence religieuse de l'homme, qui ne se fonde que sur cette relation.

Le mot de création sans doute ne doit plus être compris comme il l'a été dans le passé, c'est-à-dire qu'il ne doit plus s'entendre dans le sens de production de substance ou d'existence en dehors de Dieu; mais l'idée de création n'est point anéantie, seulement elle se transforme.

L'humanité, en tant qu'humanité, a eu un commencement, elle a été manifestée dans le temps, et ce qui le prouve invinciblement, c'est qu'elle se développe, qu'elle se perfectionne ; en ce sens, il est vrai de dire que l'humanité a été créée : la relation exprimée par les mots de créature et de créateur subsiste donc toujours en ce qu'elle a d'important. En définitive, il y a toujours l'homme et Dieu, termes dans lesquels pourrait se reproduire l'objection à laquelle nous répondons. L'homme sans doute est en Dieu, il est Dieu lui-même dans l'ordre fini, mais il n'est point Dieu tout entier, il n'est pas l'être infini. Il est l'agent de sa conservation et de son perfectionnement; mais l'organisation en vertu de laquelle il agit, il ne se l'est pas donnée ; il modifie, il perfectionne le milieu dans lequel il vit ; mais ce milieu, il l'a reçu, et l'ordre général d'où dépend le maintien des lois qui constituent les conditions premières de son existence échappe à sa puissance. De toutes parts, au centre comme à la circonférence, se révèlent donc à lui un amour, une sagesse, une force, supérieurs à son amour, à sa sagesse, à sa force, et qui sont l'être infini, la Providence, Dieu.

4° S'il n'y a qu'une substance, si cette substance est Dieu, il s'ensuit que les objets qui nous inspirent le plus de dégoût sont des parties de Dieu, appartiennent à son essence.

La réponse à cette objection est facile : il est évident que l'homme étant un être fini, ne peut s'assimiler tous les modes de la substance; que ces modes divers ne peuvent avoir, à ses yeux, la même valeur, car autrement il serait Dieu, il serait l'être infini. C'est ainsi que, bien que l'idée du *mal* doive être transformée comme nous l'avons dit précédemment, il y aura toujours du mal pour l'homme,

Et cependant le *mal* n'a point d'existence positive dans l'univers : au point de vue de l'infini tout est bien, tout est bon, car tout est *un*.

Une dernière objection moins directe, mais qui pourtant suppose toutes les autres, peut encore se présenter : tout en reconnaissant la nécessité de réhabiliter l'existence physique de l'homme, et en convenant de l'obstacle que le dogme chrétien présente à cet égard, on peut dire qu'il n'est pas nécessaire, pour arriver à ce résultat, de faire rentrer la matière en Dieu, de la confondre dans son essence; qu'il suffit de la relever de l'anathème dont le christianisme l'a frappée, ce que l'on peut faire en la concevant comme ayant été créée par Dieu pour sa gloire, et comme un moyen de bonheur, de perfectionnement et de salut pour l'humanité. Mais indépendamment de l'impossibilité de concevoir la matière en dehors de Dieu, ainsi que nous l'avons démontré: indépendamment de ce que le dogme que nous professons n'intéresse pas seulement l'existence physique de l'homme, mais encore son existence morale et intellectuelle, il est évident que l'on ne déterminerait point ainsi la réhabilitation qu'on se proposerait ; que la matière restant en dehors de Dieu, et Dieu étant *esprit*, l'homme vivant matériellement c'est-à-dire se livrant aux travaux de l'ordre matériel, ou se proposant particulièrement les biens de cet ordre, serait plus loin de Dieu que l'homme vivant spirituellement, c'est-à-dire se livrant aux travaux de l'intelligence, et plaçant principalement dans leurs conquêtes le but de son ambition ; que la conséquence nécessaire de cette différence, qui serait alors inévitablement établie, serait la continuité de la révolte de la chair contre l'esprit, et, sous une forme ou sous une autre, le rétablissement de l'esclavage pour l'industrie. En montrant plus tard quelle doit être la place de cette partie de l'activité humaine dans l'ordre social qui se prépare, nous acheverons de prouver l'insuffisance de la conception bâtarde que nous examinons, et par laquelle on prétendrait la réhabiliter.

Nous sommes loin sans doute d'avoir examiné, sous toutes les formes qu'elles peuvent revêtir, les objections que notre conception religieuse est de nature à soulever dans son expression dogmatique; nous nous sommes attachés aux principales; et bien que nous n'ayons point donné à nos réponses tout le développement dont elles pourraient être susceptibles, nous croyons en avoir dit assez pour faire comprendre que la conception nouvelle n'anéantit aucune des notions essentielles à toute religion; que seulement elle les transforme; qu'elle n'attaque et ne détruit que la notion de *l'antagonisme*, et que sous ce rapport elle est plus large, plus profonde, plus religieuse enfin qu'aucune des conceptions du passé.

NEUVIÈME SÉANCE.

TRADUCTION DU DOGME TRINAIRE DANS L'ORDRE SOCIAL.

RELIGION, SCIENCE, INDUSTRIE.

Messieurs,

Après avoir établi dogmatiquement, au commencement de cette exposition, que tout état organique des sociétés était toujours la conséquence, la représentation d'une conception religieuse, nous avons entrepris de justifier cette proposition par l'examen des faits du passé. Faisant particulièrement un retour sur la dernière époque organique, celle que comprend le moyen âge, nous avons montré que sa supériorité sur les époques antérieures, ainsi que les imperfections que l'on pouvait lui reconnaître aujourd'hui, dérivaient d'une même source, et n'étaient que le reflet de la supériorité et des imperfections de son dogme religieux. Examinant attentivement les lacunes qu'elle a laissées dans la vie individuelle ou dans l'ordre social, nous nous sommes attachés à en signaler l'étendue, à montrer leur conformité avec la nature du dogme chrétien, afin de préparer ainsi l'intelligence du dogme nouveau, et de faire pressentir le progrès qu'il doit présenter. Ce dogme, enfin, nous l'avons produit dans une formule que nous avons jugée la plus propre à faire ressortir le caractère qui le *sépare* du dogme qui l'a précédé. Aujourd'hui nous allons quitter le terrain de la religion pour nous placer sur celui de la politique, c'est-à-dire que nous allons entreprendre de montrer quelle doit être l'application sociale de la conception religieuse que nous avons exposée, quelle est la transformation qu'elle doit subir de ce point de vue.

Et cependant, à peine avons-nous fait les premiers pas sur le terrain que nous quittons, des questions de la plus haute importance, que nous n'avons même pas encore posées devant vous, naissent en foule de celles qui nous ont occupés et que nous avons résolues. Notre intention, en sortant de la sphère à laquelle elles appartiennent plus particulièrement, dans les termes, au moins, où elles peuvent se présenter à vos esprits, n'est point de les éluder, de les passer sous silence, mais au contraire de les introduire d'une manière plus précise, de leur donner une base plus large, plus solide, de préparer plus sûrement et de réunir en plus grand nombre les élémens de leur solution.

La religion et la politique, avons-nous dit plusieurs fois déjà, ne sont pour l'homme que deux faces différentes d'un même fait, l'unité de son existence; ce qui, dans toute sa rigueur, est vrai, surtout pour la religion et la politique de l'avenir. Les questions religieuses et les questions politiques doivent donc s'éclairer, se préciser les unes par les autres. C'est dans le but de montrer la relation du dogme nouveau avec la destinée sociale de l'homme, et d'en faire apercevoir ainsi la portée, et comprendre la nécessité, que nous allons nous occuper de l'institution politique de l'avenir. Les considérations nouvelles auxquelles nous allons nous livrer nous ramèneront naturellement à celles dont nous paraissons nous éloigner en ce moment, et désormais ce sera en passant alternativement des unes aux autres, encore que celles qui se rattachent à la politique, envisagée dans ses généralités, devront nous occuper plus spécialement, que nous continuerons l'exposition commencée.

Et d'abord nous nous attacherons à déterminer la nature et l'étendue du terrain sur lequel nous allons nous placer.

Aujourd'hui, dans les sociétés européennes les plus avancées, on ne comprend guère sous le titre de politique que la détermination théorique, ou bien encore l'action de quelques formes gouvernementales, dont l'action est généralement considérée comme devant se réduire à un résultat à peu près négatif, celui d'empêcher les attentats *violens* envers les personnes ou les propriétés. Le grand objet, l'objet avoué de la science politique moderne est de trouver les combinaisons les plus propres à resserrer dans cette limite l'action des gouvernemens. Il semble même, en observant la marche que cette science a suivie, que le dernier terme de perfection que conçoivent les hommes qui la cultivent, sans qu'ils paraissent espérer pourtant que ce terme puisse être jamais atteint, serait celui où tout pouvoir public serait anéanti. Un économiste de nos jours compare les gouvernemens à un ulcère : il ne croit pas possible, il est vrai, que le corps social qui est affecté de cette plaie puisse jamais parvenir complétement à s'en guérir, mais il pense qu'on peut la réduire, et qu'on doit s'y appliquer sans cesse. Cette vue, sans être toujours observée dans des termes aussi nets, forme pourtant aujourd'hui la base de toutes les théories politiques qui sont en possession de la faveur populaire. Celle que nous adoptons est entièrement différente. Pour nous, le système politique embrasse l'ordre social tout entier : il comprend la détermination du but d'activité de la société, celle des efforts nécessaires pour l'atteindre ; la direction à donner à ces efforts, soit dans leur division, soit dans leur combinaison ; le réglement de tous les actes collectifs ou individuels ; celui enfin de toutes les relations des hommes entre eux, depuis les plus générales jusqu'aux plus particulières. Bien loin donc d'admettre que l'on doive se proposer de réduire toujours de plus en plus l'action directrice dans le sein des sociétés, nous pensons qu'elle doit s'étendre à tout et qu'elle doit être toujours présente ; car, pour nous, toute société véritable est une *hiérarchie*. Nous croyons que plus la hiérarchie sociale est complète, que plus elle est puissante, et plus aussi alors il y a société ; que là où il n'y a pas de hiérarchie, il n'y a pas de société, mais seulement une agrégation d'individus, qui, dans cette situation, ne peuvent parvenir à maintenir quelque ordre dans leurs rapports que grâce aux traditions d'une ancienne hiérarchie, aux habitudes contractées sous son empire. Si nous considérons enfin la marche que les sociétés humaines ont suivie jusqu'à ce jour, nous voyons que l'ordre hiérarchique qu'elles présentent (encore que dans la suite des temps il ait changé de base) est toujours devenu plus étendu, plus précis, plus intime, et que ce progrès a été l'expression et la condition de tous les autres. Cette manière d'envisager la société, sa constitution politique, est trop éloignée de l'opinion généralement répandue aujourd'hui ; elle est en opposition trop directe avec les sentimens de ceux que nous voudrions surtout amener à nous, *car ceux-là forment l'immense majorité*, pour que nous n'entreprenions pas de la justifier, même dans les termes généraux et abstraits où nous venons de l'énoncer.

Nous avons souvent répété que l'humanité avait jusqu'ici passé alternativement par deux natures d'époques, les unes organiques, les autres critiques. Cette distinction, si importante toutes les fois qu'il s'agit d'en appeler au passé, d'y rattacher l'avenir, nous donnera le moyen, comme elle l'a fait déjà dans plus d'une occasion, de faire comprendre notre pensée.

Aux époques organiques, une conception religieuse révèle à l'humanité une destination dont l'accomplissement devient l'objet de ses désirs les plus ardens. Les hommes qui *aiment* le plus cette destination, qui sont les plus capables d'y conduire leurs semblables, deviennent naturellement les chefs de la société ; pour prendre cette position, il leur suffit de parler ou d'agir, et dès lors toutes les voix, tous les efforts viennent peu à peu s'unir sympathiquement à leurs voix, à leurs efforts. Chacun vient alors prendre rang après eux, dans l'ordre de son amour pour la destination commune, de sa capacité pour l'atteindre, et c'est ainsi, quelles que soient les vicissitudes qui accompagnent les transformations sociales, et qui sont de nature à obscurcir ce fait, que se constituent à la fois la société et la hiérarchie. A ces époques, l'autorité et l'obéissance sont également nobles, également saintes ; car toutes deux se présentent comme l'accomplissement d'un devoir religieux. L'une et l'autre sont faciles, car l'amour est le lien principal qui unit le supérieur à l'inférieur. La volonté du premier ne saurait être oppressive, car il est de sa nature, dès qu'elle se révèle, de déterminer des volontés harmoniques ; la soumission du second ne saurait être contrainte ou servile, puisque ce qu'il fait est ce qu'il aime, et ce que lui a appris à aimer celui auquel il obéit. Mais tous les états organiques du passé ont été provisoires ; le temps est venu pour chacun d'eux où la conception religieuse qui l'avait déterminé s'est trouvée épuisée, et où la destination qu'elle avait révélée s'est trouvée atteinte autant qu'elle pouvait l'être. La société alors devient sans objet et la hiérarchie sans base, sans justification ; et soit que les dépositaires du pouvoir persistent à vouloir entraîner la société vers un but qui lui est antipathique, soit qu'ils fassent servir leur position à la satisfaction d'intérêts égoïstes, leur action devient également oppressive : les efforts de tous tendent alors à l'anéantir, et comme jusqu'ici l'humanité a senti le vice de l'état social qu'elle avait accompli, avant de se concevoir une destinée nouvelle, ce n'est pas seulement à la hiérarchie, au pouvoir, à la règle, qui compriment son essor, qu'elle veut se soustraire, mais à toute règle, à tout pouvoir, à toute hiérarchie. C'est seulement à ces époques, que nous appelons *critiques*, que l'on peut voir se produire sous une forme ou sous une autre les théories politiques dont nous parlions à l'instant, et que, dans la sphère étroite des circonstances où elle naissent, ces théories peuvent trouver une justification. Or, messieurs, depuis trois siècles les sociétés européennes se trouvent dans une époque critique……. Lors donc que nous disons qu'une hiérarchie profonde doit se former, qu'une autorité puissante doit s'élever, c'est que nous pensons qu'une religion nouvelle est venue révéler aux hommes une destinée nouvelle, et leur assurer pour l'avenir une autorité fondée sur l'amour, une obéissance pleine de dévouement.

Ce que nous venons de dire des époques organiques du passé pourrait être de nature à déterminer des préoccupations fâcheuses, en faisant croire à la reproduction de faits qui, à juste titre, nous sont devenus antipathiques. Bien que la suite de notre exposition doive à cet égard dissiper pleinement tous les doutes, nous pouvons toutefois, dès à présent et par anticipation, entreprendre de rassurer les esprits. L'analogie entre l'époque organique qui se prépare et celles qui ont précédé ne saurait exister que dans les termes les plus généraux de l'abstraction, hors de ces termes tout diffère. Et d'abord dans le passé on trouve toujours une classe nombreuse, *la plus nombreuse*, qui est en dehors de la société et qui est exploitée par elle. Ce que nous avons dit de l'amour, comme formant la base de toute hiérarchie, ne doit donc s'appliquer, pour le passé, qu'aux rapports des hommes qui alors sont véritablement associés; mais ici même une restriction importante est encore à faire: l'amour sans doute a bien été, dans tous les temps, le lien principal des hiérarchies sociales, et ce qui le prouve, c'est que ces hiérarchies ont été brisées du moment où l'amour s'en est retiré; mais comme jusqu'à ce jour il y a toujours eu exploitation, et par conséquent antagonisme, dans le sein même des classes associées, il en est résulté que la force, que la contrainte physique a toujours été un complément nécessaire et important de la puissance morale. Or dans l'avenir tous les hommes seront associés, et l'amour sera le lien unique de l'association.

Maintenant que nous avons déterminé le sens dans lequel nous entendons le mot politique, que nous avons repoussé les préventions qu'aurait pu faire naître la définition abstraite que nous en avons donnée, nous devons, en reprenant les termes de cette définition, montrer quel sera le but de l'activité sociale dans l'avenir; quels seront les efforts nécessaires pour l'atteindre; comment devront s'harmoniser, se combiner ces efforts; quels seront enfin les relations qui lieront entre eux les membres de la société.

L'homme ne s'est jamais conçu de destination qu'en Dieu. Son but le plus élevé (qu'il en ait eu la conscience ou que cette conscience lui ait manqué) a toujours été de se rapprocher de Dieu en l'imitant. La conception qu'il s'en est formée, ou, en d'autres termes, la révélation qu'il en a eue, a été progressive; celle qui lui est donnée aujourd'hui lui apprend que Dieu, l'Être infini, est dans son unité vivante, amour, et dans les modes de sa manifestation, *intelligence* et *force*; le but de son activité doit donc être de croître en amour, en intelligence, en force.

Mais quelle est la direction que l'homme doit donner à son amour, à son intelligence, à sa force? Cette question ne peut être résolue que par une révélation prise du point de vue humain, c'est-à-dire par la révélation de Dieu en l'homme.

Les vues générales que, dans le cours de l'année dernière, nous vous avons présentées sur le développement de l'humanité, et que nous avons en partie reproduites cette année, comprennent cette révélation. Comme elles reçoivent une nouvelle valeur du point de vue où nous sommes maintenant placés, nous les rappellerons succinctement.

L'homme, manifestation de Dieu, Dieu lui-même dans l'ordre fini, est comme Dieu, comme l'être un, comme l'être infini, dans son unité vivante, amour, et dans les modes de sa manifestation, intelligence et force; mais l'homme est un être collectif qui se développe. Les termes que comprend jusqu'ici le développement de son existence collective sont : la famille, la cité, la nation, enfin, la communion *spirituelle* de plusieurs nations; communion qui, pour les peuples de l'Europe occidentale, a été réalisée par le catholicisme. Les lacunes qui, jusqu'à ce jour, ont existé dans l'association humaine, ont été remplies par l'antagonisme, dont l'expression la plus vive a été la guerre proprement dite. La conséquence la plus directe, la plus générale de la guerre, qui, dans tout le passé, a constitué le but dominant de l'activité des sociétés, a été l'exploitation du faible par le fort, de l'homme par l'homme (l'anthropophagie, l'esclavage et le servage). A mesure que le cercle de l'association humaine s'est étendu, l'antagonisme s'est affaibli, la guerre a perdu de son importance sociale, l'exploitation de l'homme à l'homme est devenue moins rigoureuse, et l'exploitation de la nature extérieure a pris un plus grand développement.

Ensuite de tous ces progrès, de ces initiations successives à la vie collective, l'humanité tout entière aujourd'hui est appelée à ne plus former qu'une seule famille; aux associations partielles qui ont existé jusqu'ici doit succéder enfin *l'association universelle*, l'union de tous les hommes sur toute la surface du globe, dans tous les ordres possibles de relations. A ce terme, vers lequel l'humanité n'a cessé de tendre, bien qu'elle n'en ait pas eu encore nettemen la conscience, disparaissent l'antagonisme, la guerre, qui, dans le passé, comme nous l'avons dit, n'ont été que l'expression des lacunes de l'association. L'exploitation de l'homme par l'homme fait place définitivement à l'exploitation du globe, et chacun vient prendre rang dans le sein de la grande famille selon la *grâce* de l'organisation qu'il a reçue en naissant, c'est-à-dire selon sa capacité, pour être récompensé selon ses œuvres.

La révélation, prise du point de vue de *l'infini*, ou de Dieu dans l'universalité de l'existence, apprend à l'homme que sa destination est de croître en amour, en intelligence, en force.

Prise du point de vue du fini, ou de Dieu en l'homme, elle lui apprend que c'est dans une direction pacifique, collectivement avec ses semblables, et par une combinaison d'efforts harmoniques, qu'il doit se développer dans cette triple direction.

De cette double vue ressort, pour l'avenir, l'indication de trois ordres distincts de travaux; la morale qui correspond à l'amour; la science, à l'intelligence; l'industrie, à la force; l'organisation politique a donc pour objet le réglement de l'activité morale, scientifique et industrielle; la hiérarchie sociale ne peut être que la réalisation vivante de ce réglement.

L'amour, avons-nous dit, c'est la vie dans son unité: l'intelligence, la force, ne sont que des modes de sa manifestation. Toute connaissance, toute action, ou, si l'on veut, toute théorie, toute pratique, émanent de l'amour et reviennent à lui : il en est à la fois et la source, et le lien, et la fin. Les hommes en qui l'amour est dominant, c'est-à-dire, en définitive, chez lesquels la vie est à l'état normal, sont donc naturellement les chefs de la société, et comme l'amour embrasse à la fois le fini et l'infini, que c'est toujours Dieu qu'il cherche et que dans l'avenir ce sera toujours Dieu qu'il trouvera, il s'ensuit que les chefs de la société ne peuvent être que les dépositaires de la religion, que les prêtres. — La mission du prêtre est de rappeler sans cesse aux hommes leur destination, de la leur faire aimer, de leur inspirer les efforts par lesquels ils peuvent l'atteindre, de coordonner ces efforts, de les rapporter à leur fin. L'amour a donc pour expression générale la morale, c'est-à-dire du point de vue où nous venons de nous placer, la *religion*, qui, considérée dans les institutions sociales auxquelles elle donne naissance, embrasse en son entier le système politique.

Sur la même ligne, et comme des émanations simultanées de l'amour, apparaissent l'intelligence et la force, représentées par la science et l'industrie.

Le but de la science est de pénétrer de plus en plus dans la connaissance des phénomènes que présentent l'existence universelle et l'existence humaine, de découvrir les lois qui les régissent, autrement de constater l'ordre dans lequel ils se produisent ; et comme tout est Dieu, que tout phénomène par conséquent ne peut être qu'une manifestation de la divinité, il s'ensuit que la science, dans tout ce qu'elle comprend, n'est que la connaissance de Dieu, et qu'en ce sens elle peut être proprement appelée *théologie*.

L'objet de l'industrie est l'exploitation du globe, c'est-à-dire l'appropriation de ses produits aux besoins de l'homme, et comme, en accomplissant cette tâche, elle modifie le globe, le transforme, change graduellement les conditions de son existence, il en résulte que par elle l'homme participe, en dehors de lui-même en quelque sorte, aux manifestations successives de la divinité, et continue ainsi l'œuvre de la création. — De ce point de vue l'industrie devient le *culte*.

La *religion* ou la morale, la *théologie* ou la science, le *culte* ou l'industrie, tels sont les trois grands aspects de l'activité sociale de l'avenir. Les prêtres, les savans, les industriels, voilà la société.

De même que le prêtre représente l'unité de la vie, il représente aussi l'unité sociale et politique. — Le savant et l'industriel sont égaux à ses yeux, car tous deux reçoivent immédiatement de lui leur mission et l'inspiration. La science et l'industrie ont l'une et l'autre une hiérarchie qui leur est propre; mais chacune de ces hiérarchies remonte directement au prêtre, c'est par lui qu'elle est constituée, et c'est en lui seul qu'est sa sanction. — Le prêtre est donc le lien de tous les hommes; mais c'est encore lui qui rattache le fini à l'infini, l'homme à Dieu; qui met l'ordre social en harmonie avec l'ordre universel, et qui, s'il est permis de s'exprimer ainsi, lie la hiérarchie humaine à la hiérarchie divine.

DIXIÈME SÉANCE.

LE PRÊTRE.

Messieurs,

Dans la séance précédente, nous avons dit que toute l'activité sociale de l'avenir devait se trouver comprise dans trois grands ordres de faits ou de travaux : la *religion*, ou la morale ; la *théologie*, ou la science ; le *culte*, ou l'industrie ; que la société entière devait être composée de prêtres, de savans et d'industriels. Nous avons maintenant à considérer séparément chacune de ces divisions, de ces classifications, dans le but de déterminer la nature des élémens qu'elles comprennent, le caractère des institutions politiques auxquelles elles doivent donner lieu, les subdivisions principales dont elles sont susceptibles.

Aujourd'hui nous nous occuperons de l'action politique de la religion, c'est-à-dire de la fonction sociale du prêtre ; et d'abord nous nous attacherons à justifier le titre auquel doit s'exercer cette fonction, la source d'où elle découle.

C'est de l'amour, avons-nous dit, que le prêtre reçoit sa mission... C'est donc au sentiment, c'est donc aux hommes chez lesquels cette faculté est dominante, que nous attribuons la direction suprême des sociétés : or, dans la disposition actuelle des esprits, il semble que ce seul rapprochement renferme la condamnation des vues que nous présentons, la démonstration de l'impossibilité de leur réalisation.

Le sentiment, en effet, est généralement considéré aujourd'hui comme une manière d'être inférieure. Les hommes qui, comparant les temps anciens aux temps modernes, se plaisent à reconnaître la supériorité des derniers, voient principalement la cause de cette supériorité dans la prédominance du raisonnement sur le sentiment. Il semble maintenant convenu que le sentiment soit l'attribut de l'enfance de l'humanité, le raisonnement celui de sa virilité ; et journellement on peut entendre opposer l'expérience à l'imagination, le calcul à la sympathie, comme on opposerait la science à l'ignorance, la sagesse à la folie ; et ce qu'il y a de caractéristique à cet égard, c'est que communément on croit avoir suffisamment flétri une conception, une entreprise quelconque, lorsqu'on s'est cru en droit de lui appliquer l'épithète de sentimentale.

L'affaiblissement du sentiment, à l'époque où nous vivons, est un fait incontestable; mais celui qui lui correspond n'est pas, comme on pourrait le penser, l'accroissement du raisonnement. Ces deux termes, dans l'opposition où on les met, manquent de rapport; le fait, le seul fait qui corresponde directement à l'affaiblissement du sentiment, c'est la dissolution graduelle des liens sociaux, c'est le progrès de l'*égoïsme*. Bien loin que le raisonnement se soit accru dans la proportion où le sentiment s'est affaibli, il n'a cessé au contraire de décroître avec lui. La sphère de la science n'a jamais été plus large que celles des sympathies, et si l'on peut constater aujourd'hui l'absence de tout sentiment général, on peut constater aussi celle de toute science générale.

Mais pour relever le sentiment du discrédit où il est tombé, pour lui rendre la place qui lui appartient, pour faire comprendre qu'ainsi que nous l'avons dit dogmatiquement, en lui est l'unité de la vie, qu'en lui est le principe de toute science et de toute pratique, et qu'à lui par conséquent doit appartenir la direction des sociétés, il peut suffire d'appeler l'attention sur la manière dont se passe sous les yeux de tous le phénomène de l'activité humaine.

De ces deux manières d'être, *raisonner* et *agir*, on peut bien se demander par laquelle l'homme a dû commencer, mais on ne peut raisonnablement se demander si, avant de raisonner ou d'agir, il a dû désirer, vouloir, c'est-à-dire *sentir*, puisqu'il serait impossible, en faisant abstraction de cette impulsion, de comprendre comment il aurait pu être déterminé ou à connaître ou à agir.

Que l'on imagine les théories les plus convaincantes, et l'on verra, en y réfléchissant, que de pareilles théories ne sauraient renfermer en elles-mêmes aucune raison d'action. Vainement les démonstrations les plus irrésistibles prouveraient-elles qu'en suivant telle ligne déterminée, on doit inévitablement et facilement arriver à tel résultat; pour que ce résultat soit atteint, pour qu'on y tende même, une condition est avant tout nécessaire, le *désir* de l'atteindre, c'est-à-dire en d'autres termes, l'intervention du sentiment.

Mais ces théories elles-mêmes, quelle sera leur source, quel sera leur point de départ? les attribuera-t-on au *désir* de connaître, à celui de pénétrer l'*ordre* établi dans les phénomènes auxquels elles s'appliquent? mais par cette expression seule de *désir*, qui se présente ici comme inévitable, on leur aura donné pour source un sentiment, et qui plus est, dans ce cas, un sentiment *religieux*. Dira-t-on que l'espérance de la fortune ou de la gloire ont pu suffire pour en déterminer la production? Dans cette hypothèse nouvelle on n'aura fait autre chose que de les rapporter à un *sentiment* purement égoïste.

Et lorsque aujourd'hui nous disons que le sentiment s'est affaibli, ce n'est que l'affaiblissement des sentimens généraux, sociaux, religieux que nous constatons; mais la faculté du sentiment n'a point cessé d'être active, car autrement l'homme aurait cessé d'exister; seulement cette faculté s'est graduellement resserrée dans des sphères toujours de plus en plus étroites, jusqu'au point où elle paraît tendre à ne plus se déployer que dans celle de l'égoïsme pur; et ce qu'il importe de remarquer en même temps, c'est que les raisonnemens et les actes se sont réduits sur les proportions du sentiment, et qu'avec les grandes sympathies ont disparu aussi et les grandes conceptions scientifiques et les grandes entreprises sociales.

Entre le sentiment égoïste et le sentiment social ou religieux, entre l'amour de soi seulement, et l'amour des autres hommes ou de Dieu, entre le désir de s'approprier un objet dépourvu de la faculté sympathique, et le désir de s'unir à un être doué de cette faculté, il y a sans doute une différence notable qui ne porte pas seulement sur l'étendue de la sphère du sentiment, mais sur sa nature même, et il semble que le nom d'*appétit* serait plus convenablement appliqué aux impulsions de l'égoïsme que celui de *sentiment*. Néanmoins, quelque réelle que soit cette différence, quelque importance qu'il y ait à la constater du point de vue de la morale, elle est ici sans valeur; c'est que les impulsions de l'égoïsme ne procèdent pas d'une autre faculté que les impulsions qui nous portent à associer notre existence à celle de nos semblables, à celle du monde qui nous entoure, à l'existence infinie. En substituant au mot qui exprime la nature de cette faculté ceux qui expriment son activité, on se convaincra facilement de l'identité des deux manifestations que nous lui attribuons, et pour en revenir à la proposition que nous avons avancée sur le sentiment considéré par rapport au raisonnement ou à l'action, on verra qu'en définitive, avant de raisonner ou d'agir, il faut *désirer*, se *passionner*, ou autrement encore, qu'il faut *aimer* ou soi, ou les autres hommes, ou le monde extérieur, ou *religieusement en* Dieu, et le monde extérieur, et les autres hommes et soi.

Désirer ou aimer, connaître et agir, ou agir et connaître, tel est l'ordre dans lequel se déploie l'activité de l'homme. S'il n'a cessé de grandir en savoir, en puissance, c'est que le cercle de ses sympathies n'a cessé de s'étendre, et en jetant les yeux sur la carrière qu'il a parcourue, il est facile de voir que chacune des grandes époques de ses découvertes dans les sciences, de ses conquêtes sur le monde extérieur, a toujours été précédée d'une exaltation de ses sympathies.

C'est le sentiment qui révèle à l'homme le but vers lequel il doit se diriger, qui lui fait chercher *les lumières* à l'aide desquelles il peut y marcher, qui lui fait accomplir *les actes* par lesquels il peut l'atteindre; et voilà pourquoi nous disons qu'il est à la fois et la source, et le lien, et la fin de toute science et de toute action, qu'il est la vie elle-même dans son unité.

Mais c'est surtout dans la vie sociale que se révèle dans toute son étendue la puissance du sentiment, que se témoignent avec éclat ses titres à la suprématie. Que l'on fasse abstraction dans l'homme de la sympathie, de la faculté dont il est doué de souffrir des douleurs de ses semblables, de jouir de leurs joies, en un mot, de vivre de leur vie, et il ne sera plus possible de lui concevoir d'existence collective. C'est la sympathie qui crée la société, c'est elle qui la maintient, c'est donc à elle aussi que doit en appartenir la direction.

Mais tout en reconnaissant au sentiment la valeur que nous lui attribuons, tout en consentant à voir la société gouvernée par les hommes les plus *sympathiques*, peut-être nous demandera-t-on encore pourquoi ces hommes seraient nécessairement les dépositaires de la religion, ses interprètes.

Nous avons dit dans notre dernière réunion qu'il ne pouvait y avoir de société, de sentiment social, qu'aux époques où l'humanité se concevait une destination, et nous avons ajouté que l'humanité ne pouvait jamais se concevoir de destination qu'en Dieu. Les hommes les plus sympathiques sont donc aussi les hommes les plus religieux, les plus près de Dieu, ces hommes, en un mot, ne peuvent donc être que des *prêtres*.

Mais ici s'élève un mot redoutable, un de ces mots, comme déjà nous en avons rencontré plusieurs sur notre route, qui peuvent suffire aujourd'hui pour faire repousser, sans autre examen, toute doctrine à laquelle on se croit en droit d'en faire l'application, et devant lesquels par conséquent il faut s'arrêter dès qu'ils se présentent : ce mot est celui de *théocratie*.

En comparant la société chrétienne à celles qui l'ont précédée, on a souvent remarqué à l'avantage des dernières, de celles même contemporaines fondées par Mahomet, l'unité qu'elles présentent dans leur action, et qui résulte pour elles de l'identité de la loi politique et de la loi religieuse, de la réunion, ou plutôt de la confusion absolue des deux pouvoirs dans les mêmes mains. A ne considérer que d'une manière *abstraite* les conditions les plus favorables à l'ordre social, cet avantage sans doute est incontestable.

Lorsque le christianisme apparut, la guerre avait encore une mission à remplir ; pendant long-temps encore elle devait être une nécessité sociale ; mais déjà le temps était venu où l'humanité devait se *préparer* pour un état nouveau d'où l'action militaire serait complétement bannie : le christianisme a été appelé à opérer cette *préparation*, et il a rempli la tâche qu'il avait reçue, en séparant la religion de la politique, en fondant une société religieuse et pacifique en présence de la société militaire, qui, dépourvue d'une religion qui lui fut propre, se trouva dès lors sinon soumise au moins subalternisée. Nous nous sommes arrêtés assez long-temps à considérer les raisons de cette séparation, pour qu'on ne puisse pas nous accuser de méconnaître les avantages qu'elle a eus pour l'humanité; mais d'après ce que nous avons dit à cet égard on a dû voir en même temps qu'elle n'était que préparatoire, et que le christianisme, sous ce rapport, était destiné seulement à opérer la transition entre tout le passé et tout l'avenir; entre l'unité militaire et l'unité pacifique. Aujourd'hui que le principe de la guerre est détruit, que, grâce au christianisme, toutes les facultés de l'homme tendent également à se développer dans une direction pacifique, l'unité qu'il avait rompue pour amener ce résultat, doit être rétablie; la société ne doit plus reconnaître qu'une loi, qu'une autorité, et cette loi et cette autorité doivent être religieuses.

Que si l'on entend par *théocratie* l'état dans lequel la loi politique et la loi religieuse sont identiques, où les chefs de la société sont ceux qui parlent au nom de Dieu, assurément, et nous n'hésitons point à le dire, c'est vers une théocratie nouvelle que l'humanité s'achemine; et cependant ce n'est qu'avec répugnance que nous employons ce mot, car il ne peut servir aujourd'hui qu'à porter le trouble dans les esprits. Tout ce que nous pouvons dire au surplus, si on veut absolument nous l'imposer, c'est que ce n'est ni la théocratie de l'Inde ou de l'Egypte, ni celle de Moïse, ni celle de Mahomet, que nous annonçons, que nous appelons de tous nos vœux, mais bien celle que Saint-Simon a sentie, désirée, conçue; celle qui doit réaliser et maintenir l'association de tous les hommes sur toute la surface du globe, et dans laquelle chacun sera placé selon la capacité qu'il aura reçue de Dieu, et récompensé selon ses œuvres.

Maintenant que nous avons justifié les titres auxquels le prêtre est appelé à présider à la direction des sociétés, nous avons à montrer quelle est la nature des fonctions qu'il doit exercer.

L'activité humaine, avons-nous dit, comprend, indépendamment des travaux du prêtre, qui en représentent l'unité, deux autres grands ordres de travaux, ceux de la science et de l'industrie, de la théorie et de la pratique : c'est donc aux travaux des savans et des industriels, des théoriciens et des praticiens que le prêtre doit présider. Sa fonction la plus générale est de mettre en harmonie, de coordonner, de *lier* les efforts qui se font séparément dans chacune de ces deux divisions importantes du travail; et comme ce lien ne peut être établi entre les efforts sans l'être entre les hommes, qu'il ne peut être conçu que dans la vue de la destination de l'humanité en Dieu; qu'il ne saurait avoir de réalisation que par l'accomplissement même de cette destination, que les hommes et les travaux qui lient, et les hommes et les travaux qui sont liés, composent et toute la société et toute l'activité humaine, il s'ensuit que la fonction qui a pour objet de lier la théorie et la pratique, est la fonction sociale et religieuse la plus élevée.

Peut-être dira-t-on que la science et l'industrie, la théorie et la pratique, peuvent communiquer et s'unir sans le secours d'aucun intermédiaire. Ce qui se passe sous nos yeux à cet égard peut suffire pour prouver le contraire ; aujourd'hui, en effet, qu'il n'existe aucune prévision sociale sur les rapports à établir entre ces deux natures de travaux, nous voyons la théorie et la pratique se poursuivre isolément, et ne se rencontrer et s'unir que fortuitement et passagèrement. Nous voyons en même temps les théoriciens dédaigner les praticiens comme s'occupant de travaux inférieurs, et les praticiens leur rendre ce dédain en les considérant comme des rêveurs, comme des hommes livrés à des spéculations vagues et stériles ; et cependant la théorie et la pratique ne sont que la division du travail humain et du point de vue religieux de la destination de l'homme, toutes deux sont également précieuses, puisque cette destination ne peut s'accomplir que par les travaux combinés de l'une et de l'autre. Il n'y a donc que le prêtre qui, étant placé à ce point de vue, et aimant par conséquent d'un amour égal la théorie et la pratique, puisse parler aux théoriciens et aux praticiens la langue propre aux uns et aux autres ; leur montrer la relation intime de leurs travaux, et au nom de la religion qui établit cette relation, les *relier* socialement en leur apprenant à s'aimer.

Une division analogue à celle que présentent la science et l'industrie, considérées comme comprenant la théorie générale et la pratique générale, peut s'établir et dans le sein de la science et dans le sein de l'industrie, c'est-à-dire que les travaux dans l'une et dans l'autre peuvent être partagés de manière à ce que les hommes qui les exécutent soient placés à des points de vue assez différens, livrés à des habitudes assez opposées pour que leur rapprochement ne puisse s'opérer que par un intermédiaire capable d'embrasser dans son ensemble le travail qui se trouve divisé entre eux. Ici se présente une nouvelle fonction pour le prêtre, et dans cette fonction l'indication d'une division à établir dans le sein du sacerdoce lui-même. Nous nous contenterons pour le moment de présenter cette idée, qui ne pourra être bien comprise qu'après que nous aurons montré quelle doit être la constitution du travail scientifique et celle du travail industriel.

Mais la fonction du prêtre ne se borne point seulement à lier, à associer des hommes occupés de travaux de natures différentes ; elle a encore pour objet d'unir ceux mêmes qui sont livrés à des occupations homogènes, et dont les efforts s'enchaînent directement. La société, avons-nous dit, est une hiérarchie; partout où s'exécute un travail, il y a donc des supérieurs et des inférieurs. Mais où se trouvera la sanction de cette relation, si ce n'est dans le sentiment de la destination qui s'accomplit par elle? quel sera l'homme qui fera aimer l'obéissance à l'inférieur, et qui apprendra au supérieur l'usage qu'il doit faire de l'autorité, si ce n'est celui qui, rapportant l'autorité et l'obéissance à une même fin, saura faire aimer cette fin à ceux qui commandent et à ceux qui obéissent? Le prêtre, source de toute hérarchie, en est donc en même temps la sanction nécessaire et permanente.

En définitive, partout où il y a des efforts à coordonner, des hommes à unir, le prêtre intervient nécessairement; sa fonction exprimée de la manière la plus générale est de *lier*, d'*associer*. C'est en remplissant cette fonction qu'il fait accomplir à l'humanité la loi qui lui a été donnée, et qu'il l'unit à Dieu.

Une question importante se présente maintenant ; c'est celle de savoir quelle est la hiérarchie qui doit s'établir dans le sein même du sacerdoce. Nous avons dit que le prêtre était l'homme chez lequel la vie était à l'état normal, c'està-dire qui, n'étant placé particulièrement ni au point de vue de la théorie, ni au point de vue de la pratique, pouvait alternativement passer de l'une à l'autre, et par conséquent leur servir de lien. Mais tous les hommes doués de cette faculté ne la possèdent point au même degré, ou autrement ne sont point également capables de lier une théorie et une pratique de même étendue ou de même nature. Or c'est dans cette inégalité que se trouve la base de la hiérarchie sacerdotale : on peut concevoir autant de degrés dans cette hiérarchie que de subdivisions dans l'association générale ou dans les divers ordres de travaux susceptibles de donner lieu à une théorie et à une pratique, ou à une division analogue. De ce point de vue, la hiérarchie sacerdotale comprend depuis le prêtre qui lie toute la science et toute l'industrie de l'humanité, jusqu'à celui qui établit le même lien entre la science et l'industrie de la moindre fraction de la société universelle, ou bien dans deux directions secondaires, depuis celui qui lie dans leurs sommités tous les travaux de la science ou tous ceux de l'industrie, jusqu'à celui qui lie les uns ou les autres dans le cercle le plus particulier où les divisions qu'ils comportent peuvent se reproduire. Mais nous ne saurions donner à présent plus de développement et plus de précision à cette vue; il faut auparavant que nous ayons montré en quoi doit consister l'organisation du travail scientifique et du travail industriel, quelles sont les divisions principales auxquelles l'un et l'autre peuvent donner lieu.

Dans le cours de l'exposition que nous avons faite l'année dernière, comme dans plusieurs écrits que nous avons publiés, il nous est arrivé souvent de désigner les artistes, comme les seuls représentans de la faculté sympathique à laquelle nous attribuons la direction des sociétés; il nous est même arrivé quelquefois d'employer alternativement le nom d'artiste et le nom de prêtre, comme étant parfaitement synonymes; et c'est qu'en effet l'artiste et le prêtre vivent dans la même sphère et sont de la même famille; mais il existe pourtant entr'eux une différence importante, et au point où nous sommes maintenant parvenus du développement de nos idées, nous devons l'établir.

Le prêtre conçoit l'avenir et produit le réglement qui lie les destinées passées de l'humanité à ses destinées futures; en d'autres termes, le prêtre gouverne. L'artiste saisit la pensée du prêtre, il la traduit dans sa langue, et, l'incarnant sous toutes les formes qu'elle peut revêtir, il la rend sensible à tous; il réfléchit en lui le monde que le prêtre a créé ou découvert, et le réduisant en symbole, il le dévoile à tous les yeux. C'est par l'artiste que le prêtre se manifeste; l'artiste, en un mot, est le *verbe* du prêtre.

Mais ce mot *prêtre* que nous employons ne peut manquer, ainsi que tous les mots anciens dont nous sommes obligés de nous servir, de faire naître dans les esprits des préoccupations fâcheuses; et malgré tout ce que nous avons dit, déjà nous devons nous attendre à ce qu'on persiste à voir dans le prêtre de l'avenir cet être mystérieux du passé qui faisait mouvoir toute la société en restant isolé au milieu d'elle, qui parlait une langue que lui seul pouvait entendre, et qui, vivant enfermé dans les secrets du temple, paraissait doué d'une existence qui n'avait rien de commun avec celle de l'humanité. Tel était le prêtre et tel il devait être, lorsque la cité de Dieu et la cité des hommes étaient étrangères l'une à l'autre, et surtout lorsque l'homme qui communiquait avec la divinité pouvait se croire d'une race ou d'une espèce particulière. Mais aujourd'hui que l'humanité ne forme plus qu'une famille, que l'ordre humain se confond dans l'ordre divin, le sacerdoce revêt un caractère entièrement différent; le prêtre ne reste plus isolé au milieu de la société, il est au contraire de tous les hommes celui qui lui est le plus activement mêlé, le plus intimement uni; ses besoins, ses tendances, ne sont que les besoins et les tendances, dans leur exaltation, de tous les autres hommes. C'est pour tous qu'il sent, qu'il pense, qu'il agit, et c'est seulement par son union avec tous qu'il communique avec Dieu.

ONZIÈME SÉANCE.

LE SAVANT.

Dans notre dernière séance, nous nous sommes arrêtés à considérer la nature de la faculté d'où nous avions dit précédemment que dérivait la fonction sociale du prêtre, et nous avons déterminé, autant que nous pouvions le faire sans avoir parcouru encore en son entier le champ de la politique, en quoi devait consister cette fonction. Il nous reste maintenant à considérer séparément chacun des deux grands ordres de travaux que le prêtre est appelé à diriger et à *lier*, la *science* et l'*industrie* : nous nous occuperons d'abord de la science,

Vous n'aurez point oublié, messieurs, que nous avons momentanément quitté le terrain des questions religieuses et métaphysiques, sur lequel nous nous sommes long-temps arrêtés, pour passer sur celui de la politique. Vous ne devez donc pas vous attendre à ce que nous considérions les sciences, ou quant à leur principe encyclopédique, ou quant à la méthode qu'elles doivent employer dans leurs investigations, les deux seuls aspects sous lesquels on a coutume de les envisager en dehors de nous, dans les occasions fort rares et qui le deviennent tous les jours de plus en plus où elles fixent l'attention des penseurs. L'école de Saint-Simon depuis long-temps déjà a traité, dans divers écrits, la question encyclopédique ; dans le cours de l'exposition que nous avons faite devant vous l'année dernière, nous nous sommes longuement occupés de la méthode ; nous pourrons avoir à revenir sur ces deux aspects importans de la sience, et principalement sur le premier ; mais nous la considérerons aujourd'hui sous un aspect nouveau et plus général, celui de la mission qu'elle est appelée à remplir par rapport à la destination de l'homme, de l'institution politique à laquelle elle doit donner lieu.

Lorsque, dans nos séances précédentes, nous avons caractérisé d'une manière générale les trois grands ordres de travaux dans lesquels doit se diviser l'activité sociale, nous avons dit que la science avait pour objet, en découvrant successivement à l'homme les lois qui régissent les phénomènes de sa propre existence et de celle du monde extérieur, de lui faire *connaître* Dieu d'une manière toujours de plus en plus étendue et précise : du point de vue où nous sommes maintenant placés et où nous avons à envisager dans leurs rapports, dans leur liaison, les diverses parties de l'activité humaine, nous ajoutons que l'objet de cette connaissance est de donner à l'homme les *lumières* qui lui sont nécessaires pour marcher vers le but que l'Amour lui découvre, pour régler, pour diriger les *actes* par lesquels il peut l'atteindre.

En présence d'une génération qui, en haine de sentimens arriérés, avait condamné la faculté même du sentiment, nous avons dû d'abord nous attacher à réhabiliter cette faculté méconnue, à montrer sa supériorité sur toutes les autres, et insister particulièrement sur la subalternité de la faculté rationnelle ou scientifique que le préjugé général prétendait lui superposer. Mais aujourd'hui que cette tâche est remplie, que nous avons rendu au sentiment la place qui lui appartient, nous avons à montrer l'importance, l'indispensabilité de la science, dans le rang secondaire que nous lui avons assigné.

Grâce à Saint-Simon qui nous a révélé l'unité humaine, qui nous a fait connaître les manifestations diverses de cette unité, nous n'avons à condamner aucune des facultés de l'homme; nous sommes appelés seulement à les mieux apprécier et à leur concevoir un nouvel emploi. Grâce à cette révélation, nous n'en sommes point réduits, comme tant d'hommes aujourd'hui, à l'alternative, ou bien en présence d'une science desséchée, fractionnée, sans relation évidente avec la destinée de l'humanité, de répudier le raisonnement, ou bien en présence d'une sentimentalité vague, et qui le plus souvent ne se manifeste que par des désordres, de répudier le sentiment, car nous connaissons la valeur du sentiment et du raisonnement, et nous savons que les causes des désordres et de la stérilité de l'un et de l'autre sont passagères. Et si nous disons que, sans le sentiment, la science n'aurait point d'existence, nous reconnaissons aussi que, sans la science, le sentiment ne produirait que des mouvemens désordonnés, convulsifs, douloureux. Et c'est sans doute sur les exemples de la séparation du sentiment et du raisonnement, exemples que l'on peut trouver en grand nombre à toutes les époques critiques, que se fonde principalement aujourd'hui l'opinion qui regarde le sentiment comme ne pouvant être qu'une source d'erreurs.

Nous avons dit que l'objet social de la science était de donner à l'homme les lumières qui lui étaient nécessaires pour marcher au but que l'amour lui assignait. Les chefs de l'humanité, ceux qui ont sans cesse devant les yeux sa destination et qui ont la mission de l'y conduire, doivent donc pourvoir, d'une part, à ce que les découvertes scientifiques se multiplient de plus en plus, et, d'autre part, à ce qu'elles se répandent le plus rapidement possible. On voit, par cette double considération, que le travail scientifique se divise en deux branches principales : le *perfectionnement* des théories, et l'*enseignement* des théories.

Nous avons maintenant à considérer à quelles conditions ce travail peut s'accomplir dans chacune des divisions qu'il comprend.

Le réglement social établi aujourd'hui présente bien encore une sorte de prévision pour l'enseignement des théories scientifiques; nous aurons à montrer combien cette prévision est incomplète, combien sa base est vicieuse, mais au moins, sous ce rapport, la société n'est point complétement laissée au dépourvu. Il n'en est point de même en ce qui regarde le travail de perfectionnement de ces théories, et l'on chercherait vainement une institution qui se présentât à cet égard avec le caractère d'une véritable prévoyance sociale. Ce qu'il y a de remarquable ici, c'est que cette partie si importante de l'activité humaine n'est pas moins oubliée dans les spéculations qui s'attachent à signaler les vices du réglement politique actuel, et prétendent en indiquer un meilleur. Dans l'ordre établi, comme dans les conceptions qu'on lui oppose, le progrès de la science est abandonné aux efforts individuels, et il ne faut pas s'en étonner, puisque la morale elle-même n'est pas l'objet d'une prévoyance plus directe, d'une plus vive sollicitude. Cet aspect du travail scientifique, étant celui dont on s'est le moins occupé, fixera d'abord notre attention.

A toutes les époques où se sont exécutés et accumulés de grands travaux dans les sciences, deux conditions principales, très-différentes, mais que nous rapprochons ici parce qu'elles peuvent également faire sentir le désordre actuel et mettre sur la voie de l'ordre à établir, se sont trouvées remplies : d'une part, l'existence matérielle des hommes qui se vouaient à ces travaux était préalablement assurée ; et de l'autre, ces hommes se trouvaient en contact, travaillaient en commun et *hiérarchiquement*. Ces deux conditions ont été remplies, autant qu'elles ont pu l'être jusqu'ici ; pour l'antiquité, dans l'institution des castes sacerdotales; pour le moyen âge, dans celle du clergé catholique, institutions qui ont renfermé, aux époques où elles ont été en vigueur, tout ce qui alors existait de savans. Il ne saurait être question sans doute de rétablir ces corporations; c'est à bon droit qu'elles ont été brisées et qu'on s'applaudit de leur chute; mais il ne faut point oublier qu'elles n'ont point été remplacées, et qu'elles doivent l'être; c'est-à-dire que les travaux qui se sont accomplis par elles doivent recevoir une organisation nouvelle.

Il semble généralement convenu aujourd'hui que le soin du perfectionnement de la science doit être abandonné aux efforts individuels, aux suggestions de l'ambition personnelle; et si l'on venait à demander comment les travaux de cet ordre doivent être rétribués, les économistes répondraient au besoin que leur valeur, comme celle de tous les autres produits possibles, ne saurait être déterminée que par le prix qu'ils sont susceptibles d'obtenir sur le *marché*, par un libre débat entre le producteur et le consommateur, le vendeur et l'acheteur.

Ces idées ont eu une grande utilité lorsqu'il s'est agi de renverser une corporation scientifique qui était devenue insuffisante et vicieuse ; mais il est évident qu'au-delà de cette destruction, qui se trouve aujourd'hui bien suffisamment opérée, elles n'ont plus de valeur; et que, considérées par rapport à l'avenir comme par rapport à tout état organique des sociétés, elles sont absolument fausses.

Et d'abord, avant d'examiner si le travail de perfectionnement des sciences peut être convenablement exécuté par des individus isolés, voyons si ce travail est de nature à pouvoir être rétribué, comme on le prétend, de la même manière que l'est communément aujourd'hui celui de l'industrie.

Que si l'on assimilait les travaux de perfectionnement dans la science aux travaux de perfectionnement dans l'industrie, l'analogie, assurément, serait admissible; mais il n'en est point ainsi, et les travaux industriels auxquels on les compare dans ce cas sont ceux qui ont pour objet de multiplier des produits déjà connus, par des procédés également connus. Or ici la similitude que l'on prétend établir ne saurait évidemment exister.

Les travaux industriels dont il s'agit, quel que soit le désordre auquel ils sont livrés, désordre que nous allons avoir prochainement à signaler, ont au moins cela de particulier, que chaque effort conduit d'une manière certaine, prévue, calculée, au résultat proposé; que la somme de travail exigée pour chaque produit peut être exactement appréciée, et qu'enfin, jusqu'à un certain point, il est possible de prévoir la valeur qui lui sera assignée sur le *marché*, par le rapport de l'offre à la demande ; d'où il résulte que chaque travailleur, dans cette direction, peut prétendre, par une simple transaction individuelle, à obtenir les avances qui lui sont nécessaires pour produire ; mais il est évident qu'aucune de ces conditions ne peut se trouver dans le travail de *perfectionnement* scientifique.

Ici le résultat proposé n'est pas toujours certain ; une grande partie des efforts dirigés dans le but de l'atteindre peuvent se trouver perdus ou rester inappréciables, après même que le résultat a été obtenu. Une suite d'observations sur un ordre particulier de phénomènes, quelques découvertes partielles dans une direction spéciale, peuvent avoir occupé la vie de plusieurs hommes, et cependant ces observations, ces découvertes, au moment où elles sont produites, peuvent n'être point susceptibles d'être utilisées ; elles peuvent n'être qu'un acheminement, un premier pas très-éloigné, très-indirect, vers le fait scientifique qui aura cette valeur ; enfin un travail scientifique définitif, c'est-à-dire en bornant, comme il convient, l'acception de ce mot, un travail capable dans la forme où il est produit de déterminer un changement immédiat dans le champ de la théorie et de l'application, n'étant à la portée, à la convenance que d'un très-petit nombre d'individus, ne saurait être lui-même susceptible de rendre, par la voie ordinaire des échanges industriels, les avances qui ont été nécessaires pour le produire ; dans tous les cas, on doit reconnaître l'impossibilité pour les auteurs d'un pareil travail de se procurer ces avances, attendu que les bases des transactions de cette nature qui se font dans l'industrie, savoir la certitude du produit et la possibilité de prévoir sa valeur, manquent ici absolument.

Que l'on examine le mode particulier du travail scientifique de perfectionnement, soit dans la division, soit dans la combinaison des efforts qu'il comporte, depuis ceux, par exemple, du savant qui s'occupe de déterminer la conformation ou les fonctions organiques d'une plante ou d'un insecte, qui étudie une spécialité de l'anatomie ou de la physiologie, qui recueille des observations particulières sur les phénomènes du mouvement, sur les propriétés de la lumière ou de la chaleur, etc., etc., et dont la capacité, quant à la contemplation rationnelle du monde extérieur, n'est point susceptible de s'étendre utilement au-delà de ce cercle, jusqu'à ceux du savant qui, considérant dans son ensemble l'ordre phénoménal ou l'une des grands divisions qu'il embrasse, tente de s'élever à quelque vue générale capable d'en lier, d'en coordonner les parties, et l'on pourra facilement se convaincre de la vérité des propositions qui précèdent. On verra que, dans ce travail, le résultat ne peut jamais être certain ou prévu avec précision ; que le temps, les efforts, le concours d'individus nécessaires pour y arriver, ne sauraient être calculés ; que le travail est susceptible de se produire sous plusieurs formes et à divers degrés, avant d'arriver à un état où il puisse être immédiatement utilisé ; que, même parvenu à ce terme, il ne peut sortir de l'atelier scientifique qu'après avoir subi une préparation que ses auteurs ne peuvent lui donner, et que par toutes ces raisons, enfin, il ne saurait être susceptible, à aucun des termes de son élaboration, de devenir une marchandise et d'être payé comme tel.

Après la chute de la corporation scientifique du moyen âge, ou plutôt après que cette corporation fut arrivée au point où elle devait se refuser à travailler au perfectionnement des sciences et où cette tâche se trouva dévolue aux laïques, abandonnée aux efforts individuels, plusieurs circonstances vinrent momentanément tenir lieu, pour les hommes qui se vouaient à ce travail, des ressources matérielles qui restaient en grande partie à la disposition de l'Église. Et d'abord si le clergé, comme corps, resta en dehors du mouvement qui se prononçait, plusieurs de ses membres pourtant s'y associèrent avec ardeur. Parmi les laïques, ceux qui furent appelés à y prendre part, ou plutôt à le déterminer, appartenaient en partie à la classe riche, et pouvaient, par conséquent, s'y dévouer tout entiers; la nouvelle impulsion donnée à la science se liait intimement, ou plutôt se confondait absolument avec le développement des idées philosophiques qui, alors, agitaient et dominaient tous les esprits; le plus vif intérêt s'attacha donc, dans toutes les sommités sociales de l'ordre temporel, aux travaux des savans, et bientôt un patronage imposant s'organisa dans toute l'Europe en faveur de ces travaux : un grand nombre d'hommes riches ou puissans se firent savans, ou protecteurs de savans. C'est à l'aide de toutes ces circonstances qu'après que les ressources matérielles dont le clergé était en possession furent enlevées, en très-grande partie au moins, au travail scientifique, ce travail put, pendant quelque temps, se continuer avec éclat (1).

---

(1) Déjà on avait vu se produire des circonstances toutes semblables au début de la première époque critique, lorsque les sciences, pour faire un nouveau progrès, durent sortir des temples païens où elles avaient été exclusivement cultivées jusque-là, et être abandonnées à des efforts individuels. Alors aussi on vit un patronage puissant se former en faveur de ces efforts, et la protection accordée par Alexandre aux travaux d'Aristote, par exemple, est un fait présent à la mémoire de tout le monde.

Mais ces circonstances n'existent plus : par suite des révolutions politiques qui sont survenues, le nombre des fortunes particulières, indépendantes du travail, a considérablement diminué ; les idées philosophiques, à la faveur desquelles les sciences, en sortant du sanctuaire chrétien, avaient trouvé de nombreux et puissans protecteurs, ont perdu leur crédit, et en France, par exemple, où l'action de ces deux causes se fait le plus vivement sentir, les savans se trouvent exactement, sous le rapport qui nous occupe, dans la position où les idées critiques prétendent qu'ils doivent être, c'est-à-dire que, dépourvus de toute dotation sociale, de toute protection individuelle, de tout patronage, ils en sont réduits à n'attendre d'autre prix matériel de leurs travaux que celui que le commerce de la librairie peut leur offrir.

Cette situation des savans en France est assez évidente pour qu'il soit inutile d'en apporter des preuves. On ne nous objectera pas sans doute l'existence des académies, puisque ces corps, dont le cadre est beaucoup trop étroit d'abord pour comprendre tous les savans, ne sont destinés à recevoir dans leur sein que des hommes qui ont dû s'élever, grandir avant d'y entrer, et indépendamment des mesquines ressources qu'ils y trouvent, lorsqu'une fois ils y sont admis. Mais qu'arrive-t-il par suite du délaissement auquel sont condamnés les savans ? une tendance générale de leur part, tendance qui de jour en jour devient plus prononcée, à abandonner la culture des théories pures, pour se livrer à l'application de ces théories, et principalement à l'application industrielle, qui seule paraît de nature aujourd'hui à payer les travaux de ceux qui s'y vouent.

L'application des théories scientifiques aux divers besoins de la société est sans doute un fait très-désirable, et bien loin qu'à cet égard la mesure nous paraisse avoir été dépassée, nous croyons, malgré la tendance que nous venons de signaler chez les savans, qu'il s'en faut de beaucoup qu'elle soit atteinte; qu'il y a lieu à pourvoir à ce que l'application des sciences devienne et beaucoup plus large et beaucoup plus régulière qu'elle ne l'est aujourd'hui, et que le but à se proposer ici doit être de faire en sorte que chaque progrès dans la théorie soit suivi d'un progrès correspondant dans la pratique; mais il ne suit pas de là que le travail de perfectionnement scientifique doive être abandonné ou ne doive pas être l'objet d'une prévision sociale, d'une vive sollicitude; qu'arriverait-il en effet si tous les savans venaient à se transformer en ingénieurs? Après ce changement, il est vrai, la pratique pourrait bien faire des progrès pendant long-temps encore, mais la science restant stationnaire, il est clair que cet état devrait finir nécessairement par devenir celui de la pratique elle-même, lorsqu'elle aurait épuisé le fonds des connaissances théoriques.

Tel est pourtant le terme auquel nous arriverions si l'action des causes que nous venons de signaler ne devait pas être interrompue.

Quels sont les hommes aujourd'hui qui s'occupent de travaux de pure théorie scientifique? Ceux qui, par une exception qui devient chaque jour de plus en plus rare, ont des moyens d'existence indépendans de leur travail, ou ceux qui, ayant obtenu des places dans l'enseignement ou dans toute autre partie du service public, sont parvenus à se soustraire aux obligations directes de ces places, et à en transformer le revenu en une sorte de dotation scientifique. Si, en dehors de ces deux situations, quelques efforts se font encore, ils ne présentent plus qu'un spectacle désolant. Ici vous voyez des hommes entraînés par un penchant, par une vocation irrésistible, fermant les yeux sur le dénûment où ils se trouvent, et sur celui plus grand encore qui les menace, travailler dans le champ aride de la science en s'imposant les privations les plus pénibles, en se soumettant aux humiliations les plus dures, jusqu'au moment qui ne peut tarder d'arriver où la misère et ses flétrissures, les accablant soit moralement, soit physiquement, viennent mettre un terme à des efforts ignorés.

De tout ce que nous venons de dire, il résulte que le premier objet de la prévoyance sociale s'appliquant à constituer le travail de perfectionnement des théories scientifiques, doit être d'assurer par une dotation publique l'existence matérielle des hommes que leur capacité appelle à s'y livrer.

Nous avons maintenant à examiner si ce travail peut être convenablement exécuté, ainsi qu'on paraît le croire, par des individus isolés, c'est-à-dire n'ayant point entre eux de rapports nécessaires et hiérarchiques.

Toutes les sciences se tiennent, ou plutôt toutes les sciences ne sont que des divisions de la connaissance humaine, correspondantes aux divers aspects sous lesquels le phénomène *un* de l'existence se manifeste à nous; ce lien qui unit toutes les sciences est encore plus évident, sans être plus nécessaire, entre les branches diverses que chacune d'elles est susceptible de comprendre : le progrès d'aucune spécialité scientifique ne saurait donc se concevoir, dans des limites étendues au moins, indépendamment du progrès de l'ensemble auquel elle appartient. Et cependant, malgré cette unité de la science, cette dépendance intime des parties dont elle se compose, aucun homme ne pouvant l'embrasser, la cultiver à la fois dans ses généralités et dans ses détails, il s'ensuit qu'une condition nécessaire de son avancement est que le travail qu'elle comporte soit partagé, distribué entre des hommes doués de capacités spéciales, et capables de se livrer exclusivement à l'étude des faits particuliers dont l'investigation leur est attribuée; mais si la *division* du travail est absolument nécessaire au progrès de la science, elle ne peut avoir pourtant ce résultat qu'autant qu'une autre condition se trouve remplie, la *combinaison* des efforts.

Le réglement scientifique capable de satisfaire à ces deux conditions suppose qu'à tous les momens les acquisitions faites dans chaque science sont constatées, que les problèmes nouveaux à résoudre sont posés, et que le travail nécessaire pour arriver à leur solution est directement distribué entre tous les hommes capables de concourir à ce résultat; que les découvertes, à mesure qu'elles se produisent, sont rapportées à un centre commun pour y être jugées, pour y être combinées, s'il y a lieu, avec les acquisitions déjà faites, et enfin dans ce cas pour y être proclamées, de manière à ce que les efforts cessent de s'appliquer à une recherche devenue inutile, et s'emploient dès lors à une recherche progressive.

Bien que ce réglement jusqu'ici n'ait pas encore existé dans toute la précision qu'on peut lui concevoir pour l'avenir, les conditions principales auxquelles il satisfait ont été remplies pourtant en grande partie, aux époques organiques du passé; dans l'antiquité, toute la science est renfermée dans les temples, et les hommes qui la cultivent travaillent en commun et hiérarchiquement. Au moyen âge le même fait se produit; c'est dans le sein de l'Église, des monastères, que se passe tout le mouvement scientifique, qui alors a principalement pour objet les faits de l'ordre spirituel; à cette époque on voit les membres du clergé qui prennent part à ce mouvement déférer constamment leurs travaux à l'autorité supérieure, et cette autorité, qui dans les cas importans est celle même des papes ou des conciles, prononcer sur leur valeur, sur leur orthodoxie : de telle sorte que l'état de la science ou du *dogme* se trouve toujours déterminé, et que si alors le travail à faire n'est point directement provoqué, parce qu'on ne se propose point le progrès, la carrière dans laquelle peut se déployer l'activité scientifique est toujours au moins nettement tracée. Lorsqu'à partir du 16e siècle, la science commença à sortir de l'Église, les anciennes habitudes contractées par les savans, la nécessité pour eux de s'unir contre l'institution *spirituelle*, qui condamnait leurs efforts, le patronage enfin qui s'organisa en leur faveur parmi les puissances *temporelles*, maintinrent d'abord entre eux des communications actives qui momentanément purent tenir lieu d'une organisation régulière; mais les circonstances qui déterminèrent ce lien provisoire ont cessé d'exister, et on ne trouve plus aujourd'hui dans le champ de la science que des hommes et des travaux isolés. Il existe en Europe des académies, mais bien que le terrain scientifique soit le même pour toute cette partie du monde, les académies qu'elle renferme n'ont pourtant entre elles aucune relation régulière et hiérarchique; non-seulement elles ne sont point associées pour accomplir une œuvre commune, mais il y a plus, aucune d'elles, dans le sein même de la nation où elle existe, n'est chargée de présider au travail de la science, de le distribuer, de le coordonner; elles peuvent bien proposer quelques problèmes, mais c'est accidentellement; des savans peuvent bien de temps à autre leur communiquer leurs découvertes, mais c'est bénévolement et sans entendre pour cela se soumettre à leur autorité.

Aussi voyons-nous que c'est en dehors de leur sein, de leurs indications et indépendamment de leur sanction, que s'exécutent et se produisent la plupart des travaux scientifiques : mais qu'arrive-t-il par suite de cet état de choses ? que les travaux des savans d'une partie de l'Europe restent souvent ignorés des savans des autres parties; qu'il n'est pas rare de voir pareille chose arriver dans le sein même de chaque nation; qu'en conséquence, des efforts nombreux sont journellement employés sur tous les points de l'Europe à reproduire péniblement des observations, des expériences, des découvertes déjà faites depuis long-temps; qu'à défaut d'un centre commun où les efforts viennent se réunir et se combiner, une multitude de travaux de détail restent sans valeur, parce qu'ils restent sans lien, et qu'enfin la science fractionnée, morcelée à l'infini, et de plus se contredisant fréquemment dans une foule de livres et de mémoires particuliers, se trouve dépourvue de l'autorité qu'elle devrait avoir.

Une seconde condition nécessaire du travail de perfectionnement des théories scientifiques est donc que les hommes qui s'y livrent forment un corps, une association, une HIÉRARCHIE.

Le second aspect général sous lequel le travail scientifique peut être envisagé est *l'enseignement* des théories.

Deux conditions principales sont ici à remplir : le réglement de cette fonction doit pourvoir, d'une part, à ce que *l'enseignement* soit toujours à la hauteur du *perfectionnement*, c'est-à-dire à ce que la science soit toujours enseignée dans son état le plus avancé; et, d'autre part, à ce qu'elle soit classée, distribuée dans l'ordre le plus propre à la faire pénétrer dans les intelligences, selon la nature des travaux qu'elle est destinée à éclairer.

La prévoyance sociale, nulle à peu près aujourd'hui à l'égard du progrès de la science, s'applique avec plus de sollicitude, avons-nous dit, à son enseignement; et il est évident en effet que les *universités* s'acquittent d'une manière beaucoup plus directe et beaucoup plus efficace de cette dernière fonction que les *académies* ne s'acquittent de la première, dont on les suppose chargées. Cependant les universités ne satisfont à aucune des conditions essentielles dont nous venons de parler. Elles ne sont point en relation régulière, directe, avec les hommes qui s'occupent du perfectionnement des théories scientifiques ; il y a plus, ces hommes ne formant point un corps, une pareille relation ne saurait même se comprendre, et enfin quand elle existerait, elle serait encore à peu près sans fruit, puisqu'à défaut d'une autorité reconnue compétente pour diriger et pour juger les travaux de perfectionnement, la valeur de ces travaux devrait toujours rester incertaine pour les hommes chargés d'en répandre la connaissance. Il peut donc, il doit donc même arriver souvent que les théories enseignées par les universités ne soient pas à la hauteur du progrès de la science; et comme ces corps ne peuvent donner aucune garantie qu'il en soit autrement, il en résulte que leur enseignement est dépourvu de sanction, ou n'est pas revêtu, au moins, de toute l'autorité qu'il devrait avoir.

Les *théories* ont pour mission d'éclairer les *pratiques*. C'est dans cette vue que la science doit être enseignée, et que réside le principe des aspects divers sous lesquels elle peut l'être. Mais les hommes qui enseignent ne sont point en communication avec ceux qui pratiquent, et les travaux de ces derniers n'étant point organisés, et manquant de voix par conséquent pour se révéler, pour faire connaître leurs besoins, il s'ensuit que cette communication aujourd'hui est même impossible. Les théories scientifiques sont donc enseignées sans objet et par conséquent sans ordre déterminé : aussi voyons-nous que dans le plus grand nombre des cas elles restent encore sans application (1).

Les idées critiques, en remettant aux efforts individuels le soin de perfectionner la science, lui ont abandonné aussi celui de l'enseigner. Si, sous ce dernier rapport, leur succès a été moindre que sous le premier, c'est que la nécessité d'organiser l'enseignement est de nature à se faire plus immédiatement sentir que celle d'organiser le perfectionnement; cependant leur crédit, sous ce rapport même, n'a cessé de s'étendre, et aujourd'hui nous voyons une partie importante de l'enseignement se faire en dehors des établissemens publics, et reproduire, bien entendu, avec plus d'intensité, le double vice que nous venons de signaler.

Le principe de la concurrence, appliqué à l'enseignement, a été d'une grande utilité sans doute pour détruire un corps enseignant qui n'était plus dépositaire que d'une science incomplète et arriérée, la seule qu'il pût comprendre, et qu'il voulût admettre; mais il est évident que son utilité ne saurait s'étendre au-delà de cette destruction. Pour s'en convaincre, il pourrait suffire de remarquer que ce principe suppose que les hommes qui ont besoin d'être en-

---

(1) Les facultés de médecine, en France, l'École Polytechnique et les écoles d'application qui s'y rattachent, présentent bien une appropriation de l'enseignement à des fonctions déterminées, mais ce ne sont là que des exceptions.

seignés sont les meilleurs juges de la convenance qu'il y a pour eux d'apprendre ou de ne pas apprendre, et que ceux qui ne savent pas sont les plus capables d'apprécier le mérite de ceux qui savent, de juger de la valeur de leurs travaux, et de déterminer la récompense qui doit leur être attribuée.

La société doit être enseignée; elle doit l'être dans la vue des divers ordres de travaux que sa destination l'appelle à accomplir; c'est donc d'en haut que l'enseignement doit lui venir, et que les hommes chargés de cette magistrature doivent recevoir leur mandat.

On peut voir, par les considérations qui précèdent, et sans qu'il soit besoin que nous nous y arrêtions davantage, que les hommes chargés d'enseigner la science doivent être placés dans les mêmes conditions que ceux qui sont chargés de la perfectionner; c'est-à-dire, d'abord, qu'ils doivent être dotés par l'État, ce qui résulte principalement pour eux de l'autorité qui leur est nécessaire pour exercer leurs fonctions, et ensuite qu'ils doivent former un corps, une *hiérarchie*, ce qui résulte d'une manière non moins évidente de la relation intime qui doit exister entre l'ordre à établir dans l'enseignement et la nature, et la distribution des travaux que comporte l'état de la société.

Nous avons maintenant à considérer le travail scientifique dans son ensemble, sous le rapport des fonctions politiques auxquelles il peut donner lieu.

La science et l'industrie, la théorie générale et la pratique générale, se sont jusqu'ici développées isolément; on ne trouve au moins aucune prévision sociale, aucune institution politique qui ait eu encore pour objet de les unir d'une manière directe. Cependant elles se sont gra duellement rapprochées. La science a cessé d'être exclusivement renfermée dans la sphère de la spéculation, et l'industrie d'être exclusivement livrée à l'empirisme. Aujourd'hui leur union doit devenir intime. Le travail scientifique doit être principalement dirigé dans la vue des besoins de l'industrie, et c'est principalement dans la science que l'industrie doit chercher les lumières qui lui sont nécessaires pour éclairer ses pratiques. Les savans doivent donc se trouver en communication continuelle avec les industriels. Mais, ainsi que nous l'avons vu précédemment, cette communication ne saurait être immédiate; elle ne peut s'établir que par l'intermédiaire du *prêtre* qui se trouve placé au sommet de la hiérarchie sacerdotale, et qui, aimant également la science et l'industrie, la théorie et la pratique, parce qu'elles ne sont pour lui que deux aspects, deux divisions du travail par lequel s'accomplit la destination de l'humanité, est seul capable de faire comprendre aux théoriciens la relation qui les unit aux praticiens.

Le travail scientifique de perfectionnement et d'enseignement, avons-nous dit, doit être directement doté par l'État. Or il est évident ici cette que cette dotation ne peut encore lui être attribuée que par le prêtre, qui, étant placé au point de vue général des besoins de la société, est seul en état de juger de la quantité des efforts qui doivent être appliqués à chacune des parties du travail qu'elle comprend.

Ainsi donc, sous le double rapport de ses relations avec l'industrie et de sa dotation sociale, c'est directement par le prêtre, qui embrasse la société dans son unité, que la science doit être gouvernée.

Mais au-delà de ces deux relations immédiates avec l'autorité sociale, c'est dans son propre sein que se passent toutes les autres relations, et par conséquent que s'exercent toutes les autres fonctions politiques auxquelles elle peut donner lieu.

A chacune des deux grandes divisions que nous avons établies dans le travail scientifique, le *perfectionnement* et l'*enseignement*, en correspondent deux autres, que l'on pourrait exprimer par les noms de *théorie* et de *pratique* scientifiques : l'une ayant pour objet de déterminer le procédé, les *méthodes* de l'investigation ou de la communication, et comprenant toutes les considérations qui se rattachent à l'ordre encyclopédique ; et l'autre consistant à appliquer ces méthodes, ces considérations, aux différens ordres de travaux auxquels elles s'appliquent.

Le *perfectionnement* et l'*enseignement*, et, dans les termes où nous venons de les présenter, la *théorie* et la *pratique* de l'un et de l'autre, telles sont les divisions dans lesquelles se trouvent compris les aspects divers sous lesquels la science peut être envisagée, et les efforts qu'elle comporte.

Mais l'expérience a prouvé et prouve journellement que les hommes qui se partagent ainsi le travail scientifique ne sentent que d'une manière obscure le lien qui les unit, et n'ont en conséquence qu'une faible tendance à se rapprocher, ce qu'on pourrait s'expliquer facilement par la nature différente de leurs capacités et de leurs habitudes.

L'objet dominant du savant perfectionnant est de connaître, et dès qu'il est parvenu à une découverte et qu'il l'a communiquée aux savans qui s'occupent des mêmes recherches, et dans les termes où ceux-ci seulement peuvent la comprendre, tout est consommé pour lui, ou au moins ce n'est que très-secondairement qu'il s'occupe de l'enseignement, c'est-à-dire qu'il se propose d'élaborer et de justifier sa découverte dans ce but. Il en est de même du savant enseignant, dont l'objet principal est de communiquer la connaissance dont il est en possession, et dont l'objet secondaire seulement est de la perfectionner et de l'étendre. La même diversité peut encore être observée entre les hommes qui créent les méthodes du perfectionnement ou de l'enseignement de la science, et ceux qui les appliquent : les uns se renfermant dans l'abstraction logique, et n'ayant qu'une faible tendance à pénétrer dans l'ordre concret, dans l'application, afin d'y chercher les lumières qui leur seraient nécessaires pour apprécier la convenance et la valeur de leurs procédés ; les autres s'attachant à tirer le plus grand parti possible des méthodes dont ils sont en possession et qu'ils ont éprouvées, et n'ayant qu'une faible tendance à en chercher de meilleures.

Et cependant tous ces travaux, aujourd'hui divergens, ne sont que des aspects d'un seul et même travail, tous sont appelés à concourir à une même fin ; il faut donc qu'ils soient *reliés*.

Mais qui établira ce lien ? Nous avons vu que l'homme qui unissait la science et l'industrie ne tirait cette puissance que de l'amour égal qu'il portait à l'une et à l'autre, parce que l'une et l'autre, à ses yeux, concouraient également à l'accomplissement de la destination générale de l'humanité. Par une analogie facile à saisir, il doit être évident que les travaux de diverses natures que comporte la science ne peuvent être reliés qu'à la même condition ; c'est-à-dire qu'autant qu'il se trouvera un homme qui, aimant particulièrement la destination de l'humanité, en tant qu'elle consiste à s'avancer toujours de plus en plus dans les voies de l'intelligence, dans la connaissance de Dieu, sera dès lors capable d'aimer également tous les efforts qui conduisent à ce but, et de parler par conséquent aux savans de tous les ordres un langage qu'ils puissent entendre et qui leur apprenne le lien qui les unit.

Or quiconque est capable de considérer les travaux de l'humanité du point de vue de sa destination religieuse, n'envisageât-il cette destination que sous une seule de ses faces, et qui peut trouver dans cette vue la puissance de lier des hommes pour les faire marcher vers le but qu'il *aime*, celui-là est un PRÊTRE. Il doit donc y avoir, il y aura donc un *prêtre* de la *science*.

C'est par lui que les savans seront unis, associés, *gouvernés*; que le travail scientifique sera distribué entre les branches diverses qu'il comprend et les diverses localités où il devra s'accomplir, et que chacun dans l'atelier scientifique sera *placé selon sa capacité* et *récompensé selon ses œuvres*. C'est par lui enfin que la science, réglée, ordonnée dans son propre sein, sera unie au prêtre suprême, et viendra ainsi se confondre dans l'unité sociale et religieuse.

DOUZIÈME SÉANCE.

L'INDUSTRIEL.

Messieurs,

Dans notre dernière réunion nous avons déterminé le caractère social de la *science*, et montré les conditions auxquelles peut s'accomplir *politiquement* le travail qu'elle comporte. Nous avons aujourd'hui à nous occuper de *l'industrie*; en la considérant sous des rapports analogues.

L'exploitation de l'homme par l'homme est arrivée à son terme. La guerre, qui dans tout le passé a été le but dominant des sociétés, doit disparaître; la capacité militaire, qui jusqu'ici a toujours été placée au sommet de la hiérarchie politique, doit cesser d'être une capacité sociale.

L'exploitation du globe, de la nature extérieure, devient désormais le seul but de l'activité *physique* de l'homme; la capacité industrielle, par laquelle s'opère cette exploitation, doit être à l'avenir la seule capacité *sociale*, dans l'ordre *matériel*.

La religion et la science, soit qu'elles aient commandé, sanctifié la guerre, ou éclairé ses pratiques, et que, dans ce cas, elles se soient confondues avec elle, comme dans tous les temps qui ont précédé le christianisme; ou bien que, comme dans le moyen âge, elles se soient constituées en dehors de la société militaire et soient restées indépendantes de ses lois; la religion et la science ont toujours figuré au premier rang dans la hiérarchie sociale; elles ont été progressives; elles sont appelées aujourd'hui à faire un pas immense; mais de tout temps elles ont été justifiées, sanctifiées; de tout temps leurs représentans ont été en possession de l'existence sociale. Il n'en est pas de même de *l'industrie*, des industriels.

L'action de l'homme sur l'homme, la guerre, est la seule manière d'être *physique* de l'activité humaine qui ait encore pris rang dans l'association. L'industrie jusqu'ici a été esclave ou subalternisée. Quelle que soit l'importance qu'elle ait prise graduellement, elle n'est pas encore entrée d'une manière directe dans la hiérarchie sociale; aucune souveraineté *politique* n'en a encore été l'expression; et cela n'a pu être, puisqu'aucun dogme *religieux* ne l'a encore sanctifiée.

Dans la hutte du sauvage, c'est la famille du chef, ce sont principalement ses femmes et ses filles, c'est-à-dire ses esclaves, et ses esclaves dans la pire de toutes les conditions de l'esclavage, qui exécutent les travaux de l'industrie grossière qui existe alors. Dans les sociétés civilisées de l'antiquité, où l'esclavage est une institution politique, c'est aux esclaves, qui composent alors l'immense majorité de la population, que le soin de ces travaux est dévolu. Après l'établissement du christianisme, et pendant la plus grande partie du moyen âge, ce sont encore des esclaves, bien que l'esclavage ait alors subi sous le nom de servage une importante modification, qui compose toute la classe industrielle. Enfin lorsque, grâce à l'influence du christianisme, cette dernière forme disparaît, que l'homme cesse d'être la propriété directe de son semblable, les travaux de l'industrie restent l'attribut des affranchis, qui sous les noms de *vilains*, de *roturiers*, de *peuple*, continuent à former une classe inférieure et méprisée.

Dans tous les états dont nous venons de parler, le guerrier lui seul, dans l'ordre matériel au moins, est citoyen, c'est-à-dire membre de la société; l'industriel reste en dehors de l'association, de la hiérarchie politique, et dans toute cette série il est constamment exploité. Pendant la durée de l'esclavage proprement dit, qui finit avec le servage, cette exploitation est évidente. Quelles que soient les modifications qui interviennent successivement dans la constitution de la servitude, modifications très-importantes d'ailleurs, comme acheminement vers l'affranchissement, le maître s'empare de la plus grande partie du travail de l'esclave; et celle qu'il lui abandonne, et que les mœurs et les lois l'obligent graduellement à augmenter, ne constitue qu'une propriété insignifiante et précaire. Enfin, après l'affranchissement, le fonds de la production matérielle restant en presque totalité la propriété des anciens maîtres, on voit l'exploitation de la classe industrielle se continuer, soit par des redevances féodales qui lui sont imposées, soit principalement sous les formes diverses que prend successivement le *loyer* des instrumens de travail, terres et capitaux, formes sous lesquelles cette exploitation se continue encore aujourd'hui, ainsi que nous nous sommes attachés à le démontrer devant vous l'année dernière, lorsque, remontant à la constitution actuelle de la propriété et des droits qu'elle confère, nous avons annoncé la transformation qu'elle devait subir.

Ainsi, dans toute la durée du passé, l'industrie a été esclave ou subordonnée; elle est restée en dehors de la religion, en dehors de l'ordre politique; et pendant tout ce temps (ce qui était une conséquence inévitable de cette condition), la classe industrielle a été exploitée. La situation à laquelle l'appelle la doctrine de Saint-Simon, en faisant de ses travaux le seul but de l'activité physique de l'homme, en faisant de ses chefs les seuls chefs de la société, dans l'ordre *matériel*, en les appelant à s'asseoir dans le temple à côté des chefs de la science, et sur la même ligne, en présence de Dieu, en présence du *prêtre* qui représente l'UNITÉ DIVINE, et qui n'a de supériorité sur les *industriels* et sur les *savans* que parce qu'il les UNIT, que parce qu'il tend sans cesse, par son action sur eux, à les élever vers lui; cette situation, disons-nous, est donc toute nouvelle : à sa réalisation seulement correspondra l'avénement politique de l'industrie, sa naissance à la vie sociale et religieuse.

Or, Messieurs, tout est préparé pour cette naissance, pour cet avénement. Dans la succession des différens états du passé, que nous avons rappelés succinctement afin de montrer la condition inférieure dans laquelle l'industrie a été jusqu'à ce jour, il est facile de constater son progrès non interrompu vers le terme que nous lui assignons. Et d'abord, elle sort graduellement de l'esclavage qui avait été sa condition primitive, et dans lequel elle était restée pendant une si longue suite de siècles. Après l'affranchissement, on voit les communes, c'est-à-dire des corporations d'industriels autrefois serfs, et qui, par des raisons dont nous n'avons point à nous occuper ici, avaient fait, dans la carrière de la liberté, des progrès plus rapides que la classe industrielle des campagnes, acquérir chaque jour une influence plus grande sur les affaires publiques; s'introduire, dès le xiiie siècle, dans les assemblées politiques, en Angleterre et en France, et être admises, par leurs représentans, à donner leur avis pour le prélèvement des subsides. A la même époque, on voit en Europe plusieurs de ces villes constituer des cités, des fédérations industrielles, indépendantes; et, par exemple, on sait quelles furent, à dater de ce temps et la splendeur et la puissance de la ligue anséatique. Les entreprises publiques, c'est-à-dire militaires, devenant chaque jour plus coûteuses, et la richesse de l'industrie affranchie prenant en même temps une importance toujours croissante, on voit les rapports des chefs politiques avec la classe industrielle se multiplier de plus en plus, devenir de plus en plus intimes, et chacun de ces rapprochemens déterminer de nouveaux avantages, de nouvelles concessions en faveur de l'industrie. Les entreprises militaires elles-mêmes ne tardèrent point à recevoir, de l'intervention de l'élément industriel dont elles ne pouvaient plus se passer, une direction nouvelle qui se rapporta toujours de plus en plus aux intérêts industriels bien ou mal compris. Nous avons vu enfin ces intérêts devenir dominans dans la plupart des guerres modernes, dont le but n'a plus été, comme dans les guerres anciennes, d'envahir un territoire, de faire des esclaves, de s'emparer directement, par le pillage ou par des tributs militaires, des richesses accumulées par le peuple vaincu, mais bien de conquérir sur lui un privilége commercial, un monopole. On sait quelle part énorme a eue cet intérêt dans les motifs des dernières grandes guerres dont l'Europe a été le théâtre. L'histoire des établissemens européens sur les différens points du globe, et des luttes qui en ont été la suite, met assez en évidence cette transformation des intérêts de la guerre.

En constatant ce caractère nouveau que présentent les entreprises militaires de nos jours, nous ne prétendons pas dire assurément que les guerres industrielles soient désirables et qu'elles doivent se continuer dans l'avenir; car la guerre, l'antagonisme, sous toutes les formes, doivent cesser pour jamais. L'industrie est de sa nature une puissance toute pacifique; et ce qui le prouve assez, c'est l'état d'esclavage auquel elle a été réduite pendant tout le temps de la conquête, c'est l'affaiblissement des sentimens et de l'institution militaires, que l'on voit correspondre à chacun des termes de son développement. La guerre ne vient point d'elle; elle s'y est trouvée seulement associée; et si nous rappelons la part qu'elle y a eue, ce n'est que pour constater l'importance sociale qu'elle a prise dans la suite des temps, et l'influence qu'elle est graduellement parvenue à exercer sur les déterminations d'une société dont le principe lui était étranger, et à l'égard de laquelle elle n'était dans l'origine qu'un instrument passif. Au surplus, il est facile aujourd'hui de constater à la fois, et l'importance sociale de l'industrie, et sa tendance toute pacifique, par l'influence profonde, bien qu'indirecte, qu'elle exerce évidemment depuis plusieurs années sur les événemens généraux de l'Europe.

Non-seulement de nos jours la guerre est devenue plus coûteuse que jamais; mais, ce qu'il faut remarquer surtout, c'est qu'elle ne peut plus être entreprise qu'au moyen de grandes *avances*; ce qui renverse cet axiome qui a pu être vrai dans les temps de barbarie, que *la guerre vit de la guerre*. Or aujourd'hui les industriels sont seuls en position de procurer ces avances aux gouvernemens; car quelle que soit l'incohérence qu'ils présentent comme corps, ils sont pourtant les agens nécessaires, inévitables, de la dispensation et par conséquent de l'attribution des richesses qu'ils se bornaient autrefois à créer. Aucune guerre importante ne saurait donc être entreprise ou continuée qu'autant qu'elle se concilierait, jusqu'à un certain point au moins, l'opinion de la classe industrielle. Eh bien! depuis que cette nécessité a acquis son dernier degré d'évidence par l'établissement du crédit public, du système des emprunts sans le secours desquels, aujourd'hui, il serait impossible de faire les frais d'une guerre de quelque importance, vous voyez que les germes de discorde que renferme la constitution actuelle des états de l'Europe, germes nombreux et qui paraissent incessamment sur le point de se développer, restent pourtant à peu près comprimés. Or ce résultat, Messieurs, on ne saurait en douter, c'est principalement au *veto* de l'industrie qu'il est dû.

A mesure que la puissance de l'industrie s'est étendue, la considération attachée aux classes autrefois dominantes, à leurs mœurs, à leurs habitudes de vie, s'est affaiblie, et une considération toujours croissante s'est attachée aux classes industrielles, à leurs travaux, jusqu'au point où la nuance qui, à cet égard, sépare aujourd'hui les notabilités industrielles du premier ordre des représentans les plus illustres par leur nom de l'ancienne classe militaire, est devenue assez faible pour ne plus pouvoir servir de base à une détermination précise de rang dans la société. Or cette nuance tend chaque jour encore à s'affaiblir par l'action combinée de deux causes dont le mouvement est également rapide : d'une part la croissance continue de l'importance de l'industrie; de l'autre la nécessité qui devient à chaque instant plus impérieuse pour les descendans des anciennes classes *privilégiées*, qui ne sont plus aujourd'hui que des classes *oisives*, de travailler pour vivre, de chercher de l'emploi dans la carrière de l'industrie comme dans toutes les autres, et dans celle-là même principalement, puisqu'elle est celle qui offre à la fois et les emplois les plus nombreux et les plus grandes chances de fortune.

Tout est donc préparé, comme nous le disions à l'instant, pour l'avénement religieux et politique de l'industrie; et si l'on mesure la distance qui sépare l'industriel esclave des premiers temps de la Grèce ou de Rome de l'industriel de nos jours, on trouvera bien faible sans doute celle qui sépare aujourd'hui l'industrie, de l'avenir qui lui est promis par Saint-Simon.

Et cependant, si tout est préparé pour cet avenir, de grands changemens doivent être opérés encore avant que le but soit atteint. Et d'abord si l'influence de l'industrie a toujours été en croissant jusqu'ici, si cette influence aujourd'hui se fait sentir vivement, elle n'a pourtant encore été qu'indirecte. Si, dans la suite des temps, les industriels ont pris part aux affaires publiques, s'ils sont entrés dans les assemblées, dans les conseils politiques, s'ils continuent à y figurer encore, c'est bien sans doute parce qu'ils sont une puissance, mais non pas, directement au moins, parce qu'ils sont une puissance *industrielle*; aussi voyons-nous que dans la plupart des occasions où ils sont admis à s'associer à l'action des pouvoirs publics, c'est sur des faits, sur des intérêts plus ou moins étrangers à leur capacité, à leur position, à l'objet spécial de leur activité, qu'ils sont appelés à donner leur avis, à délibérer. Cette confusion sans doute était un premier pas indispensable, mais il n'en est pas moins vrai que l'industrie, malgré sa participation aux affaires publiques, n'a point encore été constituée politiquement; que les *industriels* à ce titre n'ont point encore été revêtus d'une fonction politique, et que sous ce rapport la doctrine de Saint-Simon doit commencer pour eux une ère toute nouvelle.

L'industrie aujourd'hui ne forme point un corps, même en dehors du cadre des pouvoirs politiques : aucune hiérarchie régulière n'existe dans son sein; aucune prévision générale n'embrasse dans son ensemble le travail qu'elle est appelée à accomplir, aucune institution sociale n'est destinée à le coordonner. L'organisation provisoire qu'elle avait reçue sous le régime féodal, par l'établissement des corporations, des maîtrises, des jurandes, organisation dont le but, dans l'origine, était bien plutôt de lui donner des forces contre la société militaire qui l'entourait que de régler sa propre activité, a été brisée, et à bon droit; mais aucune organisation nouvelle ne lui a été substituée. Les économistes, frappés des vices de l'ancienne constitution du travail industriel, se sont attachés à les signaler; mais le seul résultat général de leurs spéculations, comme de toutes les spéculations contemporaines, a été cette maxime dont la rédaction leur est propre, et qui ne présente qu'une transformation de la conception générale critique de la LIBERTÉ : *laissez faire et laissez passer*. Cette maxime, qui n'est autre que celle de la *libre concurrence*, se trouve aujourd'hui appliquée à peu près autant qu'elle peut l'être, au moins dans le sein des nations les plus avancées de l'Europe, et nous voyons les résultats qu'elle a produits : l'antagonisme entre les individus et les peuples; l'absence de toute combinaison, de toute harmonie des efforts, et par suite ces catastrophes nombreuses qui, en signalant le désordre, viennent à tout moment frapper la société du double fléau de la défiance et de la misère. Dans le cours de l'année dernière, nous nous sommes long-temps arrêtés à considérer les vices que présente l'état actuel de l'industrie, et à montrer les conditions auxquelles, seulement dans l'avenir, le travail qu'elle comporte pouvait se régulariser, en se substituant politiquement au travail militaire, le seul qui, dans l'ordre matériel, ait encore été *socialement* organisé. A cet égard, nous nous référons aux vues que nous vous avons présentées alors. Nous nous contenterons seulement de vous rappeler le fait qui les domine; savoir que le fonds de la production matérielle qui compose aujourd'hui le fonds divisé, morcelé, des propriétés particulières, doit être à l'avenir une *propriété* SOCIALE, directement régie et *distribuée* par l'autorité publique, et constituée de manière à ce qu'elle soit toujours disponible pour elle; ce qui exclut l'héritage dans le sein des familles, mode de transmission des richesses qui doit suffisamment aujourd'hui se trouver condamné pour vous par le principe *social et religieux de la récompense selon les œuvres*. Après vous avoir rappelé ce changement qui doit survenir dans la constitution de la propriété, et sans lequel il serait impossible de concevoir dans l'avenir l'ordre général, et en particulier l'ordre industriel, nous ne considérerons plus l'industrie que sous le rapport des fonctions politiques auxquelles elle doit donner lieu; c'est-à-dire que nous nous occuperons bien moins du travail industriel en lui-même que des relations sociales des hommes qui l'exécutent.

Mais avant d'entrer dans ces considérations nouvelles, nous sentons le besoin de combattre le préjugé puissant que tous les siècles passés ont élevé contre l'industrie, et qui, aujourd'hui encore, et dans la conscience même des industriels, semble la condamner à une éternelle subalternité.

Voulez-vous apprécier ses titres au rang que nous lui assignons; détachez vos regards des détails sur lesquels ils sont fixés; placez-vous à un point de vue assez élevé pour embrasser dans leur ensemble, dans leur unité, pour contempler dans leurs résultats généraux les travaux de l'industrie, et vous verrez que ces travaux n'ont pas moins de droits à votre admiration que ceux de la science; que si la science *connaît*, c'est l'industrie qui *crée*. Vous reconnaîtrez alors que la terre que nous foulons, l'air que nous respirons, que le climat dans lequel nous vivons, sont principalement son ouvrage; que c'est elle qui nous donne et les vêtemens qui nous couvrent, et les toits qui nous abritent, et la nourriture qui nous soutient, et tout le luxe et tous les raffinemens qui, sous tous ces rapports, sont devenus graduellement pour nous des besoins de première nécessité; que c'est elle qui transforme les sables et les marais en plaines fertiles, qui change le cours des eaux, qui les tarit ou les multiplie, qui unit les mers, qui aplanit les montagnes, qui s'empare des espèces informes de la création primitive, et les améliore et les embellit, et en forme des espèces nouvelles; et que c'est elle enfin qui, en accomplissant journellement cette tâche, prépare l'évolution nouvelle et progressive que l'homme et la planète qu'il habite doivent subir un jour : voilà l'INDUSTRIE ; les hommes qui exécutent ces travaux, voilà les INDUSTRIELS.

Et ici, Messieurs, détachez encore vos regards de ces hommes divisés, isolés, tout couverts, et *moralement*, et *intellectuellement*, et *physiquement*, des stygmates de la servitude ; considérez-les tous ensemble, dans toute la durée de la carrière qu'ils ont parcourue, conquérant graduellement et la liberté et l'initiation sociale, et vous verrez que s'ils n'ont point encore atteint à l'élévation religieuse qui leur est prophétisée, ils sont au moins venus se placer aux portes du temple, n'attendant plus pour y entrer que la parole du nouveau pontife.

Après vous avoir montré comment l'industrie, d'abord esclave et placée en dehors de la religion et de la société, s'était graduellement acheminée vers l'une et vers l'autre, nous avons entrepris de justifier, par la considération de l'importance et de la nature du travail qu'elle accomplit, ses titres à ce double avénement. Déjà, l'année précédente, nous nous étions longuement occupés devant vous des faits qui se rapportent à la constitution intérieure de ses travaux, au mécanisme par lequel ils doivent s'opérer dans l'ordre nouveau qui se prépare ; aujourd'hui nous n'avons plus à la considérer que dans les fonctions politiques auxquelles elle peut donner lieu, soit dans ses rapports avec les autres parties de l'institution sociale, soit dans les relations qu'elle comprend dans son propre sein.

Plus on recule dans le passé, plus l'industrie se montre isolée de la science, privée de ses lumières et abandonnée, quant au perfectionnement de ses pratiques aux chances incertaines d'une expérience qui, ne se proposant point directement le progrès, semble n'être jamais redevable qu'au hasard des conquêtes lentes et imparfaites auxquelles elle arrive. En se rapprochant des temps modernes au contraire, on voit l'industrie sortir peu à peu de son isolement, se rapprocher de la science, et par son secours substituer graduellement à ses pratiques empiriques, à ses routines, des procédés rationnels. Ce rapprochement, sans doute, n'a encore eu pour base aucune vue large et systématique; jusqu'ici il n'a été qu'instinctif, et il est demeuré fort incomplet, fort irrégulier; mais le temps est venu où il doit être l'un des objets les plus importans du réglement social. Aujourd'hui, au point où en sont parvenues et l'industrie et la science, il est évident que l'une doit devenir, dans ses procédés, une application directe de l'autre. Les progrès futurs de l'industrie sont donc soumis à la condition d'un contact habituel, intime, entre les industriels et les savans, qui mette les premiers à même de signaler aux seconds les lacunes que leur expérience leur a révélées dans la théorie scientifique, et de s'emparer des progrès de celle-ci à mesure qu'ils s'opèrent, pour les appliquer à leurs travaux. Mais les habitudes différentes auxquelles sont livrés les savans et les industriels ne permettent point que leur contact soit immédiat : un intermédiaire est nécessaire entre eux, et cet intermédiaire, ainsi que nous l'avons vu précédemment, ne peut être que le *prêtre* placé au point de vue de l'unité, parce que lui seul comprenant la destination commune de la science et de l'industrie, et aimant également les hommes qui se livrent à l'une et à l'autre, peut leur révéler leur dépendance réciproque, la leur faire aimer, et ainsi mettre leurs efforts en harmonie.

C'est l'industrie qui crée les richesses destinées à l'entretien, à l'amélioration physique de tous les membres de la société : telle est la tâche particulière qui lui est assignée dans la division du travail social ; mais cette tâche ne lui confère aucun droit particulier sur les richesses qu'elle crée ; ce n'est point à elle qu'il appartient de déterminer la part qui doit lui en revenir ; cette part doit lui être faite par le prêtre de l'unité, qui, embrassant dans leur ensemble tous les travaux de la société, et sachant à chaque instant quelle est la somme d'efforts que chacun d'eux réclame, est seul en état de répartir convenablement entre eux le revenu social dont l'industrie est la source.

Ainsi donc, sous le double rapport de ses relations avec la science et de sa dotation sociale, c'est directement par le prêtre qui se trouve placé au sommet de la hiérarchie sacerdotale, c'est-à-dire par l'autorité générale de la société, que l'industrie doit être gouvernée.

Mais au-delà de ces deux faits importans par lesquels elle est liée immédiatement aux autres parties de l'institution sociale, c'est sur elle-même qu'elle se déploie ; c'est dans son propre sein que s'établissent les relations et que s'exercent les fonctions politiques auxquelles elle donne lieu.

Le travail industriel, ainsi que l'a justement remarqué un économiste moderne (1), comprend deux objets principaux : *changer la matière de forme* et la *changer de lieu*, ou autrement créer des produits et les distribuer. Au premier de ces objets correspond le travail agricole et manufacturier ; au second le travail commercial.

La *production* et la *distribution*, telle est la division première qui s'établit dans l'industrie. Chacun des termes de cette division en comprend une autre : la *théorie* et la *pra-*

---

(1) M. Destutt de Tracy.

tique. L'une qui a pour objet d'appliquer les découvertes de la science aux procédés industriels, à ceux de la production comme à ceux de la distribution ; l'autre de mettre en œuvre ces procédés, d'en diriger l'emploi.

Sous les divisions qui précédent se trouvent compris dans leur généralité tous les aspects sous lesquels l'industrie peut être envisagée, tous les faits que le réglement industriel doit avoir pour objet de mettre en harmonie, de combiner.

La *production* et la *distribution*, et, dans chacune d'elles, la *théorie* et la *pratique*, n'étant évidemment que des parties d'un seul et même travail, il semblerait d'abord que les hommes dont les efforts s'exercent dans ces différentes directions doivent être naturellement portés à se rapprocher, à se consulter et à se communiquer leurs travaux dans le but de s'éclairer mutuellement; mais une longue expérience a prouvé qu'il n'en était point ainsi; que ceux qui se partageaient ainsi le travail industriel, selon les divisions que nous venons d'établir, étaient placés à des points de vue assez différens, assez exclusifs, pour n'apercevoir, pour ne comprendre qu'imparfaitement le lien qui les unissait. En considérant attentivement ce qui se passe à cet égard, on reconnaîtra en effet que le *producteur*, c'est-à-dire ici l'agriculteur ou le manufacturier, a principalement pour objet de créer des produits, ne s'occupant que secondairement de leur convenance, de leur opportunité, du rapport dans lequel ils devront se trouver avec les besoins de la consommation, ou, pour parler le langage des économistes, des débouchés au moyen desquels ils pourront être écoulés; que le *distributeur* ou le commerçant est principalement occupé de répartir les produits existans, tels qu'ils sont, et dans la proportion où il les trouve, et fort peu de s'informer des ressources de la production, ou d'exercer une influence sur ses travaux, sous le double rapport de la nature ou de la quantité des produits ; que le *théoricien* a pour but principal de mettre les procédés industriels en harmonie avec les connaissances scientifiques, ne s'inquiétant que subsidiairement de leur convenance pratique, surtout sous le rapport économique, tandis que le *praticien* se propose de tirer le plus grand parti possible des procédés dont il est en possession et dont il a fait l'expérience, et n'a qu'une faible tendance à en chercher de plus parfaits.

Et cependant tous ces travaux sont dans une dépendance intime ; les progrès, la prospérité des uns, sont subordonnés aux progrès, à la prospérité des autres ; il faut donc qu'ils soient combinés, qu'ils soient *liés* : il faut que dans tous les temps la *production* soit tenue au courant des besoins de la consommation, afin de connaître la direction qu'elle doit donner à ses travaux, et les limites dans lesquelles elle peut les étendre, que la *distribution* soit toujours informée des ressources de la production, afin de régler, de ménager en conséquence ses opérations ; que les imperfections, que les lacunes de la *pratique* soient toujours signalées à la *théorie*, pour que celle-ci dirige ses efforts dans le but de les faire disparaître, et qu'enfin les perfectionnemens de la théorie soient introduits dans la pratique à mesure qu'ils s'opèrent.

Dernièrement, en parlant de la science, nous avons dit que les travaux de diverses natures qu'elle comportait ne pouvaient être unis, combinés, que par une puissance de même nature que celle que nous avions reconnue nécessaire pour lier entre elles la science et l'industrie ; il en est de même des travaux de cette dernière partie de l'activité humaine qui ne peuvent être *liés* que par un homme qui, concevant la destination de l'humanité, particulièrement sous le point de vue de l'amélioration de sa condition physique, et aimant en conséquence d'un égal amour tous les travaux de l'industrie, tous les hommes qui les exécutent, parce que tous sont également nécessaires à l'accomplissement de cette destination, puisera dans son amour le pouvoir de les faire sortir de leur isolement, de les réunir en un faisceau, de les faire concourir harmoniquement au but qu'ils sont appelés à atteindre. — Quiconque, avons-nous dit, est capable de *lier* des hommes dans la vue de leur destination est un PRÊTRE; de même qu'il doit y avoir un *prêtre* de la science, il y aura donc aussi un *prêtre* de l'industrie.

C'est par lui que les industriels, dans leurs rapports entre eux, seront *liés, associés, gouvernés*; que le travail de l'industrie, avec la dotation sociale qui y sera affectée, sera distribué entre les branches diverses dans lesquelles il se subdivise, entre les différentes localités où il devra s'effectuer, enfin entre tous les membres de l'atelier industriel, qu'il *classera selon leur capacité* et *rétribuera selon leurs œuvres*. C'est par lui que l'industrie, qui n'est sortie de l'esclavage que pour tomber dans l'anarchie, entrera pour la première fois dans la carrière de la *liberté* et de *l'ordre*, et verra s'ouvrir pour elle les portes du temple dans lequel ses destinées, révélées par Saint-Simon, l'appellent enfin à prendre place.

TREIZIÈME SÉANCE.

LA HIÉRARCHIE.

PRÊTRES, SAVANS, INDUSTRIELS.

LOI VIVANTE.

Messieurs,

Nous avons considéré successivement dans leur nature, dans les divisions qu'ils comportent, dans les relations, dans les fonctions politiques auxquelles ils peuvent donner lieu, les trois grands ordres de travaux que comprend dans son ensemble l'activité sociale. Nous avons aujourd'hui à résumer ces aperçus, en vous présentant, dans une même vue, les travaux de l'AMOUR, de l'*intelligence* et de la *force*, c'est-à dire ceux des PRÊTRES, des *savans* et des *industriels*, dont l'union harmonique, exprimée dans sa plus grande généralité, doit constituer, dans l'avenir, la RELIGION ou la SOCIÉTÉ, la HIÉRARCHIE ou l'ORDRE.

En exposant précédemment devant vous le nouveau dogme religieux, nous avons dit : l'homme, comme Dieu, comme l'être infini, est dans son unité vivante, AMOUR, et dans les modes de sa manifestation active, *intelligence* ou *sagesse*, *force* ou *beauté* ; cette unité et cette dualité qui constituent la TRINITÉ nouvelle se retrouvent dans chaque homme, et voilà pourquoi tous peuvent être unis, associés. Mais l'unité de la vie, l'*amour*, ne se déploie pas chez tous, d'une manière dominante, vers le même objet, ni par rapport à chaque objet avec la même intensité, et voilà la base, dans l'ordre social, de la *division* et de la *combinaison* des efforts, de la HIÉRARCHIE entre les individus ; et d'abord voilà pourquoi la société se compose de PRÊTRES, de *savans* et d'*industriels*.

De prêtres, qui, placés au point de vue de la destination de l'humanité, en trouvent incessamment la révélation dans les désirs, dans les vœux qu'ils forment pour leurs semblables, dans l'amour qu'ils leur portent, et qui puisent dans cet amour le pouvoir de les unir pour les faire marcher au but qu'ils ont découvert, et qu'ils leur ont fait aimer.

De savans et d'industriels, qui, sans vue dominante de destination pour l'humanité, sont primitivement portés par leur organisation, les premiers, à contempler l'homme et le monde extérieur sous le point de vue de l'*intelligence*, de la *sagesse* qui préside aux faits que l'un et l'autre présentent ; les seconds, à modifier ces faits sous le rapport physique, c'est-à-dire sous le rapport qui correspond à la *force* ou à la *beauté*.

Les prêtres sont évidemment les hommes les plus sympathiques, car ils embrassent dans leur amour, et les faits qui sont l'objet particulier des travaux des savans ou des industriels, et l'humanité dont la destination s'accomplit par ces travaux.

Mais la destination de l'humanité en Dieu, dans ses rapports avec le monde extérieur, peut être conçue ou dans son unité ou particulièrement sous l'un ou sous l'autre des deux aspects par lesquels l'unité se témoigne, c'est-à-dire, en d'autres termes, que l'homme peut être considéré comme étant destiné à croître sans cesse dans l'amour de Dieu, de ses semblables et de lui-même, par le progrès à la fois de la science et de l'industrie, ou seulement, ou principalement au moins, par le progrès de la science ou par le progrès de l'industrie ; de là trois ordres dans le sacerdoce; de là le prêtre général ou social, le prêtre de la science et le prêtre de l'industrie.

Le prêtre social est évidemment placé au point de vue le plus sympathique, et par conséquent le plus élevé, puisqu'il embrasse à la fois dans son amour, et l'amour du prêtre de la science, et l'amour du prêtre de l'industrie.

Déterminer le but de l'activité humaine, commander les travaux par lesquels ce but peut être atteint, les distribuer, les coordonner en les rapportant à leur fin, classer les hommes, les unir, voilà la fonction *religieuse* et *politique*, qui se résout tout entière dans la fonction sacerdotale, qui n'a point d'autre objet.

Le prêtre social, le prêtre de l'unité, révèle à l'humanité sa destination générale, et lui rappelle sans cesse qu'elle ne peut l'accomplir que par les travaux unis de la science et l'industrie. Après avoir fait choix des hommes qui peuvent l'aider à *lier* ces deux ordres de travaux, il nomme le prêtre de la science et le prêtre de l'industrie, et partage entre eux tous les autres individus, selon leur aptitude à suivre l'une ou l'autre carrière. Placé au point de vue général des besoins de la société, et sachant sur quel point elle manque, de science ou d'industrie, il prescrit aux savans et aux industriels, par les chefs qu'il leur a donnés, la direction dans laquelle ils doivent porter leurs efforts, et attribue aux uns et aux autres la part du revenu social qui leur est nécessaire pour accomplir la tâche qui leur est imposée. Il les met en contact pour que leurs travaux s'éclairent mutuellement, et en leur montrant ainsi le lien qui les unit, la dépendance dans laquelle ils sont les uns à l'égard des autres, en rappelant aux industriels que c'est aux savans qu'ils sont redevables de leur amélioration intellectuelle, aux savans que c'est aux industriels qu'ils sont redevables de leur amélioration physique, il leur apprend à s'aimer, il les *lie*, il les *associe*.

Ainsi par les travaux du prêtre social, la religion, la société, sont instituées, manifestées dans leur unité; la hiérarchie, l'ordre, se trouvent fondés sur leurs bases les plus larges.

Le prêtre de la science et le prêtre de l'industrie, après avoir reçu leur mission, leur consécration du prêtre social, après avoir appris de lui quels sont les résultats qu'ils doivent principalement se proposer d'obtenir, rappellent aux hommes qu'ils dirigent la destination de l'humanité sous l'aspect où ils l'aiment et la comprennent plus particulièrement: ils distribuent le travail, avec la dotation sociale qui y est affectée, entre les diverses natures d'efforts que comporte l'activité scientifique ou l'activité industrielle, entre les diverses localités, enfin entre les individus, qu'ils classent selon leur capacité et rétribuent selon leurs œuvres; et chacun d'eux, dans la sphère où il préside, rapprochant les hommes que la division du travail tend à isoler, leur fait sentir le lien qui les unit, leur montre que leurs progrès sont enchaînés, que ceux des uns sont subordonnés à ceux des autres, et par là, il leur apprend à s'aimer : il les *lie*, il les *associe*.

Ainsi, par l'action du prêtre de la science et du prêtre de l'industrie, se trouvent institués, manifestés, dans la sphère secondaire de ces deux ordres de travaux, la religion, la société, la hiérarchie, l'ordre; et comme le prêtre de la science et le prêtre de l'industrie sont unis eux-mêmes par le prêtre social, il s'ensuit que le sacerdoce, par qui tous les efforts sont combinés, harmonisés, par qui tous les hommes sont liés, associés, classés, ordonnés, devient l'expression sommaire, le résumé de l'activité humaine, de la société tout entière qui, formant en lui une chaîne harmonique, un tout homogène, présente comme l'univers l'admirable spectacle d'une UNITÉ *multiple*, d'une *multiplicité* UNE.

Le sacerdoce, dans chacun des ordres dont il se compose, forme une hiérarchie dont les degrés principaux correspondent aux différentes circonscriptions territoriales où peuvent se localiser, d'une manière distincte, les faits auxquels il préside. Ainsi, la hiérarchie sacerdotale, dans l'ordre principal, celui qui *lie* la science et l'industrie, comprend depuis le prêtre qui établit ce lien pour toute l'humanité, jusqu'à celui qui l'établit ou le prolonge dans la localité la plus étroite; et dans chacune des séries secondaires de la science ou de l'industrie, depuis celui qui *lie* tous les travaux scientifiques ou tous les travaux industriels qui s'accomplissent sur le globe, jusqu'à celui qui remplit la même fonction dans le cercle le plus resserré où il est possible de la concevoir.

Partout où il y a un corps de savans ou d'industriels, le prêtre général de la science ou de l'industrie a son représentant; partout où l'activité humaine se déploie socialement dans ses modes divers, le prêtre social a le sien.

C'est ainsi que la hiérarchie sacerdotale embrasse et résume toute la hiérarchie sociale; c'est ainsi que son activité embrasse et résume toute activité.

C'est le prêtre qui GOUVERNE; il est la source et la sanction de l'ORDRE; c'est de lui que tous les individus et tous les faits reçoivent le caractère social ou divin. Il intervient à la naissance de chaque homme; il le consacre à DIEU et à l'HUMANITÉ, et après avoir découvert la vocation qui lui a été donnée, la GRACE qu'il a reçue en naissant, il le place dans les circonstances et l'entoure des soins les plus propres à cultiver, à développer en lui les germes d'avenir que Dieu y a déposés. Lorsque cette préparation est achevée, il lui confère la fonction qui lui était destinée, et détermine ainsi ses DEVOIRS et ses DROITS. Il continue à le suivre dans la ligne où il l'a placé, et l'y fait avancer en raison de ses *mérites*. Enfin, lorsque le temps du travail est passé pour lui, il l'admet au repos, et lui attribue, dans cet état, la part d'amour, de considération, de richesses que ses travaux lui ont méritée.

Toute fonction sociale est *sainte*, car elle est donnée, au nom de Dieu, par l'homme qui le représente; l'attribution qui en est faite constitue une véritable ONCTION, une véritable CONSÉCRATION.

Tous les travaux qui s'accomplissent dans la société sont

sanctifiés; car c'est au nom de Dieu, et de la loi qu'il a donnée à l'humanité, qu'ils sont commandés et jugés.

Enfin le *repos* lui-même est SAINT, car il est *sanctionné, ordonné* comme le *travail,* dont il est la conséquence et la récompense.

Cette vue succincte de l'ordre social qui se prépare doit renfermer pour vous, Messieurs, la solution des difficultés qui, sous le rapport pratique, ont pu se présenter à vos esprits, lorsque nous avons dit précédemment que l'héritage par droit de naissance devait disparaître, et que les richesses dont se compose aujourd'hui le fonds des propriétés particulières devaient constituer le fonds de la propriété sociale, puisqu'il est évident que dans l'avenir il n'y a plus rien de purement individuel ; que toute position personnelle est un *grade* dans l'association, et toute fortune un *traitement.*

Mais ici s'élève une difficulté nouvelle qui comprend toutes les autres ; comment un pareil ordre de choses, en le supposant établi par des efforts quelconques, pourra-t-il se maintenir ? Comment les chefs, les directeurs de la société, les prêtres enfin, parviendront-ils à disposer des individus, à régler leur activité selon le plan qu'ils auront conçu ? Nous répondons : par L'ÉDUCATION et la LÉGISLATION.

Dans le cours de l'année dernière, nous nous sommes longuement arrêtés à considérer la nature de ces deux grands moyens de toute direction sociale. Nous nous bornerons aujourd'hui à reproduire les vues les plus générales que nous avons présentées alors à ce sujet.

L'éducation, prise dans sa plus grande généralité, a pour objet d'approprier chaque génération à sa destination religieuse et sociale.

Elle se divise en deux branches : en éducation générale et en éducation spéciale.

L'éducation générale est destinée à donner à tous les hommes indistinctement, en prenant pour base ce qu'ils ont de commun, les sentimens, les connaissances, les habitudes physiques qui leur permettent de vivre en société, quelles que soient, d'ailleurs, les directions différentes dans lesquelles ils puissent être engagés.

L'éducation spéciale a pour but de les approprier sous ce triple rapport, en prenant pour base les différences qui les séparent, aux fonctions diverses que leur assignent leurs diverses capacités, aux relations sociales plus particulières qu'ils doivent avoir avec ceux dont ils sont appelés à partager les travaux.

L'éducation s'étend à toute la vie de l'homme, soit pour lui rappeler les premières impressions qu'il a reçues, soit pour les fortifier ou les développer en lui. C'est par elle qu'il apprend à AIMER, et qu'il apprend à *savoir* et à *pouvoir* ce qu'il DOIT faire. L'éducation est donc la première et la plus forte garantie de l'ordre social ; elle forme aussi l'attribution la plus importante de l'autorité religieuse et politique.

La législation prescrit ce que l'éducation a eu pour objet de faire valoir. Ce qui la caractérise, c'est la sanction pénale ou rémunératoire qui est attachée à ses prescriptions. Elle n'est donc qu'un moyen d'ordre secondaire, puisqu'elle n'intervient, en quelque sorte, que pour combler les lacunes de l'éducation ; cependant elle est un complément indispensable de celle-ci. Mais la législation telle qu'elle existe aux époques organiques, et telle que nous la concevons pour l'avenir principalement, n'a rien de commun avec ce que l'on comprend sous ce nom aux époques critiques.

Ce qu'on appelle la LOI, aujourd'hui, est une divinité

mystique, devant laquelle on s'incline d'autant plus profondément, que l'on fait plus hautement profession de ne point se soumettre aux *hommes*, ce qui n'est, après tout, qu'une forme à l'aide de laquelle on cherche à se soustraire à toute direction, à toute autorité, puisque la *loi*, séparée des hommes, n'étant plus qu'un être de raison, sans volonté et sans puissance, prétendre n'obéir qu'à la loi, c'est en définitive prétendre ne point obéir.

Cette distinction établie entre la loi et les hommes doit sans doute paraître surprenante de la part de la génération qui, par-dessus tout, se prétend douée de l'esprit positif ; mais en considérant attentivement de quelle manière se produit la législation, on trouve que tout est disposé pour favoriser cette illusion, cette fiction, pour lui donner même une sorte de réalité.

Et, en effet, quels sont aujourd'hui les législateurs ! Des hommes plus ou moins étrangers aux faits, aux intérêts sur lesquels ils ont à prononcer, plus ou moins étrangers même les uns aux autres, et qui, rapprochés temporairement, se dispersent pour ne plus se retrouver, dès qu'ils sont parvenus, à l'aide d'une manœuvre délibérante, à produire le règlement qui leur était demandé ; restant aussi inconnus à la société, après cette apparition momentanée sur la scène législative, qu'ils l'étaient auparavant, et ne laissant après eux, et dans leur ouvrage même, aucune trace de leur personnalité : de telle sorte que la loi qui est émanée d'eux, et qui leur échappe dès qu'elle est faite, peut se présenter à leurs propres yeux comme un produit spontané.

Cette absence de tout caractère déterminé dans le législateur se fait vivement sentir dans la loi, qui dans ses prescriptions, dans l'application de ses sanctions, ne fait aucune acception des situations morales différentes dans lesquelles

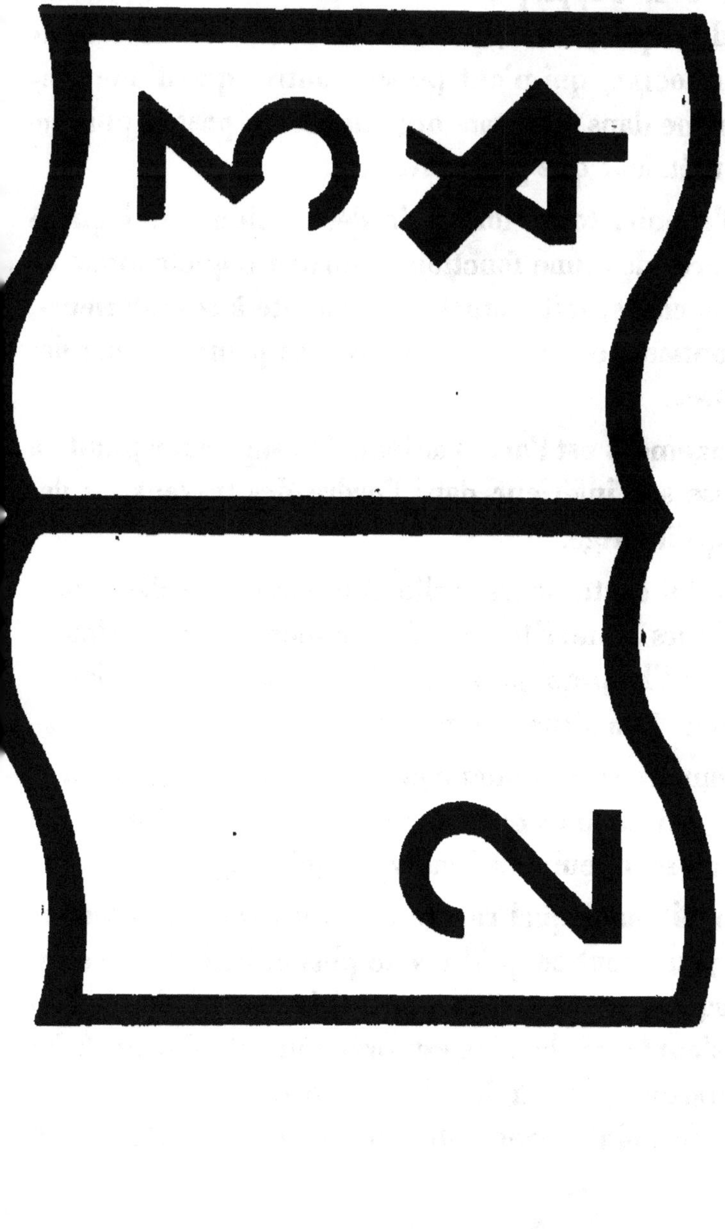

se glorifie d'être. Toutes les lois qui, dans la suite des temps, se produisent comme l'interprétation, le développement ou le perfectionnement de la loi révélatrice, deviennent également inséparables de leurs auteurs. C'est toujours alors le *législateur* que l'on aime, c'est à lui qu'on obéit. Or ceci s'applique surtout à l'avenir, où doivent achever de se prononcer, de se caractériser, tous les traits de l'ordre social, qui n'ont pu se montrer que d'une manière informe dans les états organiques du passé, puisque ces états n'étaient que préparatoires.

Dans l'avenir, toute loi est la déclaration par laquelle celui qui préside à une fonction, à un ordre quelconque de relations sociales, fait connaître sa volonté à ses inférieurs, en sanctionnant ses prescriptions par des peines ou par des récompenses.

Tout jugement est l'acte par lequel le supérieur punit ou récompense son inférieur dans l'ordre des travaux ou des relations qu'il dirige.

Ainsi la loi est toujours réelle et précise; car elle se rapporte toujours à une situation déterminée, et le législateur est toujours l'homme qui est le plus en état d'apprécier ce qui convient à la situation qu'il règle.

Le jugement est toujours équitable, car le juge est à la fois celui qui aime et qui connaît le mieux l'ordre qu'il a pour but de maintenir, et l'individu qu'il juge.

Mais le fait sur lequel repose tout cet avenir, la hiérarchie, est justement ce qu'il y a de plus difficile à admettre à une époque comme celle où nous vivons; où la victoire dont on s'applaudit le plus est précisément d'avoir brisé toute hiérarchie, et où la dignité de caractère consiste surtout à ne point reconnaître de supérieurs : c'est donc sur ce fait important, sur ce point fondamental, qu'il est le plus nécessaire d'insister.

Le supérieur, avons-nous dit, est celui, qui dans la sphère où il dispose, aime le plus Dieu et l'humanité, ou l'humanité en Dieu : ce qu'il commande à ceux qui lui sont soumis, c'est donc LE PROGRÈS, car le progrès est ce qu'ils veulent, et c'est la loi de Dieu. Le supérieur veut s'élever ; mais la destination qui lui est donnée est d'élever d'autres hommes, il ne peut donc s'avancer dans la voie du progrès qu'en y faisant avancer ses inférieurs ; l'amour qu'il leur porte n'est donc, sous un point de vue, que l'amour qu'il a pour lui-même.

L'inférieur aime le supérieur, car il tend au progrès, et il ne peut y tendre que parce qu'il aime ce qui est au-dessus de lui. Il obéit avec joie, car l'obéissance l'identifie avec le supérieur ; l'amour qu'il lui porte vient donc aussi se confondre avec celui qu'il a pour lui-même.

L'AMOUR sous son double aspect, *concentrique* et *excentrique*, l'amour de soi et l'amour des autres, voilà, Messieurs, la base de la hiérarchie, la raison de l'autorité et de l'obéissance que nous désirons et que nous ANNONÇONS.

Et maintenant, en résumant tout ce que nous avons dit sur l'ordre social qui doit s'établir, comparez l'état d'indépendance où nous vivons, dans lequel chaque homme naît sans destination, grandit péniblement au milieu de circonstances qui lui ont été fatalement imposées, se place plus péniblement encore dans le monde, et presque toujours en raison inverse de ses goûts, de sa capacité, rencontrant à chaque pas des obstacles, des rivaux qu'il doit combattre, écarter sans aucun secours ; car tous sont occupés individuellement, isolément comme lui, à se pourvoir, à se défendre : comparez cet état à celui dans lequel chaque homme, à sa naissance, trouve une main amie et toute-puissante qui vient soutenir ses premiers pas, l'aider à chercher la carrière qu'il doit parcourir, lui donner les forces dont il a besoin pour y marcher, le mettre enfin en possession de la place qui lui était marquée par Dieu, et à ce terme encore le soutenir, le guider, l'assister sans cesse, et vous verrez, vous sentirez que l'indépendance qu'on nous vante n'est que *servitude* et *fatalité*, et que le règne de l'autorité que nous annonçons est celui de la LIBERTÉ, de la PROVIDENCE.

DE LA

RELIGION SAINT-SIMONIENNE.

Cinq Discours

AUX ÉLÈVES DE L'ÉCOLE POLYTECHNIQUE.

DE LA
RELIGION SAINT-SIMONIENNE.

> L'Europe touche à une révolution mémorable, dont celle que nous avons vue n'était que le terrible et indispensable préliminaire..... (DEMAISTRE, *Du Pape.*)
>
> L'âge d'or est devant nous.... (*Opinions.*)
>
> Que la société soit organisée pour l'amélioration la plus rapide sous le rapport moral, intellectuel et physique du sort de la classe la plus nombreuse et la plus pauvre.
> (ST-SIMON, *Nouveau Christianisme.*)

AUX ÉLÈVES DE L'ÉCOLE POLYTECHNIQUE.

PREMIER DISCOURS.

LA RELIGION.

MESSIEURS,

Nous connaissons l'avenir de l'humanité, nous le dévoilerons à vos yeux; nous savons ce que doivent faire aujour-

---

(1) On trouvera dans ce discours des formes de langage qui tiennent aux

d'hui tous ceux qui brûlent du désir d'être utiles à leurs semblables; nous vous l'apprendrons. Ce jour est un des plus beaux que nous ayons jamais désirés; car nous sentons grandir sans cesse notre amour pour les hommes qui nous ont initiés à ces hauts enseignemens, et nous savons qu'en vous les communiquant nous acquérons des droits au vôtre.

Messieurs, nous avons reçu la mission d'annoncer au monde une religion nouvelle. Par cette religion, l'humanité fera un progrès plus grand que par la prédication même de l'Evangile. Cette religion vient donner à la morale des bases nouvelles; son dogme fournira aux sciences de nouveaux axiomes; son culte offrira à la force de l'homme un nouveau but d'activité.

Ces paroles peuvent vous sembler étranges; mais, vous le savez, ceux qui les prononcent ont parcouru toute la carrière d'études dans laquelle vous êtes engagés. Comme vous, Messieurs, nous avons su le calcul différentiel et intégral; nous avons appris la mécanique et l'astronomie, la physique et la chimie. Par-dessus vous, nous avons étudié la géologie, la minéralogie, la docimasie, la métallurgie! D'ailleurs, nous avions senti dès long-temps tout le vide et les contradictions des religions anciennes, et désormais nous ne pouvions croire au Dieu invisible des chrétiens et à son enfer, non plus qu'au Jehovah des Juifs, ou bien au Jupiter tonnant des Grecs et des Romains. Aussi, Messieurs,

---

sentimens particuliers qui unissent les anciens élèves de l'École Polytechnique. Ces formes disparaîtront dans la suite de l'exposition; car en présence de la religion universelle à laquelle nous nous sommes consacrés, la religion de l'École Polytechnique, quelqu'attachement que nous lui conservions à tout jamais, est devenue pour nous d'un ordre tout-à-fait secondaire.

quand, après tout cela, *vos anciens* viennent professer Dieu devant vous; quand ils viennent vous parler de culte, de dogme, de religion, vous devez croire qu'ils ont de grandes choses, des choses *nouvelles* à vous raconter.

Tous ces mots éveillent en vous de vives répugnances; nous le savons. Eh bien! nous commencerons par balayer les préjugés qui encombrent vos esprits, et qui, fermant vos cœurs à nos paroles, vous empêcheraient de comprendre toute l'importance des idées religieuses. Et d'abord, nous vous apprendrons la cause de votre aversion ou bien de votre indifférence pour cet ordre d'idées.

On ne peut établir un ordre social permanent qu'à l'aide d'une conception générale qui embrasse dans ses déductions tous les faits de l'univers, qui révèle à la société une origine et une destination, qui enseigne à chaque individu ses véritables besoins, ses intérêts, ses devoirs. C'est à ce prix que les grandes sociétés ont été fondées. Sans parler ici des Romains, des Juifs, des Mahométans, nous savons que si l'Eglise chrétienne a civilisé le monde, c'est que, par son dogme, elle satisfaisait à ces conditions plus complétement que toutes les religions du passé. Mais nous savons aussi que ce dogme n'étant pas de nature à s'assimiler tous les progrès de l'esprit humain, ces progrès sont devenus, par rapport à lui, des élémens de destruction. De nouveaux faits se sont présentés, contraires à ses théories; une destination qu'il n'avait pas prévue s'est successivement révélée à la société; les individus ont senti des intérêts, des besoins, des devoirs différens de ceux qu'il avait proclamés ou sanctifiés. De ce moment sa chute était nécessaire, inévitable; de ce moment la société européenne fut partagée en deux camps ennemis. D'un côté les hommes qui, pleins de douleur à la vue de tous les vices d'une organisation vieillie, se sont voués à sa destruction ; de l'autre ceux qui, reculant d'effroi à la vue d'un désordre dont ils ne prévoyaient pas l'issue, se sont attachés fermement à défendre des institutions désormais impuissantes. Ne comptons pas ceux qui, dans les anciens abus ou dans l'anarchie nouvelle, ne trouvaient qu'un moyen de bien-être et de satisfaction personnelle : la force véritable de l'attaque ou de la défense n'était pas en eux. Cette lutte immense, où la société s'agite péniblement depuis trois siècles, présente un fait général, caractéristique, sur lequel l'école de Saint-Simon a dès long-temps appelé l'attention; c'est du côté des réformateurs, l'absence de toute idée organique qui les mît en puissance de remplacer ce qu'ils venaient détruire. La suite de nos entretiens mettra ce fait dans tout son jour : pour le moment nous nous contenterons d'en déduire quelques conséquences.

Premièrement, l'œuvre des démolisseurs a dû rester incomplète. St-Simon l'a dit quelque part, l'humanité a besoin d'abri; elle ne quittera définitivement sa vieille masure que du jour où elle trouvera un asile meilleur dans une maison nouvelle. La critique avait aussi battu en brèche tous les édifices religieux du passé. Jésus-Christ seul a pu renverser le Temple, parce que lui seul pouvait le rebâtir.

En second lieu, et c'est principalement sur quoi nous vous prions d'arrêter vos réflexions, comme jusqu'à St-Simon aucune solution nouvelle des grands problèmes que l'humanité s'est toujours proposés n'a été produite, comme jusqu'à lui toutes les idées générales ont été *renversées* et non pas *remplacées*, les mots consacrés à exprimer cet ordre d'idées ont conservé leur ancienne acception. D'où il résulte, pour ceux qui viennent changer cette acception, une première difficulté, celle de se faire comprendre. Création de l'univers, dogme des peines et des récompenses, nécessité de l'expiation et de la prière, voilà pour beaucoup de personnes le cortége obligé de toute conception religieuse. Et comme la plupart de ceux à qui nous nous adressons éprouvent, pour toutes ces croyances du passé, de vives répugnances, nous trouvons dans les cœurs que nous appelons à nous des résistances qui s'évanouiraient si nous étions mieux connus.

Disons-le donc une fois pour toutes : par la doctrine de St-Simon, nous avons compris tout ce qu'il y avait eu de grand, de sublime, dans des institutions que notre éducation nous avait fait méconnaître. Remplis d'une admiration sainte, nous avons senti toute la valeur des mythes chrétiens; nous avons compris que par eux seulement la divine morale du Christ avait pu se réaliser.

Mais, Messieurs, notre admiration était sans regrets. Ce passé, que nous contemplions avec respect, avec reconnaissance, était bien mort, mort à jamais. L'éclat qui nous éblouissait n'était pas le sien; la lumière qui l'éclairait à nos yeux, c'était celle de l'avenir. Ainsi nous n'acceptons pas pour nous la juste condamnation que le xviiie siècle a portée contre le christianisme; car nous ne sommes pas *chrétiens*, nous sommes SAINT-SIMONIENS.

Et maintenant que nous vous en avons assez dit pour que vous sentiez l'injustice qu'il y aurait à nous repousser sans nous avoir entendus, nous vous montrerons d'une manière générale quelle est la nature, quelle a été la marche des idées religieuses.

Le fait primitif, essentiel de toute religion, c'est la production d'une conception qui établisse un *lien* entre l'homme et ce qui l'entoure. *Unir* l'homme à ce qui n'est pas lui, c'est là l'objet de toute religion, comme l'indique l'étymologie même du mot. Tout progrès véritable de la civilisation n'a jamais été que le progrès, l'extension de cette union, de ce lien. Ainsi, par la foi *religieuse*, l'homme a été *lié* d'abord à la famille, puis à la cité ou à la nation, puis à toutes les nations qui professaient une même croyance.

Comment les conceptions religieuses ont-elles obtenu ces résultats généraux ? C'est à la condition de faire sentir *la vie* dans les phénomènes qui sont hors de la dépendance immédiate de l'homme. La vie, c'est le sentiment, le désir, la volonté; et cette vie, cette volonté, qui règlent les faits du monde, c'est ce que l'homme a de tout temps appelé Dieu.

Et parce que l'homme ne pouvait comprendre la vie *en dehors de lui* que comme il la sentait *en lui-même*, la science de Dieu a été progressive comme celle de l'homme. Dieu est toujours supérieur, mais toujours *semblable* à l'homme.

Tant que l'homme n'a su faire aucune distinction entre les phénomènes qui manifestent la vie, il n'a pu concevoir Dieu que sous une forme matérielle déterminée. On peut faire à cet égard beaucoup de rapprochemens entre le fétichisme, le polythéisme et le judaïsme lui-même; mais quand la philosophie grecque eut reconnu dans l'homme deux ordres de phénomènes, et qu'elle les eut rapportés à deux principes distincts, l'ame et le corps, la religion nouvelle dut nécessairement réaliser cette conception dans l'univers. Aussi Dieu fut l'ame du monde, l'esprit invisible, impalpable, qui réagissait sur la matière universelle, comme l'ame, l'esprit de l'homme, réagissait sur son corps.

Si donc l'idée Dieu est l'expression d'un fait mystérieux, *la vie de l'univers*, cette idée correspond toujours à un fait également mystérieux, *la vie de l'homme*. On n'a pu critiquer la conception chrétienne sur Dieu qu'en critiquant la conception chrétienne sur l'homme. C'est parce que, nous Saint-Simoniens, nous avons sur le fait de la vie humaine une conception nouvelle, supérieure à toutes celles du passé, c'est pour cela que notre croyance en Dieu est nouvelle, supérieure à celle de toutes les anciennes religions.

Remarquons maintenant que le dogme et le culte, c'est-à-dire la théorie et la pratique de la religion, n'ont jamais pu se constituer qu'à la condition d'être en harmonie avec l'état de développement de l'esprit humain. Telle croyance est absurde aujourd'hui; soyez sûrs qu'elle ne l'était pas à l'origine, autrement son établissement serait inexplicable. Il y a plus; les dogmes religieux, lorsqu'ils ont été formulés, représentaient nécessairement la synthèse la plus complète, la plus élevée des connaissances humaines; cela résulte de la nature même des conceptions religieuses, dont l'objet général est d'établir un lien entre tous les phénomènes. Aussi tous les livres religieux du passé commencent par une cosmogonie. Nous savons bien que les hommes dans les lumières de qui on a le plus de confiance aujourd'hui, que les savans sont généralement portés à regarder toutes les questions de l'ordre religieux comme insolubles, et par cela même indifférentes. Tous les motifs qu'ils apportent à l'appui de leur opinion peuvent se ramener à celui-ci : que les solutions du passé sont insuffisantes et démenties par les faits. Mais quoi! n'y a-t-il pas eu aussi de faux systèmes en astronomie, en physique, en chimie? Le jour où d'éclatans démentis ont été donnés à des théories imparfaites, eût-il été raisonnable de proclamer la théorie, c'est-à-dire la science, à jamais impossible, INDIFFÉRENTE? Loin de là, on n'a vu dans ce fait que l'indication d'un travail à entreprendre pour trouver la conception qui devait établir un lien nouveau entre les phénomènes nouveaux. Ce travail, qu'on a accompli avec succès pour les sciences isolées, St-Simon est venu l'exécuter pour la science générale.

Par ses travaux, St-Simon a élevé l'histoire au rang des sciences véritables; par sa doctrine tous les faits sont classés, enchaînés, expliqués. L'humanité, dans son développement, est soumise à des lois simples, constantes, dont la vérification est facile; car le présent tout entier nous apparaît comme un monument immense, un témoignage fidèle du passé, tel que nous le comprenons, un signe certain, une véritable prophétie de l'avenir, tel qu'on nous l'a enseigné.

Vous connaîtrez ces lois, vous saurez cet avenir; mais, pour ne pas sortir aujourd'hui du sujet que nous avons voulu traiter, nous vous rappellerons quelle invincible force les hommes religieux ont toujours puisée dans leur foi à un plan providentiel. Quel obstacle est insurmontable, quand on a pour soi la volonté d'un être supérieur. Voyez Rome! ce n'est qu'un repaire de brigands, mais ses dieux lui ont promis la conquête du monde; aucun revers ne pourra l'abattre, aucun désastre ne la fera douter de sa mission. Elle monte sans que rien puisse l'arrêter; elle monte au plus haut degré de puissance qu'il soit donné de concevoir, là où la force est la seule base et la raison de la puissance.

Moïse parle à un peuple misérable, sans abri, sans vêtemens, sans pain. Eh bien! en présence de cet état abject, il vient révéler à l'homme toute sa force et sa dignité : la nature est son empire; les animaux tremblent devant lui; tout ce qui nage dans l'eau, tout ce qui vole dans les airs, tout ce qui marche sur le sol, tout cela, tout est à l'homme ; il est le maître, il est le roi de la terre.

Plus tard les Juifs, attachés au sens étroit des textes, repoussent toute alliance avec les gentils ; les civilisations les plus perfectionnées sont encore basées sur l'esclavage ; les hommes les plus savans ont proclamé la servitude un fait nécessaire, équitable, naturel ; la guerre enfin, la guerre est le seul moyen de puissance et de gloire, la conquête le seul but que rêvent les héros. — Jésus prend la parole : il vient unir les juifs aux gentils ; il annonce la fraternité, la paix universelle ; il se sent *fils de Dieu*, il annonce cette bonne nouvelle à *ses frères* ; et plein de foi en lui-même, il scelle de son sang toutes ces vérités.

Messieurs, Moïse avait compris la puissance humaine ; Jésus connaissait vraiment l'avenir. Toutes les promesses qu'on a faites au nom de Dieu ont été remplies, toutes celles, au moins, qui appelaient l'humanité à un état meilleur, toutes celles qui lui annonçaient un progrès vers l'état définitif révélé par St-Simon : l'association, la famille universelle, où tous se sentiront unis par l'affection la plus tendre, *où chacun sera rétribué selon ses œuvres*.

Dans ces derniers mots, Messieurs, nous avons indiqué tout l'avenir de l'humanité, tout le but de nos travaux. Cette rétribution suivant les œuvres, que Jésus-Christ plaçait dans le ciel, nous la venons réaliser sur la terre. Tombe donc l'héritage, ce privilège de la naissance qui fait encore des riches et des pauvres, des savans et des ignorans, des bons et des méchans. Dans l'avenir il y aura encore des hommes plus forts, des hommes plus savans, des hommes plus aimans. Mais au moins, dans cette distinction, rien ne sera donné au hasard ; il n'y aura d'inégalité que l'inégalité voulue par Dieu, et toute l'organisation sociale aura pour unique objet, pour principe fondamental, l'amélioration la plus rapide, sous le rapport moral, intellectuel et physique, du sort de la classe pauvre. En présence des grands exemples que nous avons mis sous vos yeux, nous espérons que vous ne vous arrêterez pas aux objections de *difficulté*, d'*utopie*. La tâche que nous avons entreprise, à laquelle nous désirons vous associer, est difficile.... Ah! tant mieux! Glorifions-nous! L'homme adore le difficile. — Enfin, au point de vue providentiel, il n'y a plus d'utopie; tout ce qui est bien se réalise; il suffit de vouloir, et NOUS VOULONS.

Messieurs, puisque nous nous proposions de vous faire connaître l'importance du sentiment religieux, peut-être suffisait-il de rappeler un exemple qui sera toujours puissant sur vous. Quand tous les liens de la société se relâchaient, lorsque dans le monde la sphère des affections s'était rétrécie jusqu'à ne plus comprendre que celles de la famille, l'École Polytechnique s'est montrée profondément religieuse. Elle était religieuse, puisque tous les élèves se sentaient *liés*, unis; puisque tous étaient frères. Elle était religieuse, puisqu'au-dessus de cette fraternité sainte elle acceptait avec joie la hiérarchie paternelle des hommes qui lui avaient consacré leurs soins et leurs veilles, puisque surtout elle applaudissait toujours à l'élévation des hommes dans son sein ou au dehors, lorsque cette élévation n'était due qu'au mérite. Cette hiérarchie, dont on vous a transmis au moins le touchant souvenir, cette fraternité qui vit encore parmi vous, enfin cette élévation selon le mérite personnel, nous vous appelons, Messieurs, à les réaliser dans la société humaine tout entière.

Messieurs! mes frères, puisque nous avons une mère commune! quel que soit le nombre de ceux qui m'entourent, jamais, depuis que l'École Polytechnique existe, jamais un but plus beau, un objet plus magnifique n'a réuni ses enfans. Ce jour est le plus grand de ses jours ; je le dis avec joie, je le dis avec conviction, je le dis en pensant à tous ceux qui vous ont laissé de glorieux souvenirs; je le dis en pensant à Vincennes, en pensant au tombeau de Monge, de Monge qui fut notre père, qui fut aussi l'ami de St-Simon.

Mes frères! nous sommes vos anciens; écoutez!! nous ne vous parlerons plus au nom de la fraternité qui nous unit; nous avons besoin d'en appeler à des sentimens plus larges, plus généreux. Fils privilégiés de l'humanité! pourquoi tant de science à vous, pourquoi un avenir assuré, tandis qu'un si grand nombre de vos frères demeurent abrutis par l'ignorance, rongés de vices, dévorés de misère? Ah! c'est que vous avez une noble mission à remplir; c'est que vous aussi vous viendrez vous rallier aux chefs de la doctrine, aux hommes qui ont dévoué leur vie entière à l'organisation définitive de la famille universelle.

SECOND DISCOURS.

DIEU.

Messieurs,

Nous vous avons dit qu'à toutes les époques où l'humanité s'était compris une destination, s'était proposé d'atteindre un but déterminé, son organisation avait été religieuse. Ainsi dans les nations anciennes, les distinctions de castes, celles de patriciens et de plébéiens, les relations de maître à esclave, enfin toutes les institutions politiques, toutes les fonctions sociales apparaissent comme la réalisation d'un dogme, la *pratique* d'une *théorie* religieuse.

Le temps que vous pouvez nous consacrer ne permet pas que nous apportions ici le détail des faits qui serait nécessaire pour justifier complètement cette vue. Nous nous bornerons à vous faire envisager les bases du dogme chrétien sous le rapport de leur application sociale. Nous voulons vous faire voir que ces croyances, aujourd'hui si méconnues, ont eu dans le passé la plus grande influence sur le progrès de la civilisation, et que la société européenne leur doit presque toute sa supériorité sur les autres sociétés qui apparaissent à la surface du globe. Cette sorte de réhabilitation du christianisme n'aura rien sans doute qui, de notre part, puisse vous répugner; vous savez que nous ne voulons pas retourner au passé, que tous nos travaux sont dirigés vers l'avenir. Et d'ailleurs, héritiers que vous êtes d'une génération qui a su mettre à bas tout ce que la puissance d'un clergé rétrograde conservait d'oppressif, vous avez sans doute assez de foi dans la victoire pour ne pas craindre qu'en remuant la dépouille du vaincu, nous puissions le rappeler à la vie.

Cet examen aura plusieurs résultats auxquels nous attachons une grande importance. En effet, quand vous aurez reconnu que la théologie chrétienne, cette doctrine vide de sens aujourd'hui, cette science morte qu'on n'enseigne plus qu'à des hommes qui sont morts pour leurs semblables, eut puissance autrefois de changer la face du monde, vous comprendrez que si nous venons faire de la *théologie* devant vous, c'est qu'apparemment cette théologie se résoudra dans une *politique*, c'est que toutes les questions de cet ordre ont pour nous une grande valeur pratique; et si nous ne pouvons pas en une même séance établir les conceptions générales de la doctrine, et en déduire en même temps toutes les conséquences relatives à l'organisation de la famille humaine, vous ne douterez pas néanmoins que ce ne soit là notre objet principal.

Enfin quand vous aurez bien saisi ce qu'il y avait de grand et d'utile dans les institutions du christianisme, et aussi ce qu'elles eurent d'imparfait et de défectueux par rapport à l'avenir, vous serez plus à même d'apprécier les conditions qu'une religion nouvelle doit remplir, vous connaîtrez mieux les besoins généraux qu'elle doit satisfaire.

En annonçant un Dieu pur esprit, en plaçant en dehors de lui la matière universelle, l'église montrait l'homme, dans la condition actuelle de son existence, comme empêché par des liens qui le tenaient éloigné du type de toute perfection. De plus, elle conservait dans son dogme un débris manifeste de la philosophie orientale qui avait présenté le monde comme le théâtre d'une lutte continuelle entre deux principes opposés, celui du bien et celui du mal. Si la théologie chrétienne avait complétement subordonné le principe du mal, au moins lui laissait-elle encore une grande liberté d'action ; et ce qui doit surtout frapper vos esprits, c'est qu'elle lui avait spécialement attribué la matière pour domaine. « La chair, dit saint Augustin, c'est le péché. » Et dans l'Évangile même, écoutez le tentateur montrant tous les royaumes du monde et les richesses de la terre. « Je vous donnerai, dit-il, je vous donnerai toute cette « puissance et la gloire de ces royaumes ; car ELLE M'A ÉTÉ « DONNÉE, et je la donne à qui il me plaît. » (Luc, IV, 6.)

A ces deux idées principales, l'existence d'un Dieu pur esprit, et l'existence d'un mauvais principe se manifestant surtout par les appétits de la matière, ajoutez le dogme antique de la chute, qui tendait à faire concevoir la souffrance sur cette terre comme nécessaire, irrémédiable, et vous serez placés au point de vue convenable pour bien comprendre la direction de tous les travaux de l'Église chrétienne.

Dieu étant un pur esprit, tout perfectionnement dans l'ordre matériel était jugé inférieur.

Le principe du mal ayant la matière pour domaine, l'accroissement des jouissances matérielles n'était pas seulement subordonné, il était réprouvé.

Pour l'homme, enfin, la douleur étant le juste châtiment d'une faute antérieure, il acceptait le mal et s'y soumettait avec résignation, avec joie peut-être, au lieu d'y voir constamment l'indication d'un progrès à faire, pour arriver par son propre mérite à un état meilleur.

L'Eglise perfectionna les sentimens, développa les sympathies, car son Dieu était un Dieu aimant : elle eut des *prêtres*.

L'Eglise se proposa aussi de cultiver la science, mais exclusivement sous le rapport des phénomènes de l'esprit : elle eut des *théologiens* qui étudièrent l'homme dans ses facultés *intellectuelles* et dans ses relations comme être *spirituel* avec Dieu, avec ses semblables.

Dans ces deux ordres de travaux, l'Eglise a rendu au monde d'immenses services; mais quant au perfectionnement du bien-être *matériel* de l'humanité, elle ne s'en est jamais occupée, au moins d'une manière *directe* et *suivie*. Ainsi, par exemple, elle n'a jamais organisé un corps spécial ayant pour fonction de provoquer ou d'accomplir le progrès dans cette direction. Une telle institution eût été trop contraire à tout l'ensemble de sa foi; et l'impuissance des tentatives que la société des jésuites a faites à cet égard confirme bien toutes nos observations.

Eh bien ! Messieurs, ces conceptions qui vous répugnent aujourd'hui, cette organisation vicieuse et incomplète, tout cela fut dans l'origine la condition même du progrès. Pour vous en convaincre, il suffira que vous remontiez un instant à l'époque où le christianisme a paru.

Alors le monde était soumis à la force la plus brutale. La corruption dévorait l'empire, ce grand corps toujours organisé pour la conquête, bien que la conquête fût accomplie. En l'absence de toute destination sociale, de tout principe d'action unitaire, les individus abandonnés à des passions purement égoïstes ne cherchaient plus qu'à s'élever à tout prix à la fortune et à la domination, sacrifiant, pour parvenir à ce but, tous les intérêts de leurs semblables, et jusqu'à l'honneur de leurs proches.

Jésus voulut faire disparaître l'antagonisme qui caractérisait les relations sociales ; il donna mission à ses apôtres de proclamer la fraternité entre tous les hommes, d'établir la concorde, d'installer la paix universelle. Pour accomplir une si noble tâche, l'Eglise dut, avant tout, éloigner les hommes d'une civilisation devenue impie et barbare depuis que des vues d'un meilleur avenir avaient été apportées au monde. En présence d'une activité matérielle qui, dans toutes les circonstances, se résolvait dans l'oppression, l'exploitation du pauvre et du faible par le riche et le puissant, elle dut condamner toute activité matérielle (1).

Dès lors vous pouvez comprendre l'importance des dog-

---

(1) Si l'Église a quelquefois prescrit le travail matériel, ce fut toujours en lui imprimant le caractère infime de l'expiation. (Voir les résumés de l'exposition de la doctrine, seconde année.)

mes que nous avons rappelés, et les prescriptions qui en furent la conséquence doivent être justifiées à vos yeux. Vous ne reprocherez plus au christianisme d'avoir prononcé anathème contre les plaisirs qu'il appelait temporels, d'avoir prêché l'abnégation des richesses et de toutes les jouissances de la vie; d'avoir enfin réprouvé implicitement tout perfectionnement matériel. Vous savez qu'à ces conditions seulement il a pu sauver le monde.

Mais, Messieurs, après avoir ainsi rendu justice au christianisme, n'oublions pas qu'un jour est venu où le progrès même de la morale évangélique ayant complétement subordonné l'autorité destructive de la guerre, une activité matérielle toute pacifique se développa, dont le caractère n'était plus la destruction, mais la production ; qui ne voulait plus asservir l'homme, mais soumettre la nature; qui ne venait pas conquérir des nations, mais exploiter le globe. — J'ai nommé l'industrie. — L'Eglise chrétienne n'avait pas prévu, ne pouvait pas comprendre ce nouvel élément de civilisation; aussi fut-elle impuissante à favoriser son développement. — Bien plus, elle eut la prétention d'arrêter l'essor de l'humanité, d'opposer un obstacle direct à ses progrès dans cette direction. Ainsi, comme les premières investigations de l'esprit humain dans les phénomènes de l'ordre matériel durent sortir du sein de son clergé, puisque son clergé renfermait les seuls hommes instruits, on la voit, dès le XIIIe siècle, s'armant de rigueur contre ses propres membres, persécuter dans un moine, dans Roger-Bacon, les premiers commencemens de la science moderne.

Nous ne rappellerons pas tout ce qui s'est passé dans la suite, depuis le martyre de Galilée jusqu'aux disputes mesquines de Buffon avec la Sorbonne. Nous ne descendrons pas à des récriminations devenues inutiles. Le rôle de la critique nous paraît complétement épuisé. Contentons-nous de constater que tous les grands progrès accomplis depuis plusieurs siècles, la conquête du Nouveau-Monde, la découverte de l'imprimerie, l'extension du commerce, ce puissant moyen de civilisation, tout le perfectionnement enfin des sciences et de l'industrie, tout cela nous le devons à des hommes qui n'avaient reçu de l'Église romaine ni mission ni encouragement.

Si vous embrassez d'un regard ces deux faits généraux : d'une part, l'Église romaine placée pendant tant de siècles à la tête de l'humanité, l'entraînant avec puissance dans les voies de l'avenir; et d'autre part, cette même église changeant de rôle, et devenue depuis plus de 300 ans, un empêchement direct au progrès de la civilisation; si vous voyez la raison profonde de ces deux faits dans la nature même du dogme chrétien, vous comprendrez toute l'importance que les idées théologiques ont eues dans le passé, et de plus vous reconnaîtrez que si l'Église de Jésus est tombée, que si elle doit complétement disparaître, c'est qu'elle n'avait pas sanctifié, organisé tous les modes de l'activité humaine; et cette considération sera pour vous une importante indication de l'avenir.

Ces derniers mots, Messieurs, nous ramènent au sujet qui doit principalement nous occuper. Dès le commencement, nous vous avons annoncé l'enseignement d'une religion nouvelle; et pourtant, comme l'apôtre qui le premier prit la parole devant les Athéniens, nous en sommes encore à l'autel d'un Dieu inconnu! Il est temps, il est temps de vous révéler les secrets de l'avenir; il faut vous élever à la connaissance du vrai Dieu.

L'univers, l'immensité des mondes qui remplissent l'espace, et dans ces mondes, tout ce qui aime, pense et agit, cette terre et sur elle toute la famille humaine, et vous qui m'écoutez, et moi qui vous parle, tout cela, TOUT n'est qu'un seul être, un être infini, immuable, éternel, simple, unique, indivisible, VIVANT! vivant d'une vie qui lui est propre; et c'est lui que nous appelons DIEU.

Tous ce que nous pouvons aimer, tout ce que nous pouvons connaître, tout ce sur quoi nous pouvons exercer notre puissance, tout cela n'est et ne peut être qu'une manifestation de la vie universelle, de Dieu. Un seul! un seul être! au sein duquel nous vivons tous, dont nous sommes les membres, voilà l'idée sublime que l'école de Saint-Simon apporte au monde; c'est la révélation pleine d'amour qui doit établir entre tous les hommes, entre nous! un lien plus puissant que tous ceux du passé. — C'est là aussi l'idée mère de toute science. — C'est là encore que nous trouverons la source et le but de toute activité!

Le fait que je viens d'énoncer a un caractère de généralité trop absolue pour qu'il puisse être question de le déduire d'aucun principe. Ainsi que tout axiome, on ne peut le justifier que par ses conséquences.

Si l'univers est vivant, nous devons trouver que tout y concourt harmonieusement à un même but; que toute force et toute intelligence y sont combinées pour atteindre une même fin. Pour nous, en effet, tel est, par rapport aux êtres finis, le véritable signe de la vie, celui qui détermine notre croyance, le seul d'ailleurs qui soit à notre disposition; car enfin nous ne pouvons pas sortir de nous-mêmes pour partager la vie de ceux qui nous entourent, et pour expérimenter s'ils sentent de la même façon que nous.

L'univers est vivant ; c'est-à-dire qu'il y a en lui *sagesse* et *beauté*, manifestant l'AMOUR.

Sans doute vous êtes frappés de l'intelligence, de l'harmonie qui règne dans tous les phénomènes. Vous qui chaque jour pénétrez plus avant dans la connaissance des lois qui président à l'ensemble, qui chaque jour êtes plus à même d'y sentir l'unité de plan et de conception, vous ne niez pas la *sagesse* dans l'infini.

Et vous n'y méconnaissez pas non plus la force et la majesté; vous n'êtes pas insensibles à la grandeur, à la magnificence du spectacle étalé sous vos yeux; vous ne niez pas la *beauté* dans l'infini.

Seulement, tant que les destinées de l'humanité seront ignorées de vous, il faut bien en convenir, vous pourrez méconnaître l'AMOUR, vous pourrez nier la VIE, vous pourrez nier DIEU; mais quand vous verrez la famille humaine marchant toujours vers un état toujours meilleur; lorsque vous aurez bien compris que tout l'ordre qui règne *autour de vous* et *en vous*, que toute cette puissance avec laquelle l'homme agit sur le monde, avec laquelle le monde réagit sur lui, que toutes les manifestations enfin de l'intelligence et de la force dans l'univers, concourent à l'accomplissement de tout ce que, dans vos rêves de gloire et d'amour pour l'humanité, vous avez jamais pu concevoir ou désirer; alors, alors vos cœurs se gonfleront d'une sainte allégresse; vous saurez que l'homme n'est point un être isolé, jeté dans le monde au hasard, sans mission, sans avenir; alors vous croirez à Dieu, car vous l'aimerez.

Ce que nous aurons donc à faire, ce sera, d'une part, de vous montrer comment tous les faits ont été ordonnés, enchaînés pour conduire l'humanité à l'état définitif qu'elle conçoit aujourd'hui. Cette justification du passé vous sera voir la famille humaine se dirigeant vers cet heureux avenir à son insu, mais toujours par le plus court chemin, ou, pour employer un langage plus exact et qui sera compris de vous, avec *la moindre action*.

Et d'autre part, nous aurons à vous exposer le tableau brillant de l'avenir, et comment la famille universelle sera organisée, pour que, toutes les capacités étant mises à leur place, étant complétement utilisées pour elles-mêmes et pour le perfectionnement général, chacun puisse faire des œuvres, et chacun soit rétribué suivant ses œuvres.

Mais, pour ne pas tomber dans une erreur grave, ne perdons pas de vue que Dieu, être infini, se manifeste à nous, êtres finis, par le fini. Dans cette manifestation, il est senti, par chacun et par tous, aussi bien *un* que *multiple*. Dieu est tout; mais nous avons tous notre existence propre. Ce n'est qu'à la condition de tenir compte à la fois de l'*unité* et de la *multiplicité* que nous pouvons concilier les intérêts généraux avec les intérêts particuliers, la morale publique avec la morale privée : c'est par là seulement que nous serons parfaitement *religieux*.

Nous l'avons déjà fait sentir : sur une conception dont la généralité est absolue, il ne peut y avoir de discussion utile que celle qui s'attache aux conséquences. Eh bien ! voyez si sous ce rapport notre conception sur la vie ne place pas le dogme Saint-Simonien bien au-dessus de tous les autres dogmes religieux, de toutes les théories philosophiques et morales.

La vie, pour nous, c'est le lien qui unit, dans l'homme, tous les aspects divers sous lesquels on peut l'envisager; dans l'humanité, c'est le lien qui unit les hommes entre eux; dans l'univers, c'est le lien qui unit l'homme et l'humanité au reste du monde.

Partout où nous reconnaissons la vie, il y a des phénomènes qui tiennent à la fois de l'intelligence et de la force. C'est par l'acte et la pensée que la vie nous est manifestée, que nous la manifestons à tout ce qui est hors de nous. Mais ce que nous sentons en nous-mêmes, ce que nous proclamons comme le fait le plus général, c'est que tout acte, comme toute pensée, est le produit d'un désir, d'une sympathie, d'un amour. Il y a des raisonnemens qui précèdent l'action; il y a des actions inspirées qui précèdent le raisonnement; mais il n'y a ni action ni raisonnement qui ne soit engendré par l'amour, en comprenant sous ce mot *amour* tout ce qui tient au désir, au sentiment, à la volonté.

Ainsi la vie, c'est l'amour. L'amour se manifeste par la pensée et l'action. Les deux ordres de phénomènes qu'on a rangés sous les dénominations générales *esprit* et *matière*, ne correspondent plus, pour nous, à deux entités, à deux substances distinctes. La dualité *esprit* et *matière* dans l'unité AMOUR ne représente qu'une subdivision que nous sommes forcés de faire pour étudier l'ÊTRE; comme dans une portion de matière on abstrait d'une part les propriétés physiques, de l'autre les propriétés chimiques, bien que les unes et les autres subsistent ensemble, qualités d'un même sujet.

Nous ne sommes donc pas *spiritualistes*, en ce sens que nous ne croyons pas *à l'esprit comme substance*, parce que nous ne connaissons rien et ne pouvons rien concevoir qui soit dénué de forme, qui ne se manifeste à la fois dans le temps et dans l'espace.

Et nous ne sommes pas *matérialistes ;* c'est-à-dire que nous ne croyons pas *à la matière comme substance*, parce que nous n'avons jamais vu, et nous ne pouvons pas concevoir une portion de matière qui ne porte en elle l'empreinte de la pensée, qui ne soit liée à un ordre de faits où nous reconnaissons l'amour; en un mot, qui ne soit vivante.

Enfin nous ne sommes point *unitaires* de la même façon que Spinosa; car après avoir reconnu, comme lui, que la pensée et l'étendue sont les attributs de la substance une et infinie, nous sentons cette substance animée, vivante, et nous l'AIMONS. Notre conception n'est donc pas, comme la sienne, purement *philosophique*; elle est éminemment RELIGIEUSE.

Et parce que nous seuls aimons vraiment Dieu dans toutes ses manifestations, notre politique est la seule politique bonne, vraie et utile.

Par nous, en effet, tout mode d'activité sera justifié, sanctifié, organisé. Lorsqu'ils seront liés par l'action des hommes qui aiment par-dessus tout la destinée sociale, dès ce moment les travaux de la science comme ceux de l'industrie, le perfectionnement dans l'ordre intellectuel comme le perfectionnement dans l'ordre matériel, auront également pour résultat de rapprocher de plus en plus l'humanité de l'être infini qui, comme l'être fini, mais dans les conditions propres de son existence, est VIE, *intelligence* et *force*, AMOUR, *sagesse* et *beauté*.

Et parce que nous seuls aimons vraiment Dieu dans toutes ses manifestations, notre morale est la seule morale bonne, vraie et utile.

Par nous, en effet, et pour la première fois, l'*intérêt* et le *devoir* se trouvent complétement conciliés, harmonisés.

Nous repoussons l'orgueil, l'avarice, l'impureté, la gourmandise, l'envie, la colère, la paresse;

Nous sommes DÉVOTS, parce que nous savons que DIEU EST EN DEHORS DE NOUS.

Et nous repoussons aussi l'humilité, l'attrition, l'abstinence, les macérations de la chair, l'abnégation de nous-mêmes, la résignation, le sacrifice;

Nous sommes PERSONNELS, parce que nous savons que DIEU EST EN NOUS;

Enfin nous sommes *sages*, *forts* et AIMANS, parce que Dieu, en nous, connaît, cultive, aime le monde extérieur; parce que Dieu, dans le monde extérieur, nous connaît, nous cultive et nous aime.

Je termine ce que j'avais à dire sur Dieu.

L'unité d'existence dans l'univers n'est point une conception qui soit de nature à blesser vos habitudes intellectuelles. L'homme, en tant qu'être fini, ne peut, il est vrai, rien connaître qu'à la condition de circonscrire le champ de ses études. Mais quelque grande que soit l'étendue qu'il embrasse dans ses investigations, il sait qu'elle est incessamment unie, par une foule de rapports, à tout ce dont elle est entourée; quelque petite qu'elle soit, il sait que, ne pouvant être séparée du reste, elle porte en elle la condition d'existence de l'infini qui l'enserre de toutes parts; de sorte qu'au point de vue de l'ensemble il est rigoureusement vrai de dire qu'il n'y a aucune existence finie, individuelle. Tout est lié, tout est uni.

C'est ce que les savans de nos jours savent très-bien; c'est ce qu'exprime cette phrase d'un illustre géomètre.
« Une intelligence qui, pour un instant donné, connaîtrait
» toutes les forces dont la nature est animée, et la situation
» respective des êtres qui la composent, si d'ailleurs elle était
» assez vaste pour soumettre ces données à l'analyse, embrasserait dans la même formule les mouvemens des plus
» grands corps de l'univers et ceux du plus léger atome;

» rien ne serait incertain pour elle, et l'avenir comme le
» passé serait présent à ses yeux (1). »

A quoi tient-il donc que les savans ignorent le lien général qui existe entre les phénomènes? Pourquoi sont-ils impuissans, par exemple, à nous faire comprendre l'existence de l'homme, ses rapports avec tout ce qui l'entoure, sa destination?

C'est que les uns étudient le monde extérieur en faisant, autant que cela est possible, abstraction de leur spontanéité propre, et sans faire attention qu'ils ne peuvent connaître ce monde extérieur que par le lien sympathique qui l'unit au monde intérieur. L'univers est pour eux un fait brut, une grande unité, mais une unité morte, mécanique. Ce sont les astronomes, les physiciens, les chimistes, les physiologistes, etc.

C'est que les autres ne savent étudier que leur *moi*, et, se fermant les yeux et les oreilles, espèrent trouver en eux-mêmes, et dans l'étude de leurs facultés individuelles, l'explication générale de l'univers, les principes de la morale, de la législation, de la politique. Ce sont les idéologues, les métaphysiciens.

Les premiers se refusent à transporter dans le monde extérieur, dans le grand monde, les faits donnés par l'observation du monde intérieur, du petit monde; et à l'inverse pour les autres. C'est pourquoi les uns ni les autres ne peuvent saisir le lien qui existe entre les deux mondes; c'est pourquoi les uns ni les autres ne possèdent la science générale *unitaire*.

---

(1) *Essai philosophique sur les Probabilités*.

Je dois enfin prévenir une objection qui se présenterait bientôt à vos esprits.

L'homme apparaît au sein de l'existence infinie, existence finie; au sein de l'unité suprême et sans bornes, unité limitée, circonscrite. Dans l'ordre fini, l'homme est la plus haute, la plus belle manifestation de Dieu, puisqu'ayant seul la conscience de la vie, de l'unité, seul il peut s'élever à la connaissance de la vie, de l'unité universelle. Mais enfin comment peuvent, dans l'unité infinie, se manifester des unités finies, ayant conscience d'une vie qui leur est propre? S'il y a dans l'univers un principe unique d'action, comment l'homme sent-il, d'une part, le monde extérieur agissant sur lui; et comment, d'autre part, sent-il une spontanéité existant en lui, et réagissant sur le monde extérieur?

Cette question, messieurs, s'est toujours offerte à l'esprit humain. C'est elle qui, dans le langage chrétien, se présente sous les termes de *Providence* et de *libre arbitre*. Il est facile de démontrer l'impossibilité de la résoudre lorsqu'on reste au point de vue purement scientifique.

Pour l'homme, être fini, sa relation avec l'infini sera toujours un fait mystérieux. D'une part, l'univers lui apparaît un, indivisible; de l'autre, il ne peut s'élever à cette conception que parce qu'il a conscience de sa propre unité. Comprendre la connexion de ces deux faits, ce serait comprendre la vie universelle même. Or comprendre la vie, c'est la sentir. Il faudrait donc que l'homme vécût de la vie universelle, qu'il fût l'infini lui-même. Ainsi, de la condition même d'être fini, résulte pour lui la nécessité d'un mystère.

Un mystère! Nous professons donc un mystère! Nous, élevés, nourris, comme vous, dans la science des faits, la *science positive!* Nous, qui avions tant promis à nos maîtres de ne rien croire qui ne fût d'abord bien expliqué, bien compris !... Mais, messieurs, croiriez-vous par hasard que l'humanité soit contrainte d'accepter ce mystère, du jour seulement où elle se conçoit une destination religieuse? Votre erreur serait grande. N'est-ce pas lui qui tourmentait les anciens philosophes dans leurs disputes sur la liberté et la fatalité? Et cette phrase même que je vous citais tout-à-l'heure; cette phrase, où un mathématicien célèbre proclame l'unité du monde, c'est le pied d'argile du colosse! Le savant conçoit la possibilité de déduire d'une loi unique, d'une formule générale, tous les détails des phénomènes particuliers. Eh! ne voyez-vous pas, au bout de tous les calculs, surgir une négation puissante, invincible? Qu'il vienne donc nous apprendre ce que la formule veut de nous ! Je vous dis qu'il y a en nous une force indomptable, et que nous ferons toujours le contraire de ce que la formule aura commandé.

Par rapport au rationalisme pur, la difficulté que nous avons signalée subsistera donc toujours. L'homme ne peut lui échapper; il en est enveloppé, enlacé de toutes parts. Il la rencontrera, quel que soit son point de départ, pour peu qu'il s'élève à des vues d'ensemble. Mais pour l'homme religieux, pour celui surtout qui a reconnu la perfectibilité indéfinie comme l'expression la plus générale du plan providentiel relativement à l'espèce humaine, ce mystère n'a plus rien de terrible, de désespérant comme pour les fatalistes, comme pour les chrétiens eux-mêmes; car il sait qu'il est *forcé*, mais forcé de faire ce qu'il AIME; c'est la seule, c'est la vraie LIBERTÉ.

TROISIÈME DISCOURS.

L'HUMANITÉ.

Messieurs,

Quelles sont, au sein de l'existence universelle, les destinées de l'humanité ? Telle est la grave question que nous devons maintenant examiner devant vous.

Si les habitudes de notre éducation ne nous avaient pas faits si difficiles à convaincre toutes les fois qu'il s'agit du bien, du bonheur général, je devrais sans doute vous transporter dès l'abord au sein de l'avenir qui nous a été révélé; et là, comme vous verriez une organisation établie pour l'avantage de tous, du pauvre comme du riche, du faible ainsi que du puissant, unissant tous les hommes dans un sentiment commun, développant toutes les capacités, satisfaisant tous les besoins, vous ne douteriez pas un instant que cet avenir dût se réaliser, et, j'ose le dire, vous sentiriez que vous avez, comme nous, le devoir de hâter son établissement.

Mais, je l'avouerai, nous avons craint, si nous suivions cette marche, d'être difficilement compris. De nos jours, en effet, telle est la disposition générale des esprits, que si une théorie sociale est présentée comme devant combler tous les désirs de l'humanité, par cela même elle est à peu près condamnée d'avance. Et cela s'explique : tant d'espérances ont été déçues, tant de promesses étaient trompeuses, qu'on ne peut pas croire à des hommes nouveaux qui apportent encore des promesses avec des espérances. Tant de fois le dévouement s'est usé à faire triompher quelque lâche égoïsme, qu'il ne veut plus, quelque avance qu'on lui fasse, sortir de l'indifférence où il s'est retranché. Nous voudrions parler aux cœurs, et tous les cœurs sont en garde! La raison, la froide raison, qui pèse et calcule, nous appelle à son tribunal, et nous demande compte de la passion qui nous anime. Eh bien! nous acceptons le terrain sur lequel on nous provoque! Nous combattrons avec les armes qu'on nous impose; mais apparemment, si nous sommes vainqueurs, on nous permettra désormais de choisir le terrain et les armes; et si la science enfin se fait caution de l'enthousiasme, on le laissera passer sans doute!

Un jour un homme est apparu qui prêchait par le monde la fraternité universelle; et pour croire à sa divine parole, ils lui demandaient des miracles. Ils ne connaissaient pas encore d'autre pouvoir que celui de la force, et personne alors, grands et petits, ne croyait à rien plus qu'à des miracles : c'est pourquoi Jésus leur en donna.

Saint-Simon vient prêcher la rétribution suivant les œuvres. Il veut que la société soit organisée pour l'amélioration la plus rapide, sous le rapport moral, intellectuel et physique, du sort de la classe la plus nombreuse et la plus pauvre ; c'est-à-dire de l'humanité tout entière ! Et pour croire à lui, pour se vouer à l'accomplissement d'une œuvre si belle, accoutumé qu'on est à ne reconnaître de pouvoir légitime que celui de l'intelligence, on veut de la science, des démonstrations, du positif : personne aujourd'hui, grands et petits, *ignorans* et *savans*, ne croit à rien plus qu'à tout cela ! Eh bien, messieurs, Saint-Simon peut en donner. Voici ce que son école vous dit par ma bouche.

L'humanité est indéfiniment perfectible.

Elle est soumise, dans son développement, à une loi simple, dont l'expression peut se réduire à ces termes :

Tendance vers l'unité de SENTIMENT, de *doctrine* et d'*activité*;

Vers l'association RELIGIEUSE, *scientifique*, *industrielle*, où il sera donné à chacun d'agir suivant sa capacité, où chaque capacité sera rétribuée suivant ses œuvres.

Cette conception est tout ensemble la base et le résumé de notre foi ; pour que vous puissiez accepter sans réserve ses conséquences relativement à l'avenir, nous devons la justifier à vos yeux par un tableau rapide du passé. Si la nature de ces réunions ne nous permet pas d'entrer dans des développemens fort étendus, nous en dirons assez néanmoins pour faire briller à vos yeux la vérité du principe, pour faire sortir de l'histoire entière une voix éclatante qui confirmera toutes les prévisions que nous aurons à vous présenter par la suite. — Nous rappellerons des faits bien connus : en les enchaînant les uns aux autres, en les généralisant, nous ferons voir qu'ils peuvent tous se ranger sous la loi que nous avons proclamée, ou bien nous partirons de cette loi, nous la poursuivrons dans le détail de ses déductions, et nous trouverons toujours le résultat de notre analyse conforme aux données historiques.

Cette double méthode est la vraie méthode scientifique ; c'est par son emploi, subordonné d'ailleurs à l'existence d'une conception générale, qu'une science prend le caractère d'exactitude et de *positivisme* qu'on paraît aujourd'hui attribuer exclusivement à l'emploi des balances ou bien des tables de logarithmes. Permettez-moi de vous présenter à ce sujet quelques exemples remarquables.

En mécanique on n'a pu long-temps présenter la science que sous une forme synthétique ; c'est en partant des faits les plus particuliers qu'on s'élevait successivement à des faits plus généraux. Lagrange a reconnu le fait le plus général de la statique ; il a senti qu'il embrassait tous les autres : il l'a pris pour axiome, et sur ce seul fondement il a élevé son édifice. Alors, je le sais, des géomètres demandèrent qu'on leur prouvât le principe : des académies proposèrent des prix pour sa démonstration : mais en raison même de la méthode adoptée par Lagrange, l'œuvre avait prouvé le principe ; le livre tout entier n'était qu'une grande et magnifique démonstration.

En astronomie vous trouverez que la science n'existe véritablement que par l'emploi simultané des deux méthodes que nous avons signalées. Les moyens d'observation, en effet, comme les ressources du calcul, ne sont point assez puissans pour qu'on puisse ou déduire rigoureusement du principe de l'attraction tous les faits connus dans leur plus mince détail, ou bien induire logiquement des faits observés la loi générale. Néanmoins, l'ensemble des phénomènes se trouve aujourd'hui tellement bien coordonné sous la conception newtonienne, que cette conception elle-même est acceptée comme un fait, aussi bien que toutes les prévisions qui s'y rattachent.

Eh bien ! messieurs, nous vous disons : par les travaux de Saint-Simon, l'histoire a été constituée science exacte et positive : je viens d'énoncer la conception qui sera pour vous le résumé général ou bien le principe de la science, la base ou le faîte de l'édifice, suivant la méthode que vous voudrez employer. Je procéderai aujourd'hui à sa démonstration par voie synthétique.

L'histoire de l'humanité commence avec le progrès, et se continue par lui.

A son point de départ, l'humanité est au niveau des autres espèces animales.

Ses affections sont des appétits : son intelligence un instinct, sa force une brutalité.

Dans ce premier état, elle ne connaît encore ni vice ni vertu, ni erreur ni vérité, ni mal-être ni bien-être, parce qu'elle n'a encore aucune connaissance du passé ni de l'avenir.

L'innocence, la sagesse, le bonheur du premier âge, c'est l'ignorance.

Le premier progrès est une première association. La première association une famille, la famille une patriarchie.

Le père commande ; il est le chef suprême, le pontife et le roi. Tous lui obéissent ;

Parce que, plus que personne, il aime le bonheur de chacun ; plus que personne il sait les moyens de l'obtenir ; plus que personne il est puissant à le réaliser.

Le fils aîné succède au père; il est, après lui, le premier dans l'ordre;

Parce qu'après le père c'est lui dont les sentimens sont les plus généraux, la tête la plus sage et le bras le plus fort.

Ainsi, dans cette première association, l'ordre est constitué. De plus elle se conçoit une destination. Elle est donc religieuse; car toute religion, c'est un ordre établi sur une promesse.

J'ai dit l'ordre : voici la destination.

Conserver quelques troupeaux et quelques pâturages, poursuivre un gibier dans les bois, mais surtout et principalement s'accroître et s'enrichir en dépouillant, en détruisant les associations voisines, les familles étrangères, tel est l'aspect saillant sous lequel nous apparaissent les premières associations, les premières familles. Nous pouvons constater ce caractère, aujourd'hui même, dans les races qui forment encore à la surface du globe des peuplades distinctes. Il nous a été transmis par toutes les traditions primitives, et nous le retrouvons encore dans la seule histoire écrite qui nous ait conservé des détails sur l'état patriarcal (1).

Il importait de bien caractériser l'organisation des pre-

---

(1) Voyez plutôt les promesses.

... Je donnerai ce pays à votre race, depuis le fleuve d'Égypte jusqu'au grand fleuve d'Euphrate, les Cinéens et les Cénézéens, les Cedmonéens, les Héthéens, les Phérézéens, les Raphaïtes, les Amorrhéens, les Cananéens, les Gégerséens et les Jébuséens. (*Genèse*, xv. 18-21.)

Je ferai croître votre race à l'infini ; je vous rendrai le chef des nations, et des rois sortiront de vous. (*Gen.* xvii. 6.)

Je vous bénirai, et je multiplierai votre race comme les étoiles du ciel et comme le sable qui est sur le rivage de la mer. Votre postérité possédera les villes de ses ennemis. (*Gen.* xxii. 17.)

mières sociétés humaines : car vous pourrez maintenant suivre facilement le progrès si vous avez seulement l'attention de superposer à tous les détails que je vous présenterai, ce fait capital, que, depuis les origines jusqu'à l'établissement du christianisme, le but avoué de toute association humaine, était la destruction, ou tout au moins l'asservissement des associations étrangères. Alors vous serez tout préparés à voir dans la prédication de l'Évangile un acheminement direct vers l'association universelle, puisque, si le dogme de l'Église était impuissant à unir tous les hommes dans un même but d'activité, il tendait au moins très-directement à effacer toute trace d'antagonisme entre les nations comme entre les individus. Mais nous devons faire voir le progrès dans les temps mêmes qui ont précédé l'ère chrétienne.

Au commencement, le résultat de la guerre était toujours la ruine complète et la destruction du vaincu. Un jour, on en vint à comprendre qu'il était plus avantageux de conserver son ennemi que de le tuer : l'esclavage fut établi. Ce fut un perfectionnement immense ; car il permit aux vainqueurs de faire exécuter des travaux d'art, qui à la vérité restaient inférieurs en présence du travail militaire, sur lequel reposa long-temps tout le salut de l'association, mais qui, augmentant sans cesse les jouissances des hommes, devaient adoucir les mœurs primitives, et faire sentir à la fin tout le prix de la paix. Cette institution donna aussi aux classes supérieures le loisir et la faculté de se livrer à des méditations purement théoriques; ainsi nous lui devons à la fois, et les premières sciences, et la première industrie. N'oublions pas d'ailleurs que, dans beaucoup de circonstances, la société soumise n'avait pas été complétement vaincue, et que, par cela même, elle put entrer en association avec les vainqueurs à des conditions moins dures que l'esclavage proprement dit. — Cette dernière vue était nécessaire pour bien comprendre la transformation des premières familles en cités ou nations.

Maintenant, messieurs, si vous vous remettez en souvenir l'histoire des nations antiques, vous verrez dans les plus anciennes une organisation puissante, mais tout-à-fait stationnaire. En Égypte, en Perse ou dans l'Inde, la division des travaux, que nous signalions tout-à-l'heure, fut établie de façon à procurer à la civilisation un développement qui fut très considérable, mais qui resta circonscrit dans des limites qu'il ne pouvait franchir. Car les distinctions primitives des races s'y perpétuant sans altération par l'immobile institution des castes, l'association conserva toujours le caractère de violence qu'elle avait eu à l'origine. A des temps plus rapprochés, d'autres nations apparaissent où vous trouverez moins d'entraves au perfectionnement individuel ; là, des classes entières ont pu, par une lutte pénible, mais féconde en grands résultats, s'élever progressivement à la participation des avantages sociaux, dont elles avaient été primitivement exclues : c'est l'organisation grecque ou romaine. Mais pour que cette organisation perde à vos yeux la supériorité absolue que les enseignemens de collége, avec la philosophie du xvIII° siècle, sont trop enclins à lui attribuer, ne perdez pas de vue que cette liberté tant vantée des anciennes républiques était toute au profit d'un petit nombre de privilégiés ; qu'Aristote professait le dogme des deux natures, *la nature libre* et *la nature esclave* ; que pour dix mille citoyens libres, Athènes comptait dans son sein quatre cent mille individus réduits en servitude; que les fils de Sparte chassaient aux Ilotes; que le vertueux Caton vendait ses vieux serviteurs avec ses vieux chevaux et ses vieilles charrues; et qu'au marché public enfin, on trouvait à acheter des grammairiens avec des philosophes.

Que si, malgré tout cela, les institutions qui furent en vigueur sur le rives de l'Illissus, de l'Eurotas ou du Tibre, demeurent préférables à celles qui fleurirent long-temps aux bords du Nil, de l'Euphrate ou de l'Indus, n'oubliez pas que les premières ne purent s'établir que parmi des nations qui déjà s'étaient assimilé tous les progrès accomplis sous l'influence des secondes. L'origine des Grecs, et les rapports intimes de leur civilisation, et de la civilisation italique, avec celle de l'Égypte, ne peuvent laisser aucun doute à cet égard.

C'est ainsi que, vous élevant aux hautes sommités où Saint-Simon s'est placé, vous saisirez toute la suite de l'enchaînement des faits. L'histoire ne sera plus pour vous une série inexplicable de prodiges, où l'humanité avance toujours, là même où il semblait qu'elle dût périr. Enfin vous pourrez rendre une justice complète à tout ce passé contre lequel une aveugle critique s'est tant de fois évertuée. La caste égyptienne par exemple, le despotisme, comme on dit, des prêtres de Memphis et de Thèbes, l'esclavage lui-même, seront saints pour vous et légitimes, puisqu'à ces élémens d'une civilisation imparfaite vous rattacherez des civilisations meilleures, plus avancées, plus voisines de la civilisation définitive. — De plus, vous ne serez pas arrêtés par cette objection qu'on a si souvent faite au dogme de la perfectibilité indéfinie, et qui consiste à rappeler que plusieurs nations avaient atteint, comme l'Égypte, un haut degré de civilisation, qui, comme elle, sont retombées après dans la barbarie. Vous comprendrez, en effet, que la nature même du progrès accompli par ces nations, exigeait en elles une organisation qui ne pouvait pas se prêter à un perfectionnement indéfini, et qui, par cela même, devait tomber quelque jour en décadence ; et qu'enfin, puisque le terme auquel ces nations sont arrivées a servi de point de départ à des organisations nouvelles, jamais un progrès important n'a été véritablement perdu pour l'ensemble. Pour celui qui n'a pas accepté la véritable loi des mouvemens planétaires, certains astres apparaissent quelquefois stationnaires ou même rétrogrades ; mais qu'il s'élève avec Galilée ou Copernic au point de vue le plus général, et tous les mouvemens se dérouleront devant lui, constamment réguliers et progressifs.

Revenons à la démonstration directe de la tendance constante à l'association universelle.

L'existence de cette loi commencera d'acquérir pour vous un haut degré d'évidence, si vous considérez un instant les destinées de deux nations célèbres, des Romains et des Juifs.

Parmi tous les peuples de l'antiquité, ces peuples étaient les moins éloignés de la connaissance des véritables destinées de l'humanité. Ils avaient eu dès le commencement conscience de l'unité, en des termes fort imparfaits sans doute, et même très-différens pour l'un et l'autre, mais enfin à un haut degré pour tous les deux, relativement à leur époque. Voyez quelles furent les conséquences.

Rome a compris que toutes les nations doivent se fondre en une seule nation, que toute la race humaine doit ne former qu'un vaste corps, dont elle sera la tête puissante. Toute faible et misérable qu'elle est à l'origine, elle s'organise directement pour accomplir cette œuvre immense. Du haut du Capitole elle jette au monde un défi superbe ; et, malgré qu'il en ait, le monde, après une lutte opiniâtre, succombe et subit le joug qu'elle lui avait préparé. Qui douterait alors de sa force ? qui ne serait ébloui de sa gloire ? — Elle a résumé en elle tous les progrès du passé; elle s'est complaisamment parée des dépouilles de l'univers vaincu; elle s'est promis d'éternelles destinées !... Eh bien ! voici venir, des portes de l'orient, une puissance nouvelle qui va la détrôner. — Que César descende au second rang; voici des hommes qui lui ont fait sa part dans l'empire du monde. Ils apportent avec eux les traditions, les livres d'un d'un peuple ignoré, méprisé ! Et pourtant ces traditions, ces livres, vont s'emparer de tous les cœurs, soumettre les plus hautes intelligences, et leur faire oublier tout ce que les siècles d'Auguste et de Périclès ont produit de plus brillant; leurs doctrines, enfin, vont donner à la société une vie nouvelle, et la sauveront de l'horrible tempête qui commence à gronder vers le nord.

Quelle était donc la secrète force de ces traditions, de ces livres, de ces doctrines ?... Qu'au xviiie siècle on ait fait rire nos pères des institutions qui convenaient il y a trois mille ans au peuple juif, je le veux bien, et je conviendrai même qu'on nous a rendu par là un immense service. Mais enfin il reste à expliquer comment de cette civilisation si arriérée put sortir celle qui devait triompher de la civilisation de Rome et d'Athènes.

Pour vous, messieurs, cette difficulté sans doute n'en est déjà plus une. Vous comprenez que dans la route où l'humanité marche, le peuple juif était vraiment beaucoup plus avancé que tous les autres peuples qui l'entouraient.

Du dieu de la famille, son législateur l'avait transporté tout d'un coup à la connaissance d'un Dieu suprême, unique régulateur du monde entier. Pour les sectateurs de la loi de Moïse, tous les peuples seront un jour confondus en un seul ; mais c'est qu'ils seront unis dans un même sentiment de crainte et de respect pour un maître commun. Ainsi ce dogme de l'unité, auquel la philosophie grecque aboutit à grand'peine après d'immenses travaux, c'est le point de départ de la religion juive. Ce qui dans la bouche de Socrate n'est, après tout, que la critique d'une organisation vieillie, la négation d'une croyance désormais impuissante, c'est pour Moïse le principe même d'une organisation complète, le fondement d'une croyance nouvelle.

Tel fut l'admirable enchaînement des faits. Rome, par ses conquêtes, imposant à tous les peuples un langage commun, les avait préparés à recevoir un enseignement commun : les Grecs avaient montré, par leurs travaux, l'insuffisance des dogmes du polythéisme et démoli pièce à pièce tout l'Olympe homérique. Alors la conception de Moïse est élaborée, transformée par Jésus ; le fils de Marie dégage le Dieu des juifs du caractère de nationalité dont il est encore revêtu ; le maître de l'univers appelle à lui tous les hommes, sans distinguer les gentils des enfans d'Abraham, et ce dogme *unitaire* se résout aussitôt en pratique, triomphant des obstacles que des hommes rétrogrades s'efforcent de lui susciter.

Avant d'indiquer tout ce que la réalisation sociale de l'unité chrétienne procura de bienfaits à l'humanité, je vous ferai voir le progrès dans un événement que nous étions habitués à n'envisager que comme une rétrogradation manifeste : je veux parler de l'invasion des barbares.

Toutes les fois que nous qualifions un fait, c'est en le rapportant à une conception générale. Sans l'existence préalable d'une pareille conception, aucun fait n'aurait pour nous de signification. Cette observation, qui s'applique à l'étude de toutes les sciences, est vraie, surtout de nos jugemens historiques. Comme l'école de Saint-Simon a une conception toute nouvelle sur le développement de l'humanité, ses opinions doivent différer de celles qu'on a professées jusqu'ici, et se présenter souvent avec un caractère éminemment paradoxal. Tant que la supériorité de l'organisation théologique et féodale du moyen âge sur toutes les organisations antiques sera méconnue, on devra déplorer la destruction violente de l'empire des Césars. Mais du moment où l'on admettra que la société romaine, toute basée sur la force, était vraiment inférieure à cette société naissante, dont le lien unique était la charité; quand on aura bien constaté que, dès long-temps avant le siècle d'Auguste, toutes les productions de l'esprit et des arts n'avaient pour objet que d'exalter des appétits individuels, au lieu que les enseignemens de l'Église développaient dans le cœur des fidèles une passion toute sociale, on conviendra sans peine que l'invasion des barbares eut sur le développement de l'humanité une heureuse influence, puisqu'elle brisa les seules institutions qui pussent alors s'opposer au progrès du christianisme. Cette révolution eut sans doute un caractère vraiment terrible, comme presque toutes celles du passé. Le fer et le feu ravagèrent l'empire; mais enfin c'était un feu qui purifiait des souillures, un fer qui retranchait une chair corrompue; et les destinées brillantes des nations qui surgirent à l'occident, surtout si on les compare à la longue et misérable agonie de l'empire grec, prouvent assez que de ces maux passagers devaient sortir des biens véritables.

Considérez maintenant la transformation opérée dans les mœurs et dans toute l'organisation sociale par l'établissement de l'Église chrétienne, et vous y trouverez une confirmation directe de la loi que nous avons énoncée.

Sous la puissance de l'ancienne Rome, tous les peuples

sont unis, mais unis comme des forçats le sont dans un bagne, par une chaîne de fer. Sous la Rome nouvelle, ils sont unis encore, mais c'est qu'ils ont une foi commune, les mêmes espérances, la même charité. Dans l'Europe du moyen âge, les relations qui existent d'individus à individus, comme de nations à nations, n'ont plus pour unique sanction le pouvoir du sabre; une autorité toute morale domine l'ensemble, toujours disposée à prêter son appui au faible contre les excès du puissant.

Les descendans des vaincus ne sont plus les esclaves des vainqueurs. Attachés à la glèbe, ils sont serfs; mais un serf possède; il a un nom, une famille; il a des droits vis-à-vis de son maître, comme son maître a des devoirs envers lui. Devant le Dieu des chrétiens, sa vie a autant de prix que celle du seigneur; elle en a davantage; car le serf est pauvre, il est malheureux, et le Dieu des chrétiens est surtout le Dieu des malheureux et des pauvres. En un mot, il y a dans le sort des classes inférieures une amélioration immense, si on reporte ses regards dans le passé, et la doctrine entière qui régit la société est une garantie puissante de leur émancipation définitive dans l'avenir.

Contemplez maintenant l'association chrétienne dans son ensemble. Voyez ces nations encore tout hérissées de leur barbarie native soumettre leurs différens à l'arbitrage d'une puissance pacifique. Que le vicaire de Jésus les appelle à la défense de la foi, elles feront trève à leurs discordes, et se précipiteront sur l'Asie pour y refouler la civilisation arriérée de l'islamisme. Du haut de son trône, un faible vieillard tracera aux conquérans du Nouveau-Monde les limites dans lesquelles ils doivent se renfermer, et préviendra ainsi la lutte qui, sans cette intervention, devenait inévitable. La différence d'origine est encore entre les peuples une source féconde de guerres cruelles ; mais le clergé catholique, étendu comme un réseau immense sur ces sociétés rivales, s'efforce de leur faire aimer une patrie commune, en les rappelant sans cesse à la fraternité.

Au sein de l'Église, la hiérarchie sacerdotale, toute imparfaite qu'elle est, puisqu'ainsi que nous l'avons démontré elle n'a pas organisé tous les travaux nécessaires au progrès, réalise déjà le dogme de l'avenir : *la rétribution suivant les œuvres*. Puissans de la terre, si vous voulez entrer dans l'ordre, laissez en dehors ces titres pompeux que vous a donnés la naissance. Remettez vos richesses à ceux qui sont les plus capables d'en disposer pour l'intérêt commun : il y a ici des supérieurs et des inférieurs ; mais cette inégalité repose tout entière sur l'inégalité même des capacités. Si vous avez reçu du ciel la grâce nécessaire pour faire avancer l'Église dans la voie qui lui est tracée, vous monterez au premier rang ; mais si ce pâtre, si ce gardien de pourceaux est le plus digne, qu'il ceigne la tiare pontificale, et que la tête des rois s'incline devant lui.

Cette unité magnifique s'est à la fin dissoute : les peuples ont cessé d'écouter la voix de leurs pasteurs : les prêtres dont les sentimens nous répugnent le moins se sont faits protestans, anglicans, gallicans, clergé national enfin ; abdiquant ainsi la mission sublime que Jésus leur avait donnée, de faire tomber les barrières qui séparent les nations. Dans l'ordre politique, les hommes dont la vie est la plus dévouée au bonheur du peuple s'efforcent d'organiser partout l'individualisme. Eux aussi voudraient sans doute la rétribution suivant les œuvres, et pourtant ils posent en principe l'absence de toute foi générale, de toute direction, de toute élection venant d'en haut, ne s'apercevant qu'ainsi ils consacrent virtuellement la rétribution au plus fin et au plus fort.

Peut-être qu'en présence d'un tel spectacle vous serez tentés un instant de vous ranger parmi les partisans de cette philosophie circulaire qui permet bien à l'humanité quelques progrès, mais à condition de retomber ensuite dans son premier état de barbarie. Messieurs, nous vous ferons voir que, du dogme même que nous professons, résulte, pour le passé, la nécessité de ces époques caractérisées, comme le temps présent, par une désassociation manifeste. L'état des sociétés, lors de l'établissement du christianisme, présentait un aspect analogue à celui que nous avons aujourd'hui sous les yeux. Nous montrerons comment ces faits, qui paraissent d'abord anormaux, ressortent nécessairement de la loi générale du développement de l'humanité, et ne sauraient conséquemment infirmer en rien la justesse de nos prévisions.

QUATRIÈME DISCOURS.

PRONONCÉ LE 17 JUIN 1830.

L'HÉRITAGE.

MESSIEURS,

L'humanité a marché sans cesse vers l'avenir que nous annonçons; mais jusqu'ici elle n'a point eu conscience de cet avenir. Il était dans la loi même du progrès qu'elle ne parvînt qu'après de longues épreuves à la connaissance de ses véritables destinées. Tant que vous n'aurez pas saisi les conséquences de cette donnée historique, vous ne comprendrez pas non plus l'ordre simple et régulier qui préside à la succession des événemens.

Vous avez vu l'association s'étendre du cercle étroit de la famille jusqu'à la communion spirituelle des nations chrétiennes. Or toute association suppose une hiérarchie, qui confère aux uns le droit de commander, et donne aux autres le devoir d'obéir. Et s'il est vrai que toutes les hiérarchies du passé, à l'époque de leur établissement, portaient en elles la condition essentielle du progrès, il ne l'est pas moins que toutes opposèrent, dans la suite, un puissant obstacle au développement de la civilisation. Le pouvoir, dans les chefs, s'est fait à la fin *tyrannie ;* dans les sujets, l'obéissance est presque toujours devenue *servilité ;* et pour celui qui n'embrasse pas encore tout l'avenir et le passé de l'humanité dans une seule conception, ces transformations se présentent nécessairement comme le symptôme d'un désordre général. Mais, comme dans les sciences naturelles toute anomalie n'est qu'apparente et n'annonce pas une irrégularité dans les phénomènes, mais seulement nous avertit que nous ne tenions pas compte de quelque circonstance particulière, ainsi cet affaiblissement du lien social, cette lutte même qui apparaît, à certaines époques, au sein des associations le plus fortement organisées, cessera de donner lieu pour vous à une objection contre la loi générale qui vous a été exposée, si vous prenez en considération le fait secondaire que j'ai indiqué en commençant, et dont je m'appliquerai maintenant à vous faire sentir la valeur.

Toutes les fois qu'une ame forte, s'élançant, par la puissance de ses sympathies, en dehors du présent qui l'entourait, a compris un avenir meilleur et l'a signalé comme un but à atteindre, nous voyons que le reste des hommes s'est rallié à sa voix, et s'est organisé pour accomplir la destination nouvelle qui lui était annoncée. Or, toutes ces révélations ont eu dans le passé un caractère commun que je vais signaler. C'est que, jusqu'ici, les révélateurs n'avaient jamais pressenti un progrès qui comprît, à la fois, et à un égal degré, tous les modes d'existence de l'humanité; de plus, dans la direction même où chacun d'eux entraîna la société, cet avenir, qu'il proclamait, lui avait apparu comme un état stationnaire, au-delà duquel il n'y aurait plus de perfectionnement possible. Peut-être devons nous modifier, à l'égard du Christ, ce qu'il y a d'absolu dans ces règles générales; celui qui annonçait la résurrection de la chair, qui prophétisait, pour une autre vie, la rétribution suivant les œuvres, et promettait après lui une révélation nouvelle *qui apprendrait aux siens ce qu'ils n'étaient pas encore en état d'entendre*, celui-là entrevit peut-être la lumière d'un avenir meilleur que celui même vers lequel il appelait les hommes de son temps; mais il dut envelopper cette lumière d'un voile symbolique, de peur qu'elle ne blessât des yeux trop faibles encore pour soutenir son éclat. Quoi qu'il en soit, la hiérarchie qui s'est établie sur la foi de sa parole, comme toutes les hiérarchies qu'ont fondées jusqu'à ce jour les autres législateurs religieux, était radicalement vicieuse, sous le double rapport que j'ai indiqué : c'est pourquoi elle ne fut, comme les autres, que provisoire. Suivez en effet les conséquences. Tant que le but signalé n'était pas atteint, la hiérarchie était légitime, puisque, organisée pour le progrès même, elle lui était favorable. Mais l'humanité, marchant toujours, arrivait à la fin au terme qui lui était assigné, et voyant alors se continuer devant elle la route qu'elle s'était attendue à trouver terminée, elle voulait marcher encore; car elle ne s'arrête jamais. Dès lors, la hiérarchie, qui l'avait conduite à ce point, n'étant pas capable de le lui faire dépasser, devenait un obstacle qu'il fallait avant tout renverser : de là les travaux de la critique, travaux auxquels l'école de Saint-Simon a rendu dès long-temps toute la justice qui leur est due ; travaux que nous bénissons, puisqu'en les considérant, par exemple, dans l'époque actuelle, nous leur devons tout ce que nous sommes, ce que nous savons et ce que nous pouvons ; mais enfin, qui sont entachés du même vice que tous les travaux organiques du passé, puisqu'eux aussi ont été entrepris sans la vue de la perfectibilité indéfinie, puisqu'eux aussi ont la prétention d'établir comme absolus et définitifs des dogmes et des institutions dont le caractère est d'être essentiellement provisoires.

Ainsi, à toutes les époques où la nécessité de détruire un ancien ordre de choses s'est fait sentir, en présence d'une foi religieuse qui consacrait des théories démenties dès long-temps par la pratique, qui imposait des croyances et des actes réprouvés par toutes les sympathies humaines, qui retenait enfin la masse des hommes sous le joug d'une autorité devenue oppressive, parce qu'elle ne comprenait plus les besoins généraux, on a nié toute foi religieuse, on a fait appel à la liberté d'examen ; en un mot, on a proclamé la souveraineté de chaque conscience individuelle.

Et tout cela fut bien, étant dirigé contre un passé condamné sans appel.

Mais il y eut erreur, lorsqu'on présenta les nouveaux principes, comme devant régir à jamais l'humanité. On ne songeait pas, alors, qu'aussitôt l'œuvre de la *réforme* accomplie la société ne pourrait avancer qu'à la condition d'une foi commune, qui exalterait encore toutes les sympathies en reliant toutes les volontés, qui satisferait les plus hautes intelligences en ne présentant que des théories justifiées par l'observation, qui soumettrait enfin les capacités inférieures aux capacités supérieures, en les unissant toutes dans l'amour d'une destination nouvelle.

Je ne suivrai pas la critique dans ses dogmes spéciaux sur la politique, les beaux-arts, la science et l'industrie : partout elle nie toute autorité, toute direction, tout lien, parce qu'elle ne voit partout et ne conçoit qu'une autorité, une direction et un lien contraires au bien général. Mais ce que j'en ai dit par rapport à la religion suffira sans doute pour vous faire sentir que, si ces dogmes peuvent encore avoir quelque valeur, en présence d'un pouvoir qui voudrait entraîner la société dans des voies rétrogrades, ils doivent tomber tous d'eux-mêmes, aussitôt que l'humanité, comprenant sa véritable destination, s'organisera pour l'accomplir.

En rapprochant ces idées de celles que je vous ai présentées dans la dernière séance, nous pouvons les résumer toutes comme il suit :

DANS LE PASSÉ :

Des associations de plus en plus étendues, et dans lesquelles les relations des associés entre eux deviennent de plus en plus favorables aux classes inférieures :

Des organisations seulement provisoires, parce qu'elles ne favorisent pas tous les modes possibles de l'activité humaine, et sont, par cela même, impropres à déterminer un perfectionnement indéfini :

Comme conséquence de ces imperfections, la nécessité des travaux de la critique, aussitôt que l'humanité a éprouvé des besoins qu'une organisation ancienne était impuissante à satisfaire.

DANS L'AVENIR :

Association universelle, état que la sympathie nous révèle et dont l'histoire justifie la prévision, puisqu'elle nous montre l'humanité s'en rapprochant toujours.

Organisation définitive, parce qu'elle sera basée sur l'idée même de la perfectibilité indéfinie, et que, comprenant et favorisant tous les genres d'activité, aucun d'eux ne pourra se développer en dehors de la direction hiérarchique.

Pour vous faire comprendre toute la vérité de ces dernières paroles, je devrais maintenant vous exposer dans son ensemble l'organisation sociale que l'école de Saint-Simon vient réaliser. Mais avant d'arriver à cette dernière partie de la tâche qui m'a été donnée, je vous présenterai l'état actuel de la société, sous un aspect qui sera probablement nouveau pour vous.

Et tout d'abord, vous devez sentir comment, du point de vue général où nous sommes placés, il nous est donné, et donné à nous seuls, de juger le présent avec rigueur et impartialité. Tandis qu'auprès de nous, publicistes, légistes, économistes et moralistes, tous enfin, préoccupés d'une lutte dont ils ne prévoient pas l'issue, proclament, chacun de leur côté, l'immuabilité absolue des sentimens, des doctrines et des institutions favorables à l'opinion pour laquelle ils combattent; nous, véritables juges du camp, nous qui connaissons la marche de l'humanité, son point de départ et le sens de son progrès, nous sommes en état de discerner au milieu des élémens confus de cette société en désordre, et les faits caractéristiques d'un passé qui doit disparaître, et ceux qui, portant le germe de l'avenir, doivent s'accroître et se développer indéfiniment, et ceux enfin qui, tirant toute leur importance de la nature particulière de l'époque présente, sont destinés à s'évanouir avec elle.

Eh bien ! messieurs, il y a un fait qui résume en lui tous les vices de l'organisation actuelle, fait immense et devant lequel tous les faits qui exercent aujourd'hui l'activité des hommes sont pour ainsi dire de nul intérêt; il se présente à chaque pas, nous entoure et nous presse de toutes parts, et pourtant il demeure inaperçu de tous, en dehors de l'école de Saint-Simon.

L'ESCLAVAGE, messieurs, cette institution hideuse en regard de l'avenir, l'esclavage est encore vivant au milieu de nous.

Ecoutez ! Je ne veux pas parler de cette nécessité cruelle de nos colonies, de l'esclavage des noirs, contre lequel l'église chrétienne avait une mission directe qu'elle n'a pu remplir.

Je ne parlerai pas non plus de l'esclavage féodal, dont les feuilles constitutionnelles s'évertuent si fort à prévenir le retour, et que la révolution française a détruit pour jamais.

Je veux parler d'un esclavage qui nous tient tous si fort enlacés que personne avant notre maître, chrétiens ou philosophes, monarchiques ou libéraux, personne n'avait songé qu'il fût possible ou seulement utile d'en sortir.

Ecoutez ! écoutez ! La parole de Saint-Simon c'est celle de Dieu lui-même !

Quel fut, dans le passé, le caractère essentiel et primitif de l'esclavage, sinon que cette institution attribuait à un homme le droit de vivre de *tout* le travail d'un autre homme ? Le fouet et le bâton, le droit de vie et de mort, tout cela c'est la sanction du fait et non pas le fait lui-même. La sanction a changé ; le fait a été modifié, il a revêtu des formes nouvelles, des formes de moins en moins brutales ; mais il subsiste encore dans son principe et dans ses conséquences, car il y a encore des hommes qui vivent du travail de leurs semblables ; il y a encore des malheureux qui ne peuvent traîner leur triste vie qu'à la condition d'engraisser l'oisiveté des privilégiés de la naissance.

Je n'ai rien dit qui soit de trop ; mais remontons à l'origine et suivons le progrès.

L'esclave était une chose. Tout ce qu'il pouvait produire était au maître ; le maître lui donnait seulement un toit et une pâture.

L'esclave cessa d'être la propriété directe du maître ; il fut attaché à la glèbe ; il devint serf.

Le serf était un homme ; il possédait une partie de son travail. Une autre portion, une portion plus grande, était au seigneur ; mais le seigneur était le seul alors qui pût protéger le serf contre le brigandage armé dont il était menacé chaque jour.

Le serf fut affranchi ; il devint homme libre et citoyen. C'est aujourd'hui le paysan de nos campagnes, l'artisan de nos villes.

Le paysan ou l'artisan n'est plus attaché à l'homme ni à la terre ; il n'est pas soumis au fouet comme l'esclave ; il possède *une plus grande partie* de son travail que le serf ; mais enfin la loi est cruelle encore à son égard. Tout le fruit de son labeur n'est pas à lui ; il le partage avec des hommes qui ne lui sont utiles ni de leur science ni de leur forces. En un mot, il n'y a plus pour lui de *maîtres* ni de *seigneurs*, mais il y a des BOURGEOIS, et voici ce que c'est qu'un BOURGEOIS.

Possesseur des terres et des capitaux, le bourgeois en dispose à son gré, et ne les met aux mains des travailleurs qu'à la condition de recevoir, sur le prix de leur travail, une prime qui doit le nourrir, lui et les siens. Héritier direct des hommes de la conquête, ou bien fils émancipé de la roture, cette diversité d'origine s'efface en lui sous le caractère commun que je viens de signaler; seulement, dans le premier cas, le titre de sa possession est basé sur un fait désormais réprouvé, le travail du sabre; dans le second cas, l'origine est plus honorable, c'est le travail de l'industrie; mais toujours ce titre est illégitime et sans valeur *en présence de l'avenir*, puisqu'il livre à la merci d'une classe privilégiée tous ceux à qui leurs pères n'ont pas transmis des instrumens de production.

Pour vous démontrer l'identité de ces deux modes de possession, je vous transporterai un instant dans le passé; je vous y montrerai un fait parfaitement analogue, et comme vous le jugerez sans préoccupation, il sera pour vous un enseignement salutaire et plein de force. Lorsque l'esclavage de l'homme, dans toute sa brutalité originelle, était en harmonie avec les mœurs et les sentimens, cette institution ne se trouvait pas établie pour l'avantage seulement du guerrier et des fils du guerrier. L'artiste aussi, le savant, le commerçant, pouvaient se fournir de bétail humain et l'exploiter à leur profit. Ils l'obtenaient en échange d'un travail tout pacifique, dans lequel il n'y avait rien qui pût répugner aux sympathies d'une civilisation plus avancée. Eh bien! messieurs, du moment où la fraternité universelle devenait la raison d'un nouvel ordre social, les esclaves de l'artiste, du savant ou du commerçant, devaient être affranchis comme ceux du guerrier. Pareillement, aujourd'hui, si vous convenez que le principe de la rétribution suivant les œuvres devient le fondement véritable de toute organisation, vous n'hésiterez pas à proclamer avec nous que la société doit exiger des œuvres de tous ceux qui maintenant demeurent oisifs, quelle que soit l'origine de leurs titres à cette oisiveté.

Dans les temps modernes, le conquérant eut d'abord en sa possession, et la *terre*, et l'*homme ouvrier de la terre*. Tout le progrès préparé par l'évangile, achevé par la révolution française, consiste dans l'affranchissement de l'*ouvrier*. Mais la *terre, l'instrument de l'œuvre*, est demeurée aux mains du seigneur. Car si la société a dit au seigneur : Les hommes que tu as vaincus ne sont plus ta propriété; elle lui a dit aussi : Tu posséderas encore les champs que tu avais acquis par la victoire. En même temps, parmi les serfs affranchis, il s'est trouvé des hommes qui, s'étant enrichis par un travail pacifique, purent échanger le prix de ce travail contre la *propriété* du fonds, contre ce dernier vestige de la conquête, ce privilége de la féodalité qui représente tous les autres, puisque se transmettant par L'HÉRITAGE, c'est-à-dire par LE HASARD DE LA NAISSANCE, au fils d'un père qui a *mérité*, il attribue le droit de vivre *sans aucun mérite*.

A l'époque de la révolution française, la roture qui *travaillait*, et celle qui était devenue *propriétaire*, firent cause commune, se proposant également de détruire tout ce qui pouvait rappeler la *servitude des personnes* dans les institutions consacrées par l'ancien régime. Mais faute d'avoir connu les principes du régime nouveau réservé à l'avenir, on n'a pu rien entreprendre contre la *servitude de la terre*, ou plus généralement *du fonds de production*. Aujourd'hui les *travailleurs* doivent comprendre que leurs intérêts sont tout-à-fait distincts de ceux des *oisifs*, et que la noblesse ancienne, comme la roture parvenue, ne forment plus, par rapport à eux, qu'une même classe. Peu importe que L'OISIVETÉ ne s'appelle plus *marquis*, *comte*, *baron*, GENTILHOMME, s'il faut la saluer encore des noms de *rentier*, *capitaliste*, *propriétaire*, BOURGEOIS. Qu'ils reçoivent les instrumens de travail d'un noble ou bien d'un roturier, les travailleurs ne les obtiennent jamais qu'à la condition de nourrir celui qui a pu les leur prêter, et c'est là le fait qui doit disparaître.

Les propriétaires des fonds de production étant tous les héritiers directs, ou bien les substitués aux droits des anciens seigneurs, la constitution de la propriété, telle qu'elle est entendue aujourd'hui, n'est que la modification du servage, comme le servage lui-même n'était que la transformation de l'esclavage. Cette simple considération doit vous faire comprendre que la constitution actuelle de la propriété doit éprouver une réforme complète. Je crains pourtant qu'il ne vous répugne d'accepter une telle conséquence. S'il est vrai que le mode actuel de possession consacre un privilége immense en faveur d'une classe particulière, il faut convenir aussi qu'après tant de bouleversemens, c'est la seule base solide qui reste à l'ordre social. C'est un dernier lien entre les hommes, car c'est l'unique intérêt au nom duquel on les fasse encore agir avec quelque ensemble. Le titre de propriétaire est à peu près le seul maintenant qui puisse inspirer au père quelque sécurité sur le sort de ses enfans, et s'il n'est que bien rarement la garantie d'une capacité personnelle dans celui qui le possède, c'est au moins le seul gage d'indépendance qu'on puisse concevoir, dans une société où toute dépendance est le plus souvent sans dignité.

Et nous voulons abolir l'héritage, transformer la propriété! — Oui, nous le voulons, parce que nous mettrons en leur place des institutions qui satisferont bien davantage tous les sentimens d'affection paternelle, qui uniront entre elles, non pas quelques classes d'hommes, mais toutes les classes sans exception. Ne craignez rien; si nous brûlons nos vaisseaux, c'est que nous avons atteint la terre nouvelle si long-temps désirée, la terre que nous ne quitterons plus. Bientôt, j'espère, vous partagerez notre confiance; vous la partagerez, quand vous aurez bien compris que nous n'avons jamais pensé à réaliser l'absurde rêve de la loi agraire, ce prétendu partage égal qui consacrerait encore d'immenses priviléges, et cette fois tout-à-fait et seulement au profit des moins capables et des moins laborieux; vous la partagerez cette confiance, quand vous verrez qu'il s'agit simplement d'étendre et de développer, en les appliquant aux fonds de terre et à tous les capitaux, les principes que déjà la société a instinctivement et progressivement appliqués à une foule de richesses qui, d'individuelles et particulières qu'elles étaient, sont devenues communes et sociales. — Ainsi, par exemple, les villes et les rivières, qui sont aujourd'hui du domaine public, et qui autrefois appartenaient à des individus. Ainsi les eaux mortes, et les forêts dont l'état a de plus en plus réglé et consacré l'usage. Ainsi enfin les mines, dont il s'est, naguère encore, attribué le droit de disposer d'une façon absolue, pour les mettre aux mains de ceux qu'il jugerait le plus capables de les exploiter, donnant par là un démenti formel au code civil, qui avait déclaré que le propriétaire de la surface l'était aussi du fond.

Messieurs, pour en finir avec le passé, pour bien comprendre que, tant faibles que soient les premiers commencemens de la religion Saint-Simonienne, elle seule, dès aujourd'hui, tient tous les secrets et la force de l'avenir, jetons ensemble un dernier regard sur la société qui nous entoure.

Je ne veux pas vous rappeler les misères qu'enfante le droit d'héritage et de propriété dont nous venons d'étudier l'origine. Dans cette enceinte même on en a présenté récemment la peinture fidèle. Mais quand des populations immenses de l'Angleterre, de la France, de l'Europe, de la terre entière, s'exténuent de travail, sans pouvoir assurer seulement le repos de leur vieillesse ou l'avenir de leurs enfans, voyons ce qu'on propose au dévoûment des hommes, et quels remèdes on présente à tant d'épouvantables maux.

Mettons d'abord à part les honorables mandataires de la nation. Tout occupés à faire obstacle aux hommes qui voudraient ramener la société en arrière (1), on ne peut pas leur demander de la faire marcher en avant. Tout employés à réduire les prodigalités d'un budget dont, malgré tant et d'aussi beaux discours, le chiffre est à peu près inévitable, c'est bien assez à faire, sans qu'ils aient encore à examiner cet autre budget qui n'est pas voté librement tous les ans, mais imposé, sous peine de la vie, aux classes qui travaillent, par les classes qui ont entre leurs mains les instrumens du travail; budget, non des ministres,

---

(1) On doit se rappeler que ce discours a été prononcé au mois de juin 1830 ; depuis ce temps les positions sont changées ; malheureusement les résultats sont restés les mêmes.

mais des rentiers et des capitalistes; budjet, qui ne fournit pas aux dépenses d'une administration, dont il serait peut-être difficile de se passer complétement, mais qui nourrit une foule d'oisifs aux dépens de l'industrie.

La mission qu'on remplit à la chambre est belle! mais enfin, nous disons hautement qu'on n'y a jamais seulement songé aux intérêts généraux, aux intérêts du peuple, de ce vrai peuple qui, n'attendant rien d'eux, leur a donné sa démission, comme ils le disent; qui, sans pain, sans avenir, est pressuré chaque jour des impôts qu'il paie, non au gouvernement, mais aux députés, entendez-vous bien, aux députés, aux éligibles, aux électeurs, à toute la bourgeoisie enfin, telle que nous l'avons définie.

Tournons donc ailleurs nos regards. Je vois qu'il y a des professeurs brévetés pour enseigner l'économie politique, et comment les richesses sont créées, et comment elles se distribuent. Ceux-là, sans doute, ont compris le mal; ils nous apprendront le remède. Ouvrons leurs livres, nous saurons ce que c'est qu'un *producteur*.

« *Producteur*. — Celui qui contribue à la création d'un
» produit par son industrie, son capital ou sa terre. Le
» capitaliste et le propriétaire foncier sont ici appelés
» producteurs, en ce qu'ils concourent à la production
» par le moyen de leur instrument. Ils cessent de l'être
» quand leur instrument est oisif (1). »

---

(1) M. J.-B. Say, *Esquisse générale de l'Économie politique*; *Encyclopédie progressive*, 1re livraison, p. 283. — C'est au même endroit qu'on trouve cette note vraiment prodigieuse, déjà signalée par *le Producteur*, journal publié par l'école de Saint-Simon, dans les années 1825 et 1826. « Plusieurs auteurs refusent au capitaliste et au propriétaire foncier le nom » de producteur, parce qu'ils prétendent que le travail seul produit. Pour-

Cette définition, messieurs, est d'un homme dont les ouvrages sont classiques; la division qu'elle exprime reparaît dans tous ses livres comme principe fondamental.

Ainsi voilà qui est bien entendu. Celui qui a confié sa terre ou ses capitaux à des industriels, et qui, sans se donner nulle peine, en tire chaque année un gros et bon fermage, pourra dès lors rester inutile à lui-même et à ses semblables. Qu'il passe sa vie en chevaux, en spectacles, en maîtresses; si, par distraction, par mégarde, il lui arrive d'ouvrir le *Traité d'économie politique*, il aura l'agréable satisfaction d'apprendre que, dans un siècle éminemment industriel, un siècle de production, lui aussi est un *producteur d'industrie!* Découverte admirable, et qui sera bien de nature à calmer les méchans scrupules qui pourraient parfois lui revenir. Mais que surtout il verra de beautés dans la dernière phrase ! « Il cesse de l'être,
» (le capitaliste ou le propriétaire foncier cesse d'être
» producteur), quand son instrument est oisif. » Qu'on trouve donc à redire à la fermeté salutaire de nos magistrats, qui distribuent si bien la prison et l'amende à tous ces misérables que leur code appelle vagabonds. Ah ! va-

---

» quoi dès-lors un entrepreneur de la production paierait-il un concours
» qui ne contribuerait en rien à la valeur du produit? *On peut, au reste,*
» *sur ce point comme sur beaucoup d'autres, adopter l'opinion que*
» *l'on veut. L'essentiel est que les questions soient bien posées, et que cha-*
» cun sache de quoi il s'agit. »

L'école de Saint-Simon a reconnu autre part la nature des services que nos économistes ont rendus au public; mais enfin, quand on voit tous leurs ouvrages basés sur un principe qui place au même rang l'oisif et le travailleur, et lorsqu'en résumé ils proclament, sur une question si importante, l'indifférence de l'opinion qu'on adoptera, on peut juger si l'économie politique est devenue par eux une science véritable.

gabonds! vraiment vous ne voyez donc pas, tous tant que vous êtes, qu'en vous promenant ainsi par les rues, les mains dans vos poches, l'estomac vide et sans savoir où vous coucherez le soir, vous ne voyez pas, vagabonds que vous êtes, que vous nous empêchez nous autres, qui courons la promenade en tilburys et sur des chevaux si beaux, vous nous empêchez, vagabonds! d'être des producteurs : VOUS LAISSEZ NOS INSTRUMENS OISIFS !

Si vous voulez bien, messieurs, nous passerons maintenant à ces puissans calculateurs qui appliquent l'arithmétique à tout, même aux résultats de la philantropie et de la charité.

Dans un rapport sur les caisses d'épargne et de prévoyance, lu dernièrement à l'Institut(1), rapport tout rempli d'ailleurs d'une intention généreuse et louable, on trouve cette *théorie* de la pauvreté, qui n'est, après tout, que l'expression d'une opinion généralement répandue.

« La population tend continuellement à s'accroître, et
» n'est bornée que par le défaut des moyens de subsistance;
» mais en mettant dans le cœur de l'homme les sentimens
» qui devaient assurer la conservation des sociétés, la
» nature lui a prescrit l'obligation sacrée de pourvoir à la
» subsistance de sa famille. Dans les classes pauvres, ces
» devoirs essentiels sont trop oubliés. C'est là que devient
» manifeste la vérité du principe dont nous venons de parler,
» qu'une population, sans cesse renaissante, lutte réellement
» contre la faim. En vain la charité publique vient à son se-
» cours; la source de cette misère est inépuisable : la masse

---

(1) Séance publique annuelle de l'Institut royal de France, du samedi 25 avril 1830.

» de travail que peut fournir un état est nécessairement bor-
» née. Il y a des pauvres, parce que la population qui doit
» vivre du travail de ses mains est plus nombreuse que le
» travail à faire ne le comporte; parce qu'une partie de
» cette population a compté, pour vivre, sur le fonds des
» aumônes publiques. (1) »

Vous l'avez entendu! si une population sans cesse renaissante lutte contre la faim, c'est que, dans les classes pauvres on a trop oublié cette obligation SACRÉE prescrite par LA NATURE, ce devoir essentiel de pourvoir à la subsistance de la famille. Ah! passons vite sur les réflexions sévères qu'inspire une pareille accusation; mais au nom de tous ces malheureux qu'on flétrit dans le seul sentiment qui puisse encore les attacher à la vie, vous tous qui gémissez de leur misère, aidez-nous, aidez-nous à verser sur le monde ces vérités fécondes que Saint-Simon nous a révélées. Saint-Simon leur dit, lui : « Il y a des pauvres, parce que la population qui DEVRAIT vivre de son travail, du travail de sa tête ou de ses mains, et qui vit du travail des autres, est trop nombreuse, et consomme trop pour que le travail effectué puisse fournir à la fois à sa subsistance et à celle des travailleurs ; il y a des pauvres, parce que cette partie de la population a compté pour vivre sur le fonds des *aumônes privées*, des aumônes que lui font ses fermiers, les fermiers de ses terres et de ses capitaux. Il y aura des pauvres tant que la volonté de Dieu ne sera pas obéie : et la volonté de Dieu, c'est que « chacun puisse faire des œuvres et que chacun soit rétribué suivant ses œuvres. »

Que vous dirai-je de plus de ce rapport ? vous trouverez

---

(1) Page 30 du rapport.

qu'on y cherche les moyens d'arrêter le progrès de la mendicité, « de cette profession dégradée, comme il dit, qui » consiste à être nourri misérablement sans rien faire d'utile (1). » Et il ne voit pas auprès, la *haute mendicité*, cette profession trop bien gradée, qui consiste à être nourri splendidement, magnifiquement, honorablement, à la sueur du front de ses semblables et sans non plus rien faire qui soit utile aux autres. Que tous ces grands savans auraient besoin d'être enseignés!

Assez des politiques, des économistes et des algébristes.

Mais quelque part encore on parle au nom d'un Dieu de paix et de charité. Il y a des successeurs à ces hommes divins, à ces apôtres de Jésus, dont le zèle ardent, l'inépuisable amour a sauvé, civilisé le monde. Là sans doute nous verrons se continuer la mission sublime que les premiers chrétiens avaient commencée. Ils ne laisseront pas cette grande œuvre inachevée. Quoi! l'église n'a-t-elle pas abaissé l'homme de la conquête, ne lui a-t-elle pas montré, dans le vaincu prosterné à ses pieds, un homme, un frère que Jésus lui avait donné? Hélas! hélas! que les temps sont changés. L'église est du côté maintenant des forts et des puissans, elle a fait alliance avec les héritiers de la conquête, elle ne connaît plus les besoins du pauvre, et le fils de l'esclave ne trouve plus en elle une mère tendre et dévouée; elle a détruit la servitude directe, c'est tout ce qu'elle a pu faire; pour le reste elle s'est démise; le reste est un mal dont elle ignore le remède, un mal qui lui paraît nécessaire à tout jamais, dans un monde qu'elle a mis en dehors du royaume de Dieu.

---

(1) Page 29 du rapport.

Écoutez : voici un livre publié directement pour la défense de la religion catholique, publié par une association dont les chefs occupent dans le clergé les premiers degrés de la hiérarchie. Après des tableaux pleins d'énergie, où la misère des classes inférieures est établie dans son horrible nudité, après avoir démontré l'impuissance des réglemens politiques qui ont pour objet de détruire cette misère, les seuls moyens qu'on ait conçus comme capables de lui procurer au moins quelques soulagemens, c'est encore l'aumône et la mendicité! Écoutez :

« La mendicité, depuis l'abolition de l'esclavage, est d'un
» ordre naturel; les lois de la religion et de la morale, qui,
» chez tous les peuples modernes, ordonnent aux riches de
» donner, supposent et en conséquence permettent que les
» pauvres demandent. » Après avoir proclamé que la mendicité est d'un ordre naturel, il fallait bien la justifier au point de vue de la providence. Cela ne leur coûte guères :
« La mendicité, en excitant et recevant l'aumône, déve-
» loppe la pitié et d'autres vertus chez les enfans, les do-
» mestiques, les artisans, quelquefois même chez celui qui
» fut pauvre, et qui lui dut un pain qu'il aurait peut-être
» fallu obtenir aux dépens de sa morale et de son honneur...
» elle crée une charité qui sans elle n'existerait pas, etc. (1) »

La mendicité d'un ordre naturel, légitimée parce qu'elle crée la charité!..... Dispensez-moi, messieurs, d'ajouter aucune réflexion à une citation pareille; c'est assez nous traîner sur toutes ces théories dégoûtantes; maintenant, j'espère, vous comprenez que personne en de-

---

(1) *De l'Action du clergé dans les sociétés modernes.* Rubichon, première livraison, p. 31.

hors de l'école de Saint-Simon, personne ne connaît les conditions du salut de l'humanité. Ainsi quand nous apportons sur l'Évangile cet immense progrès : que le règne de Dieu est arrivé, que le principe de toute morale, comme la base de toute organisation sociale, c'est que chacun soit rétribué suivant ses œuvres, après que chacun aura été mis à même de faire des œuvres; vous pouvez juger s'il est raisonnable de la part d'une feuille qui s'intitule *Journal religieux*, s'il est raisonnable de dire en parlant de la religion Saint-Simonienne : « Il n'y a rien là sur quoi l'on puisse » fonder une morale populaire, il n'y a rien avec quoi on » puisse donner à l'homme qui gagne sa vie à la sueur de » son front, le sentiment de cette dignité qui lui fait relever » vers le ciel ce front abaissé et chargé de souffrances. (1) » Messieurs, je vous adjure, appartient-il à des chrétiens de s'écrier en notre présence ? « A nous, à nous seuls le soin » de prêcher le peuple, et de mettre à sa portée les plus » sublimes mystères de l'intelligence humaine, les plus » hautes communications que Dieu ait faites à ses créa- » tures. (2) »

Ministres des cultes chrétiens, vous vous croyez donc encore prêtres ! mais prêtres, c'est pasteurs, et je cherche en vain vos troupeaux. Eh quoi ! notre enfance à tous n'a-t-elle pas été commise à vos soins ? Vous avez eu nos cœurs à émouvoir, nos intelligences à développer, nos forces à diriger; et puisque vous êtes restés sur nous sans puissance, comment pouvez-vous dire que Dieu est avec vous ?

Vous vous croyez encore prêtres ! et Jésus, Jésus lui-

---

(1) *Le Correspondant*, n° 33, 22 juin 1830.
(2) *Id. Ibid.*

même, par Saint-Simon vous crie : — « L'amélioration ! l'amélioration du sort de la classe pauvre ! vous en occupez-vous ? Vous lui faites de bons livres ! avez-vous donc à lui raconter quelque bonne nouvelle. »

Dix-huit cents ans déjà passés, une loi d'amour vous a été donnée, et vous défendez encore la loi de crainte !

Et quand nous vous montrons des populations entières toutes déshéritées des bienfaits de la civilisation, vous nous dites : la mendicité est d'un ordre naturel ! — Eh mais ! l'esclavage aussi était d'un ordre naturel ; votre maître l'a-t-il donc respecté ?

Et quand nous vous annonçons que les temps sont accomplis, qu'il faut rétribuer chacun suivant ses œuvres, vous nous répondez froidement : Ah ! rendons à César ce qui est à César. — Eh mais ! les pleurs, le sang, la vie de l'esclave étaient bien à César ; et votre maître les lui a-t-il rendus ?

Non ! vous n'êtes plus prêtres ! et du jour où un progrès, un seul progrès fut accompli en dehors de l'église, l'église n'était plus fille de Dieu. Qui fait donc le progrès au monde, si ce n'est Dieu ? et ne voyez-vous pas qu'en niant le progrès et le méconnaissant, le condamnant, le poursuivant de vos foudres impuissantes, c'est Dieu lui-même que vous avez nié, méconnu, condamné, poursuivi ! et puisqu'il apparaît de toutes parts en dehors de vous, et contre vous, comment donc serait-il encore avec vous.

Oh ! mais, je comprends ! vos yeux à la fin se sont ouverts ? vous ne niez plus le jour, vous confessez le progrès, et vous vous efforcez maintenant de rejoindre l'humanité qui vous a laissés si fort en arrière ; et traînant péniblement à la remorque votre Dieu du passé, vous voudriez, je crois, le mettre au courant des découvertes de la science, en possession des conquêtes de l'industrie. Ah! votre espérance est vaine ! A des hommes nouveaux, une lumière nouvelle, qui ne doit pas les suivre, mais doit les précéder ! Non ! vous ne ressaisirez pas le sceptre échappé de vos mains. Trois siècles entiers d'ignorantisme et de superstition, de despotisme et d'inquisition, vous ont trop bien valu votre congé. Votre temps est fini, et le nôtre commence.

CINQUIÈME DISCOURS.

PRONONCÉ LE 11 JUILLET 1830 (1).

APPEL.

Ma mère ! mes sœurs !

Je vous salue. Entre toutes les femmes vous êtes glorifiées ! vous êtes obéies ! vous êtes aimées ! Entre toutes, vous avez, les premières, compris la parole du nouvel

---

(1) Ce discours fait suite à ceux précédemment insérés dans *l'Organisateur* sous le titre général : AUX ÉLÈVES DE L'ÉCOLE POLYTECHNIQUE. Mais

évangile; les premières vous avez entendu les premiers fils de Saint-Simon, et vous avez senti vos cœurs tressaillir à ce grand récit d'un avenir où l'humanité ne sera plus qu'une famille, une famille où la naissance sera sans droit d'aînesse, qui ne connaîtra plus d'orphelins, plus d'esclaves! Et quand les fils des hommes sont encore dans le doute, hésitant à se consacrer tout entiers à l'accomplissement des promesses divines, filles de Dieu, vous vous êtes levées pleines de foi, d'espérance et d'amour!

Mes sœurs! ma mère! vous serez glorifiées, vous serez obéies, vous serez aimées par-delà tous les siècles! car le règne de Dieu commence, et le règne de Dieu n'aura pas de fin, et là où toute gloire, toute puissance, tout amour sont enlevés à la force brutale, vous avez des droits à la gloire aussi bien qu'à la puissance, aussi bien qu'à l'amour.

Et maintenant je continuerai la mission que j'ai reçue de mes pères.

D'abord j'ai dit ce que c'est que toute religion, pour qu'on pût bien comprendre que dans l'humanité tout progrès se fait par la religion.

Ensuite j'ai proclamé Dieu, le Dieu véritable; qui n'est point invisible ou caché, mais qui se laisse contempler face à face; qui vit en nous tous, et qui, dans ceux mêmes que nos paroles laissent encore froids et sans émotions, appa-

---

cette fois l'orateur s'adresse à un auditoire plus nombreux. Des femmes assistaient à la réunion. Leur présence motiva l'allocution qui se trouve en tête du discours, et dont les premiers mots étaient l'expression de la HIÉRARCHIE SAINT-SIMONIENNE, telle qu'elle était constituée alors.

raîtra quelque jour plein de force et de grandeur, lorsqu'à la fin, nous comprenant, ils viendront se jeter dans nos bras, et voudront avoir aussi leur part dans l'œuvre immense que nous accomplissons.

Après, j'ai suivi, dans la succession des temps, le progrès continu de l'association, et j'ai montré l'humanité préparant dans un long et glorieux enfantement l'état définitif qui lui est aujourd'hui révélé.

Enfin, appelant un instant vos regards sur les maux du présent, j'ai fait voir l'esclavage se maintenant, sous une dernière forme, que Saint-Simon seul a su constater, qu'à lui seul il a été donné de détruire pour jamais.

———

A ce point, je devrais ne plus vous parler que de l'avenir. Mais sommes-nous bien préparés, moi à donner, vous à recevoir un tel enseignement? Je ne sais; mais après vous avoir amenés sous le portique, au moment de vous faire entrer dans le temple, je me méfie de vous et doute presque de moi-même. Pour obéir à des préjugés trop puissans, je vous ai fait de la science, et le Dieu qui m'inspire ne nous a tous vaincus que par l'amour! Quand vos cœurs dévorés d'une cruelle soif ne demandaient qu'à s'abreuver à cette source vive et pure qui ne tarit jamais et désaltère pour toujours, ne vous ai-je point parlé d'astronomie, de mécanique! Je pensais à Lagrange, à Newton, et cependant, appuyé sur Jésus et Moïse, Saint-Simon, glorieux, devait éclipser à mes yeux tous ces astres sans nombre, dont les rayons tremblans, glissant dans l'ombre, sont impuissans à dissiper la nuit.

Ah! je le sens, pour embraser vos ames d'un saint enthousiasme, pour faire retentir aux échos de vos cœurs des accens prophétiques, je devais, dans un cantique solennel, embrasser à la fois le passé, le présent, l'avenir, et, déroulant de l'histoire complète l'immense trilogie, rebâtir devant vous Jérusalem, Rome et Paris.

Mais au moins avez-vous bien compris tout ce qu'il y a de grand, de puissant, de sublime dans la simple idée du progrès? Quelle que soit, dans les opinions qui divisent le monde, celle que vous avez choisie, avez-vous reconnu que dans l'opinion contraire il y eût un jour de l'utilité, de la valeur pour le bien général. Oh! si je pouvais un peu calmer vos haines! En ce jour où je me sens trop faible encore pour monter à l'autel, s'il m'était donné, sur les marches du parvis, de vous faire embrasser comme frères ceux que vous traitez en ennemis!

Hélas! hélas! pourquoi ces luttes sans cesse renaissantes! à quoi bon ces combats, où s'épuisent tant de noble courage? Pourquoi, lorsque nous vous parlons de la politique, de la religion de l'avenir, pourquoi donner toujours votre temps et vos soins à la politique, à la religion du passé? Religieux! j'ai cherché vos bannières; politiques! j'ai regardé vos drapeaux, et ces drapeaux et ces bannières me sont tous apparus tout dégoûtant de sang, et, sous cette teinte uniforme qui les avait couverts, je n'ai pu seulement distinguer leurs couleurs.

Laissez là, laissez là vos disputes! venez à Saint-Simon! — Saint-Simon seul sait tout ce qui convient à tous. Plus de guerre! Vainqueurs, il vous a préparé le prix de la victoire! Vaincus, il vous fera chérir votre défaite!

Chrétiens ! royalistes ! libéraux ! venez tous ; écoutez des paroles de paix et de concorde !

Apparaissez d'abord, derniers défenseurs d'une religion qui meurt. Vous avez déploré, dans vos regrets amers, la décadence de cette église qui devait établir sur la terre la paix et la fraternité. — Réjouissez-vous ! quand Dieu laisse détruire ses ouvrages, c'est qu'il réserve aux hommes des biens plus précieux, un bonheur plus durable.

Oui ! vous aviez de légitimes douleurs ! vous avez vu briser les liens qui tenaient tous les hommes unis, et dans votre détresse profonde, un instant vous avez pu croire perdu tout le fruit des travaux de vos prédécesseurs. — Réjouissez-vous ! réjouissez-vous ! les fleurs se sont flétries, mais c'est pour faire place à des graines fécondes, à des fruits savoureux.

Ah ! quand on a renversé ces autels, à tant de peine élevés pour le salut des hommes, vous avez dû verser des pleurs. Mais vous savez ! avec les autels, sont tombés un même jour des trônes glorieux. Un même orage a ravagé, terrible, et le domaine de saint Pierre, et l'héritage de César. Pour vous cette grande leçon doit-elle donc toujours demeurer incomprise ? Ah ! c'est que Dieu ne voulait plus de ce partage impie. Comme il commande seul, il veut être seul obéi. Vous aspirez au royaume de Dieu ! Eh bien ! puisque Rome, une seconde fois, s'écroule en immenses débris, quittez ce vieillard agonisant, trop fidèle symbole d'un passé que l'humanité répudie. Dès long-temps à sa bénédiction impuissante l'UNIVERS NI LA VILLE (1) ne battent

---

(1) *Urbi et orbi*, c'est la formule sacramentelle employée par les successeurs de saint Pierre.

plus des mains ! Venez à Saint-Simon ! Jésus même, Jésus vous en convie. Vous aspirez au royaume de Dieu ! Eh bien ! spirituel et temporel, science, industrie, beaux-arts, au nom du Dieu vivant, Saint-Simon a tout pris, s'est emparé de tout ! ah ! nous sommes bien plus théocrates que vous !

Et d'ailleurs, qu'opposez-vous à la révélation nouvelle ? Oui ! les premiers, vous donnâtes au monde des promesses d'amour ; mais que de promesses encore de vengeance et de haine !

Pour vous la vie est un chemin rapide, dont l'issue est un précipice affreux. Malheur à l'homme faible qui succombe à l'attrait des plaisirs d'une vie passagère; qui ne recherche pas, bien loin des joies du monde, l'étroit sentier d'une austère vertu ! Un Dieu courroucé l'attend au bout de la carrière. — Une fatalité cruelle le pousse incessamment vers l'abîme où l'espoir ne l'accompagnera pas. Il voudrait quelquefois s'arrêter aux délicieux ombrages dont il est enchanté ! non ! non, point de repos ; une force invincible, un poids invincible le pousse au précipice. Ah ! s'il pouvait retourner sur ses pas ! au moins s'il pouvait éviter cet affreux précipice ! Non, non ! la loi est prononcée ! il faut marcher; marche ! marche ! et ce refrain terrible le poursuit, retentissant sans cesse, signal de mort impitoyable (1).

Que la parole Saint-Simonienne est plus grande et plus belle !

Humanité, fille de Dieu ! humanité reine du monde ! marche ! forte et radieuse, élance-toi vers l'avenir qu'ont

---

(1) Allusion à un passage célèbre de Bossuet.

appelé tes vœux! marche! ta gloire est sans égale, ta puissance est sans bornes!

Oh! que tes premiers pas furent pénibles et lents! Si faible et si chétive, que pouvais-tu contre tant d'ennemis conjurés pour ta perte? — Les vents, les ondes, la rigueur des hivers, les ardeurs de l'été, et les monstres des bois, et tes propres enfans, plus terribles encore! — Environnée d'une terreur profonde, accablée d'un affreux désespoir, comment n'as-tu pas succombé? Marche! marche! il y a en toi une plus grande force que tous ces grands obstacles.

Voici déjà qu'en te trouvant si bas, tu t'es crue déchue et tombée; les pressentimens d'un meilleur avenir étaient si puissans en toi, que tu les as pris pour des souvenirs du passé! Marche? ah! tu béniras ta destinée, lorsque l'horizon agrandi te permettra de voir le but qui te fut proposé!

Que de fois, après avoir acheté de tes plus nobles sueurs, du plus pur de ton sang, quelque important progrès, épuisée du combat, fière de la victoire, que de fois tu refusas de croire qu'il fût possible encore d'avancer! que de fois tu voulus t'arrêter! Non, non! point de repos, il faut marcher; la loi est prononcée; une force invincible, un amour invincible t'entraîne à l'avenir.

Marche! marche! l'avenir est si beau, si glorieux!

Par toi, par tes travaux, toute nature sauvage devient domestique, ou plutôt sociale. A ta voix les montagnes s'abaissent; les fleuves changent leurs cours; les forêts, les campagnes t'apportent leurs tributs. Calme et superbe, je te vois dominant la tempête; tu règnes sur les vents; la foudre apprivoisée suit les chemins que tu lui as tracés : c'est toi qui as posé la digue, et c'est toi qui dis à la mer irritée : Tu viendras jusqu'ici, tu n'iras pas plus loin.

Chrétiens, dites-nous donc, les rois tombés conservent-ils tant de puissance? Humanité, fille de Dieu? non, tu n'es pas déchue. Symboles du passé, traditions usées, transformez-vous! Que le baptême ne lave plus la tache originelle du péché, mais qu'au front du maître de la terre il imprime l'ineffaçable signe de sa grandeur toujours croissante.

A votre tour, soutiens fidèles des monarchies du passé! ah! nous comprenons aussi vos regrets, et dans leur impuissance nous respectons même vos désirs. Vous avez conservé la mémoire de ces temps déjà si loin de nous, où le chef de l'état, unité suprême, loi vivante, ne connaissait sur la terre aucun pouvoir aussi grand que le sien : et lorsqu'après une terrible lutte vous voyez les partis consacrer leurs prétentions contraires dans des traités qui toujours manquent de garanties, vous ne comprenez pas comment l'humanité se peut ainsi prosterner passive devant ces textes morts, ces lois stationnaires, véritables idoles construites de main d'homme, sans yeux et sans oreilles pour comprendre les besoins toujours nouveaux de leurs adorateurs. Eh bien! venez à nous! nous aussi nous sommes partisans du pouvoir absolu! nous aussi nous ne reconnaissons d'autorité que celle qui vient d'en haut. Venez à nous!...... mais prenez garde! en nous donnant la main, vous avez bien compris! dans l'avenir le chef est le plus puissant de tous; mais c'est que de tous il est le plus capable. Rien ne résiste à sa loi; mais c'est qu'il a placé sa dernière raison, non dans le fer de ses soldats, mais dans l'amour de ses sujets. A ce prix seulement vous serez avec nous!

Je sais bien qu'entourés des souvenirs de la féodalité, tout fiers de la valeur de vos aïeux, vous avez peine à concevoir une organisation qui ne soit pas avant tout militaire; vous ne comprenez pas un monarque dont la gloire serait, non pas de conduire de puissantes armées, mais bien de combiner les efforts des savans et des industriels. En un mot, la profession des armes est toujours à vos yeux a première, et par-là vous ne pouvez comprendre la parole de notre maître..... Écoutez! Un jour tomberont les barrières qui séparent les peuples; l'unité de race n'est point dans le passé : c'est la promesse de l'avenir! En ce jour suprême, seule de toutes les nations, la France pourra conserver sur son front les lauriers qu'elle aura cueillis dans la guerre. Au milieu des chants qui célébreront le bonheur de la paix, mère glorieuse, elle racontera les travaux de ses nobles enfans morts en combattant, non pas seulement pour elle, mais pour le progrès de l'humanité tout entière. Elle seule, elle seule pourra montrer aux peuples attendris cette puissante épée qui, d'un bout du monde à l'autre, brisant les fers de l'esclave, punissant l'insolence du barbare, a rendu son nom cher à tous les opprimés, terrible à tous les oppresseurs. Jusque-là, défenseurs chevaleresques de la gloire de nos armes, conservez, s'il le faut, des sentimens belliqueux; mais ne l'oubliez pas : dans l'avenir, plus de guerriers!

Avant que Jésus-Christ eut apporté au monde le bienfait de sa parole, la guerre était sainte; c'était le seul moyen d'associer les hommes. La science du capitaine, la force du soldat, méritaient les premiers honneurs. Le courage militaire était la *vertu*, comme on aurait dit la qualité essentielle de l'homme, l'homme tout entier (1).

---

(1) *Virtus*, de *vir*.

L'évangile enseigna au monde à pratiquer des devoirs nouveaux : le courage militaire cessa d'être la *vertu*; mais la guerre demeurant légitime parce qu'elle demeurait nécessaire, c'est par le courage militaire qu'on mesurait encore ce que *valaient* les hommes; ce fut la *valeur*.

Saint-Simon a commencé l'ère nouvelle où la *vertu* non plus que la *valeur* ne se mesurera pas sur la force du coup de sabre, ou sur l'adresse à pointer le canon; et pourtant il y aura encore de la valeur dans la force, de la vertu dans son emploi, comme il y aura de la valeur et de la vertu dans la science et dans son emploi. Mais on l'a dit depuis long-temps dans la doctrine, ce ne sera plus la science ni la force qui détruisent, la science ni la force de César, mais la science et la force qui créent, produisent et conservent, la science de Monge, de Lavoisier, de Bichat, de Cabanis, la force de Watt ou bien de Montgolfier.

Dans l'avenir, plus de guerriers : des prêtres, des industriels, des savans, voilà toute la société. Toute puissance et toute gloire à ceux qui prêchent les hommes, à ceux qui les nourrissent ou bien qui les enseignent ! C'est bien assez que depuis bientôt six mille ans on donne la puissance et la gloire à ceux qui les tuent.

Enfin j'arrive à vous, amans passionnés de la liberté ! hier encore nous étions dans vos rangs; nous n'aurons pas oublié la parole qui peut nous faire entendre de vous. Voyons ! vous travaillez pour cet homme du peuple, privé jusqu'à ce jour de tous les droits civiques, et vous voulez, sans doute après l'avoir doté de quelque éducation, faire descendre jusqu'à lui votre urne électorale. Eh bien ! nous voulons, nous, tout organiser pour le faire monter, le plus rapidement possible, au premier rang, s'il en est le plus digne; ne sommes-nous pas autant démocrates que vous?

Et d'ailleurs, comme vous, fils d'une révolution sainte, nous n'avons pas répudié nos anciennes amours. Ah! nous sommes toujours remplis d'une admiration profonde pour ces hommes puissans qui, dans des jours affreux, comprenant, acceptant une mission cruelle, ont su l'accomplir jusqu'au bout. — Qui tiendrait mes paroles ? C'est Dieu qui parle en moi ! — Oui ! nous avons des couronnes pour ces hommes divins, ces girondins ! ces montagnards ! qui, sans hésiter, sacrifiant leur vie ou bien leur mémoire, ont assuré le salut de la France et de l'humanité.

Israel ! Israel, chante la gloire de l'homme puissant! Il était bafoué, honni, flagellé, il servait de jouet et de risée aux petits enfans de ses ennemis, car il avait été surpris, terrassé, désarmé..... Mais voilà qu'il a retrouvé le secret de sa force. Il se lève ! et tous les cœurs sont serrés d'épouvante. Il se lève ! Ah ! sa vengeance sera inexorable. Il est aveugle ! mais plein d'énergie, et d'un bras auquel rien ne résiste, il brise la colonne du temple, et s'ensevelit dans un commun désastre avec tous les ennemis d'Israel.

Eh bien ! qu'Israel chante sa gloire ! mais nous, qui venons après la destruction, nous qui voulons bâtir, bâtir à la place du vieil édifice un édifice plus grand, plus beau, plus magnifique, laissez-nous au moins prendre pour chefs des hommes qui voient clair. Qu'attendez-vous de ceux qui briguent vos suffrages ? Orateurs à la parole intarissable, que voulez-vous de nous ? D'un et d'autre côté, quand vous avez atteint le pouvoir, en fîtes-vous jamais un salutaire usage ? Comment ! lorsque les peuples gémissaient, avoir perdu seize ans entiers, c'est trop seize ans ! à parioder dans vos combats d'enfans les combats des géans ! Quoi, toujours des discours ! Eh ! bien, vous n'avez plus l'oreille ni le cœur des nations ! Allons, allons, faites place et silence.

Laissez passer, c'est l'Humanité qui s'avance. Voici venir les premiers messagers d'avenir.

Arrière ! arrière ! liberté mensongère qui nous as trop coûté de pleurs !

Parmi nous on commande ! parce qu'il y a des cœurs puissans qui veulent surtout faire agir ceux dont ils sont chéris et respectés.

Chez nous on obéit ! parce qu'il y a de tendres cœurs qui voudraient, par-dessus tout, agir toujours pour ceux qu'ils aiment et vénèrent.

PÈRE ENFANTIN

A CHARLES DUVEYRIER.

(JUIN 1830.)

Vous n'avez pas encore bien compris, cher fils, cette fameuse soirée qui vous a tant bouleversé, cette nuit où je disais en parlant de nous tous : « Nous ne nous aimons pas. » Et cependant la parole a germé ! Mon air sombre se déride peu à peu. L'amour que j'appelais circule dans les membres de la famille Saint-Simonienne, les échauffe et les unit chaque jour davantage. Tout ceci s'est fait, pour ainsi dire, *à votre insu*. Vous n'avez pas compris que c'était parce que j'étais mécontent, ou plutôt parce que je n'étais pas encore content, que vous avez *tous* fait ce qu'il fallait pour me contenter. Vous m'avez vu triste, vous avez voulu, *sans savoir pourquoi*, me rendre joyeux, et vous avez bien fait. Aujourd'hui vous me voyez CALME en présence de nos joies croissantes, et vous voudriez me rendre enthousiaste. Eh bien! non; laissez-moi désirer encore, laissez-moi désirer toujours, car je veux vous faire marcher; laissez-moi désirer plus que vous tous, car je suis votre père.

Je suis CALME encore aujourd'hui, parce que les femmes ne marchent pas encore à côté de nous; je suis calme, parce que je suis encore *vous* pour Bazard, et qu'il est *vous* pour moi; je suis calme, parce qu'une sœur ne me tutoie pas, parce qu'à peine si je puis embrasser une fille, parce que Barrault travaille comme un forçat, parce que Margerin nous voit à peine, parce que Fillassier aime Lavigne comme il m'aimera un jour, parce que tous mes fils m'aimeront plus qu'Holstein ne m'aime, parce qu'aucun de vous n'a encore vraiment de père, de mère, parce que mon frère Auguste n'est pas encore là, revêtu des formes Saint-Simoniennes, parce qu'Eugène n'embrasse pas Olinde et ses sœurs, enfin parce que je vis déjà dans un monde dont celui qui m'entoure est une annonce, et qui ne se réalisera que si nous le désirons, Bazard et moi, plus que vous tous.

« Mon père, dites-vous, cher Charles, ne marchons-nous pas?» Oui, nous marchons; et qui donc en jouirait plus que ceux qui vous font marcher?

Mais avez-vous bien songé que nous n'avons, Bazard et moi, personne au-dessus de nous, personne, que celui qui est toujours *calme*, parce qu'il est l'éternel amour? Comme nous, *vous* rendez tous à Dieu des actions de grâce; mais quelle est la manifestation *humaine* de Dieu que nous pouvons, comme *vous*, bénir ? à quel homme dirons-nous : « Mon père, je vous aime ? » Quelle bouche s'appuiera sur notre front, et nous dira : « Mon fils, je t'aime ? » Grand Dieu ! tu as donc voulu que celui qui gouverne les hommes, que celui qui ne relève que de toi, qui n'a de père que toi, s'initiât au CALME de ton éternel amour ! tu as voulu que lui seul pût t'AIMER, *te connaître, te voir en tous les hommes*, comme tu peux t'AIMER, *te connaître, te sentir dans tout ce qui est !* Tu as voulu que, ne bénissant que toi, son amour *descendît*, comme le tien, sur tous, et ne *remontât*, comme le tien, qu'à toi-même. Tu as voulu que le père des hommes fût pour les hommes ce que tu es pour l'*univers*, l'ame, la vie d'un monde !

Mon fils, voilà *pourquoi* mon CALME, qui vous intrigue, augmente, sans que vous sachiez pourquoi, votre AMOUR. Mais il faut qu'il cesse de vous intriguer, de vous causer du malaise, il faut que vous *sachiez* y lire clairement l'amour et non l'indifférence; et, pour cela, notre *science* vient vous éclairer, notre *verbe* vient vous révéler le mystère de *notre* amour, c'est celui de *votre* vie.

Qu'un sourire de votre père soit aussi puissant sur vous que tous les concerts de joie de l'humanité; car ce sourire vous les annonce; il les fait naître. C'est lui qui, par vous et par vos fils, se répétera sur toute la terre. Ce peuple, mer immense qu'une pierre tombée de haut, remue dans toute sa surface, dans toute sa profondeur; ce Jupiter, dont les païens ont dit : *nutu tremefecit Olympum :* voilà ce que le pape Saint-Simonien doit *savoir*, doit SENTIR, doit *exprimer*.

Que feriez-vous, enfans de SAINT-SIMON, si vos pères étaient comme vous, s'ils vous embrassaient chaque fois que vous vous jetez dans leurs bras, plus souvent même, car ils aiment plus que vous? Que deviendriez-vous si Dieu ne leur avait donné puissance de maîtriser *en eux-mêmes* ce que personne *hors d'eux* ne saurait gouverner? Vous n'avez pas à craindre les écarts de votre amour, vos pères sont là; mais les arrêterez-vous, vos pères, s'ils ne posent eux-mêmes la barrière qu'ils ne peuvent franchir? Ne faut-il pas qu'ils portent le CALME à celui que la *joie* enivre, le CALME à celui que le *désespoir* accable?

Que deviendriez-vous si ceux qui n'ont *que* des fils ne vous rappelaient pas sans cesse que c'est vers vos *fils* SURTOUT que vous devez diriger votre amour? Vous iriez vous perdre dans le sein *qui vous attire*, oubliant que vous ne pouvez y être reçus qu'en *attirant* à vous ceux qui en sont plus éloignés. Instrumens de l'amour divin, FILS, *remontez vers vos pères*; PÈRES, *descendez chez vos fils*. Nous saurons vous imprimer ce double mouvement, qui constitue la vie SAINT-SIMONIENNE. C'est pour cela que Dieu n'a pas divisé notre amour; c'est pour cela que notre amour est UN comme le sien même; c'est pour cela qu'en nous est la source commune où vous puisez tout le vôtre, qu'en nous est la *force initiale* qui vous fait agir, mais que votre faiblesse vous oblige à décomposer en deux forces que nous devons à chaque instant *harmoniser* en les rappelant à un même but, au but unique que nous ayons en vue, l'élévation morale, physique et intellectuelle du pauvre : or, pour nous, IL N'Y A QUE DES PAUVRES.

Mon fils, votre cœur est gros d'avenir; vous travaillez, vous voulez écrire l'histoire de l'humanité, du globe, et chanter leurs espérances. L'hymne, le poème, se pressent pour sortir de votre bouche; mais, dans la crainte de ne pouvoir accomplir tout ce que vous désirez, vous me dites:

« Ces projets aboutiront peut-être à vous adresser une simple lettre. »

Une *simple* lettre !... Elle ne me sera pas adressée. Votre lettre à Bordillon est bien belle, mais c'est une simple lettre . elle est adressée à Bordillon. Lorsque vous saurez parler à Moïse, à Jésus, à SAINT-SIMON, Bazard et moi recevrons vos paroles ; elles nous seront vraiment *adressées*.

Votre père a dit. — Vous pouvez parler.

PÈRE ENFANTIN

A FRANÇOIS ET PEIFFER,

CHEFS DE L'ÉGLISE DE LYON.

(JUILLET 1831.)

Chers enfans, nous avons confirmé hier l'élection de François au troisième degré, et élevé Peiffer au même rang. Nous vous avons confié, à tous deux, le gouvernement de l'église lyonnaise, et nous avons dit en présence de tous : *Nous avons foi en eux.*

Nous voulions répondre depuis quelques jours à la lettre où vous nous aviez remis le plan de votre enseignement; celle que nous venons de recevoir, et qui renferme le bulletin de la première séance, nous presse de prendre la plume.

Votre plan n'était pas bon, ou même il était tout-à-fait

mauvais. Il est conçu sous l'empire des habitudes d'une *vieille* MÉTAPHYSIQUE; habitudes que vous n'avez pas encore eu le temps de *transformer*, comme vous avez transformé vos SENTIMENS critiques, votre libéralisme.

C'est de l'histoire, de la politique *surtout* que vous devez *d'abord* enseigner, et non de la théologie, par la double raison que vous avez peu de théologiens parmi vos auditeurs, et que vous-même n'avez pas fait profession, dans votre vie précédente, d'étudier la Bible, l'Évangile, les Pères, le Koran, Luther. Vous avez encore trop de Locke, de Condillac, de Destutt de Tracy, de Jouffroy ou de Cousin dans la tête, peut-être même un peu d'Allemagne, pour pouvoir vous retrouver vite et d'aplomb dans ces nuages confus et sans solidité. Et surtout, vous n'avez pas assez *médité* notre *dogme*, comparé aux dogmes chrétien, juif et païen; vous ne *savez* pas encore bien, ni la leçon sur la méthode (1ᵉʳ vol.), ni celle sur le dogme (2ᵉ vol.); vous jouez surtout avec le FINI et l'INFINI, absolument à la manière du chrétien, y compris Leibnitz et tous les penseurs jusqu'à nous. Vous les mettez en présence l'un de l'autre, comme formant le *dualisme* radical, primitif, éternel, tandis que le *dualisme* n'existe que dans l'ordre FINI par la DOUBLE révélation du *moi* et du *non-moi*, DOUBLE manifestation de l'INFINI, de l'amour, de la vie. Vous cherchez les *rapports* entre le FINI et l'INFINI, c'est-à-dire là où il n'y a pas de *rapports* à chercher, puisque la SAINTETÉ, la *religion*, l'*amour*, la *vie*, ne se manifestent pas dans le Saint-Simonien, comme dans le chrétien (du moins, à son état le plus élevé, celui du prêtre), par une *extase* mystique qui met en *rapport* l'homme et un DIEU *hors de l'homme*, mais par le *lien* PROGRESSIVEMENT resserré de l'homme avec *ce qui n'est pas lui*.

Moi et *non-moi* sont les deux termes du DUALISME, dont l'INFINI est le lien, comme *esprit* et *matière* sont les deux faces de la VIE. Le mot FINI implique nécessairement l'idée de dualisme, de *moi* et de *non-moi*; ainsi, quand on dit l'INFINI, et le FINI, on a réellement dit :

INFINI,

MOI — NON-MOI,

C'est-à-dire la *trinité* et non le *dualisme*.

Et maintenant, notre RELIGION, notre *culte*, notre *dogme*, consistent à *enseigner* et à *pratiquer* l'UNION, l'HARMONIE du *moi* et du *non-moi*, et à faire ainsi cesser leur ANTAGONISME, expressions de *toutes* les RELIGIONS du PASSÉ.

Nous vous disons tout ceci pour vous faire sentir plus vivement la nécessité de quitter le vague dans lequel vous êtes engagés par vos enseignemens. Faites de l'HISTOIRE (époques critiques et époques organiques, destruction des priviléges de naissance, progrès de l'association); de l'ÉCONOMIE POLITIQUE (affranchissement progressif de l'industrie, constitution de la propriété aux différentes époques, destruction de l'hérédité, organisation des banques); faites de la POLITIQUE (critique du catholicisme, de la féodalité, du constitutionalisme, avec leur justification ; hiérarchie, autorité et liberté, problème résolu par le classement selon la capacité et la rétribution suivant les œuvres, qui fait qu'on *aime* ce qu'on *doit faire*; législation; éducation, etc., etc.) Vous avez là de quoi parler pendant des siècles, et nous vous répondons d'avance que lorsqu'après avoir traité ces sujets vous demanderez s'il y a des objections, on ne restera pas muet, comme à votre dernière réunion.

Lisez et relisez les deux volumes, les discours de Transon, et les lettres d'Eugène; de tous ces ouvrages extrayez-en, pour votre public, ce qu'il y a de plus *vivant* pour lui; servez-vous du reste pour transformer votre *science* ANCIENNE en science nouvelle, ce qui est plus *long* que la transformation de vos vieux sentimens en sentimens nouveaux.

Quelques mots encore sur le *dualisme*. L'ANTAGONISME a régné dans le monde entre les deux faces de TOUT CE QUI EST, parce que l'homme a vu Dieu tantôt EN LUI, tantôt HORS DE LUI; il y a eu l'*extase* et l'*idole*; l'*homme* parlant à *Dieu*, et *Dieu* parlant à l'homme; le *prêtre chrétien* PRIANT, et le *prophète* ou l'*oracle* ORDONNANT; il y a eu la langue *évangélique* et la langue *biblique* et *homérique*, l'humilité et le despotisme (1).

Pour nous, ainsi que nous le disions hier solennellement à tous nos enfans, Dieu n'est pas *hors de nous*, et nul de nous ne le contient *en lui*. Dieu est *tout ce qui est*; nous vivons *tous* de sa vie, et nous communions ENTRE NOUS par son amour. C'est sous l'empire de cette foi que le *dualisme*, d'antagoniste qu'il était *nécessairement*, logiquement dans tout le passé, devient *harmonique*, ce qui revient à dire que la CHAIR ne *comprime* plus l'ESPRIT et que l'esprit ne *repousse* plus la chair, mais qu'ils sont AMOUREUSEMENT UNIS.

Poser ainsi les termes du dualisme : *infini* et *fini*, c'est se condamner à mettre encore l'infini ou DIEU dans le domaine de la *chair* ou dans celui de l'*esprit*. On commet une erreur du même genre quand on dit : le *moral* et le

---

(1) Voir l'extrait du Globe du 18 juin 1831, ci-après page 314.

physique, parce que la conclusion de ce dernier dualisme serait la subalternité de l'*industrie* par rapport à la *science*. Ce que le prêtre demande, avant tout, du *savant* et de l'*industriel*, c'est que le *savant* AIME l'*industriel*, et réciproquement. Sans LUI, le savant mourrait d'*extase*, l'industriel de *pléthore*. L'un se mettrait *en dehors* de l'univers, l'autre voudrait mettre l'univers *en lui*. Le premier *s'oublierait*, le second ne songerait *qu'à lui*. L'infini, DIEU, la vie, est par rapport aux deux faces du fini *moi* et *non-moi*, ce que je viens de dire du prêtre. La première de toutes ses *volontés*, la loi suprême de son souverain *amour*, est que le *moi* AIME le *non-moi*; car lorsque le moi place trop facilement Dieu dans le non-moi, ou lorsqu'il l'enlève du non-moi pour le concentrer en lui, il tombe ou dans l'*abnégation* ou dans l'*égoïsme*; il *s'immole*, ou il *sacrifie*; il est *chrétien* ou *païen*, il n'est pas SAINT-SIMONIEN.

De tout ceci résultent une POLITIQUE, une MORALE, une RELIGION nouvelles, et cela est aussi une *philosophie*, une *psychologie*, une *métaphysique* nouvelles, comme cela est un *art* nouveau, une *poésie*, une *langue* nouvelles, et une *industrie*, une *hygiène* et une *administration* nouvelles, etc. Car c'est la dernière RÉVÉLATION que Dieu fait à l'homme, c'est celle du PROGRÈS, de l'amour, de la vie : c'est la COMMUNION UNIVERSELLE, l'ALLIANCE DÉFINITIVE, c'est la foi de SAINT-SIMON, celle de vos pères, celle de toutes les races futures.

Chers enfans, vous nous dites que plusieurs jeunes gens vous ont *demandé* de former autour de vous un degré préparatoire : n'oubliez pas que votre progrès consiste à *deviner* avant qu'on vous *demande*, car c'est de vous que doit venir la VIE, la *lumière* et l'*acte*. Vous êtes institués par nous les *chefs*, les *guides*, les PÈRES de l'Église de

Lyon. Un avenir immense est devant vous, une population considérable est livrée par nous à votre amour, à votre savoir, à votre activité. Nous vous le disons encore, nous avons foi en vous.

Reprenez le premier volume de l'*Exposition*, inspirez-vous de sa lecture; commentez-le, traduisez-le, mettez-le au niveau de toutes les *intelligences;* mais avant tout, cherchez à éveiller les SYMPATHIES. Que cette classe, la plus nombreuse et la plus pauvre, que ces femmes qui ont tant besoin de nous, dont nous avons tant besoin nous-mêmes, et qui ne nous demandent pas Kant ou Hegel, Cousin ou Platon, mais bien une religion nouvelle, soient toujours devant vous avec leurs misères, leurs douleurs, leurs vices, leur ignorance, lorsque vous portez notre parole. Allez et *enseignez*, mais *surtout* faites AIMER l'œuvre sainte que nous accomplissons, à ceux en faveur de qui cette mission nous a été spécialement confiée; nous ne sommes pas des philosophes et des savans, nous sommes apôtres, nous avons passé par eux et par-dessus eux, pour venir où nous sommes. Certes! il nous faut renouveler toute leur *science;* mais pour cela donnons-leur *d'abord* un nouvel AMOUR. Il faut que nous les *sachions*, pour nous faire plus facilement AIMER d'eux; mais il faut qu'ils nous AIMENT, afin de nous *savoir* et de nous *imiter*.

Le premier de vous deux qui aura assez de liberté pour venir nous visiter le fera le plus promptement possible. Vous avez besoin de nous voir, de nous toucher.

ORGANISATION RELIGIEUSE.

LE PRÊTRE. — L'HOMME ET LA FEMME.

(*Extrait du Globe du 18 juin 1831.*)

Le but *commun* de la SOCIÉTÉ est le progrès MORAL, *intellectuel* et *physique* des *associés*.

L'ASSOCIATION se compose d'ARTISTES, de *savans* et d'*industriels*.

Les chefs sont les premiers ARTISTES, les premiers *savans*, les premiers *industriels*.

Nous avons parlé de l'organisation *industrielle* et de l'organisation *scientifique*; nous avons dit ce que devaient être les administrateurs des intérêts *matériels* et *intellectuels* d'une société constituée conformément à cette charte nouvelle, à cette loi donnée par SAINT-SIMON, qui veut que toutes les institutions sociales aient pour but l'*amélioration du sort MORAL, *physique et intellectuel de la classe la plus nombreuse et la plus pauvre.* Il nous reste donc à parler des hommes qui excitent et renouvellent les SYMPATHIES, qui *dirigent, harmonisent, unissent* tous les membres du corps social; parlons du PRÊTRE.

LE PRÊTRE.

Déjà précédemment nous avons dit que nous désignions par le nom de PRÊTRE l'homme qui, par ses *pensées* et ses *actes*, par la MORALITÉ de sa vie entière, *inspire* les SENTIMENS généreux, éveille les SYMPATHIES. Il *ordonne*, il *lie* les autres hommes, et il les RELIE autour de lui; voilà pourquoi il est l'homme RELIGIEUX par excellence, il est PRÊTRE selon l'ordre Saint-Simonien.

Ce nom de PRÊTRE est devenu si légitimement de nos jours un épouvantail, que nous devons nous expliquer clairement et avec quelques détails, afin d'éloigner les fausses interprétations, et de dissiper la confusion qui pourrait s'établir entre le prêtre Saint-Simonien et tout autre ministre des religions qui meurent autour de nous.

Vous tous qui nous lisez, prêtez-nous donc une scrupuleuse attention; ne nous jugez pas trop vite sur le NOM: et d'abord apprenez pourquoi nous croyons devoir nous en servir encore, malgré les légitimes antipathies ou les superstitions vaines qui peuvent nous accuser de bigoterie ou de sacrilége.

Quels sont les hommes, dans le monde *actuel*, qui ont mission officielle, reconnue, d'enseigner publiquement la MORALE? Comment se nomment ceux qui consacrent, pour l'immense majorité des Français eux-mêmes, la *naissance*, le *mariage* et la *mort*; ces trois grandes phases de la vie humaine ? Et dans le *passé*, quels sont les hommes qui ont prêché la fraternité, à l'esclave comme au maître; qui ont affranchi l'un et adouci la brutalité guerrière de l'autre; qui ont fondé une société où les droits de la *naissance* n'étaient comptés pour rien, puisque sans révolutions, sans désordres, le pâtre pouvait monter au premier rang de la hiérarchie ? Comment se nomment ceux qui, lorsque Rome guerrière n'imposait plus au monde sa loi de sang, pacifièrent, désarmèrent les barbares qui ravageaient l'Europe, et transformèrent le trône des Césars en une chaire qui lançait encore la foudre, mais qui du moins ne fondait plus sa puissance et sa gloire sur l'épée ? Enfin quel est le mot de notre langue qui est assez fort pour ne pas être écrasé par celui de ROI, si ce n'est le nom de PRÊTRE ?

Or nous parlons de l'homme qui sera le plus *grand*, le plus *aimé*, le plus *aimant*, du véritable chef et non du despote; de celui qui commande parce qu'il *persuade* et *attire*, et non parce qu'il *contraint* et *enchaîne*; de celui qui donne à tous l'amour et la vie, jamais la haine et la mort; de celui pour qui chacun est prêt à *dévouer* ses jours, et dont tous les instans sont *consacrés* au bonheur de tous.

Et ne vous écriez pas : « Ceci est un ange et non point un homme ! » C'est un HOMME, vous dis-je; croyez en ceux qui, dans un monde de doute et d'égoïsme, ont eu assez de foi et d'amour pour s'entourer de disciples, dont le dévouement ferait pâlir les plus vives affections filiales que vous puissiez connaître.

Humanité ! tu n'as pas de *Dieu*, tu n'as pas de *prêtres*; tes *seigneurs* ont courbé la tête, et tu les a foulés aux pieds; la main puissante a renversé la tour du château, le clocher de l'église, elle a promené le niveau de l'égalité sur tous les enfans : mais aussi où sont tes héros, tes grands hommes, où sont les chants du poète qui célèbre ton bonheur et ta gloire ! Tu n'as plus *foi* en toi, et tes fils ne veulent plus *croire* que dans leur sein battent encore des cœurs d'hommes. A qui leur parle d'*amour*, ils répondent : « Mensonge ! » et quand Saint-Simon leur annonce qu'ils auront des chefs qui seront *aimans* et *aimés*, ils s'écrient : « Mais ce seraient des anges ! »

Non, ce seront des hommes dont la parole fera battre vos cœurs ; ils vous diront les destinées de la cité, de la patrie, de la grande famille humaine ; ils vous donneront la VIE en vous montrant comment on AIME ; ils vous dirigeront vers un avenir qui vous semblera beau, sublime, divin, et vous les glorifierez de l'avoir découvert avant vous, et vous les bénirez de vous l'avoir révélé.

Voilà les hommes que nous nommons encore PRÊTRES, parce que nous ne connaissons pas de nom plus grand, et surtout parce qu'il nous permet de RELIER l'*avenir* que nous annonçons au *passé* tout entier.

Et maintenant nous vous disons que ce ne sont point des prêtres de Thèbes et de Memphis ; que notre sacerdoce n'est pas celui de Moïse ; que notre clergé n'est point le clergé chrétien ; enfin que la *figure* du prêtre ne fut que grossièrement ébauchée par l'antiquité, en Égypte et dans l'Inde, en Grèce et dans la Judée même ; que le Christ a voilé les FORMES orgueilleuses et brutales du prêtre antique sous des NUAGES de *mysticisme* et d'*abstinence* ; qu'il a dû dire portant sa croix, flagellé, mortifié dans tous les points de *sa chair* : ECCE HOMO ; mais ce n'est point là l'HOMME, le PRÊTRE de l'avenir.

Plus fier et plus ardent que le prêtre du Dieu des armées, de Jéhovah, que le ministre du culte sanglant de Mars et de Bellone ; mais aussi plus tendre, plus compatisauf qu'un apôtre de la loi *sévère* du Christ, de cette loi qui a des peines *éternelles*, et qui menace sans cesse l'homme de lui ôter *jusqu'à l'espérance*; embrassant dans son amour, non un seul peuple, une seule race, mais l'humanité entière; non un seul aspect de l'être, l'*esprit*, mais aussi la *chair*, sanctifiée par la PAIX *dans le monde*, comme l'esprit le fut par la PAIX *dans l'église;* plus *glorieux* que CÉSAR, plus *humble* que l'*infaillible* vicaire du CHRIST; plus AIMANT qu'eux, car il est le père *spirituel* ET *temporel* de tous les hommes, voilà le PONTIFE-ROI de l'avenir, voilà le PRÊTRE : ECCE HOMO!

Le PRÊTRE de la cité païenne avait toujours un ennemi, une victime à *sacrifier*, une HOSTIE, l'ÉTRANGER; le prêtre chrétien avait aussi une hostie, un *sacrifice*, un ennemi. Mais ce n'était point le *prochain* qui était la *victime* vouée à la mort : c'était l'homme lui-même, c'était ce démon INTÉRIEUR, toujours présent, qu'il fallait mortifier, flageller, crucifier. Le jour du *sacrifice* EXTÉRIEUR et INTÉRIEUR, *matériel* et *spirituel*, va finir, et avec lui la guerre, l'esclavage, les castes privilégiées, la domination de la femme par l'homme, et le *mensonge* du sacerdoce païen à la *secrète* doctrine, et l'*illusion* du prêtre chrétien à la foi *incomplète*, et le despotisme des chefs, et la servilité des inférieurs.

Voici une *autorité* vraiment sainte et une sainte *liberté*; car le pouvoir est aux mains de celui qui fait AIMER à tous la famille, la cité, l'état, l'humanité, le monde, DIEU; c'est lui qui gouverne, puisque c'est lui surtout que l'on aime.

Spirituel et *temporel*, l'église embrasse tout, avons-nous dit; expliquons encore ces mots, qui rappellent *deux puissances* rivales, *deux glaives* toujours prêts à se croiser, *deux principes* irréconciliables : un DIEU *pur esprit* et un MONDE de *chair corrompue.*

Le PRÊTRE LIE le spirituel et le temporel, l'esprit et la chair, c'est-à-dire qu'il UNIT la *science* et l'*industrie* dans un même désir de PROGRÈS pour l'humanité. Il veut que le champ des *connaissances* humaines s'étende, que l'*intelligence* de tous soit cultivée, élevée; et il veut aussi que le globe et l'homme *s'enrichissent* et *s'embellissent.*

Le clergé a donc pour mission de rappeler aux hommes de la *pensée* comme à ceux de l'*action* qu'ils sont incomplets l'un sans l'autre; de faciliter leur UNION, de les rapprocher, d'harmoniser les travaux *théoriques* et les travaux *pratiques.* Le prêtre est un enseignement vivant de L'ALLIANCE DÉFINITIVE par laquelle cette éternelle guerre des deux mondes doit cesser.

AUX FEMMES.

Et voilà pourquoi, FEMMES, nous vous disons que vous avez place dans le temple, que l'heure de votre affranchissement définitif a sonné, que votre *seigneur* est devenu votre *époux.*

Filles d'Ève et de Marie, Dieu ne dit plus à la femme : «Celle-ci s'appellera d'un nom qui marque l'homme, parce qu'elle a été prise de l'homme (1), elle sera sous la puissance de son époux qui la dominera (2);» il ne lui dit plus : « L'homme n'a pas été créé pour toi, mais toi pour

---

(1) *Gen.*, ch. II, v. 23.
(2) Id., ch. III, v. 16.

l'homme (1); il est l'image et la gloire de Dieu, mais toi tu n'es que la gloire de l'homme (2); porte sur ta tête le signe de la puissance qu'il a sur toi (3); voile-toi, et fais silence (4); ton maître parle, il est seul à l'autel. »

Filles d'Ève et de Marie, vous fûtes les mères (5) et les sœurs de l'homme; par Saint-Simon vous trouverez enfin un ÉPOUX. Mères, vous fûtes esclaves : trompées dans votre *chair* par l'esprit tentateur, votre maternité fut un châtiment; vierges, vous fûtes rachetées dans votre *chair* par l'esprit saint, et si vous trouvâtes grâce devant votre *seigneur* (6), vous ne fûtes affranchies de la servitude du *monde* que par la solitude du *cloître*. Filles d'Ève! l'homme n'est plus pour vous un maître; filles de Marie! vos enfans ne vous diront plus : « Femme, qu'y a-t-il de commun entre vous et moi (7) ? » Jésus est venu accomplir l'antique promesse; il a *écrasé* la tête du serpent (8), car il a *vaincu* le monde, et Satan, et César; mais Saint-Simon, qui n'est pas venu *écraser* et *vaincre*, qui n'apporte pas l'épée et la guerre, mais la paix et l'amour, Saint-Simon réalise pour vous les promesses de *Jésus* et de *Moïse*.

Saintes traditions, vous ne serez jamais épuisées; vous grandissez sans cesse pour le *prophète*. Gloire à Saint-Simon! par lui l'humanité sait ce que Moïse ne pouvait

---

(1) Saint Paul, 1re Cor., ch. xi, v. 9.
(2) Id., v. 7.
(3) Id.
(4) Id., chap xiv, v. 34.
(5) Adam la nomma Ève, qui signifie *la vie*, parce qu'elle était la mère de tous les vivans (*Gen.*, ch. iii, v. 20).
(6) *Evang.* Saint Luc, ch. i, v. 30.
(7) *Evang.* Saint Jean, ch. i, v. 4.
(8) *Gen.*, ch. iii, v. 15.

dire aux Hébreux (1), ce que les apôtres du Christ eux-mêmes ne pouvaient *porter* (2).

Femmes ! votre *seigneur*, l'homme *fort*, *jaloux* et *vengeur*, l'homme des *armées*, vous tenait en servitude, pour vous sauver de la brutalité de votre *maître* ; le mystique époux, l'agneau de Dieu, vous *sépara* l'un de l'autre. « Voilà l'os de mes os et la chair de ma chair (3). Nous sommes deux dans une seule chair (4), » avait dit votre *maître* ; et cependant, à cette dure COMMUNION de la *force* et de la *faiblesse* vint succéder l'*extatique* COMMUNION de l'*esprit*. « Je *pardonne*, mais je ne *commande* pas l'union, dit l'apôtre (5) ; je crois même, à *cause des nécessités de la vie* PRÉSENTE, qu'il est avantageux à l'homme de ne se point marier (6). »

Ces nécessités de la vie *présente*, les voici : il fallait se séparer d'un *monde* sanguinaire, livré à la *brutalité* ; il fallait rompre avec ses passions, avec ses usages ; il fallait que l'élite de l'humanité donnât l'exemple de cette *abstinence*, de cette *renonciation*, et que, par une exagération sublime, elle brûlât ce que tous adoraient : il fallait que la femme ne fût plus l'inspiratrice des combats, le prix de la victoire, la parure du cirque, le jouet du guerrier ; il

---

(1) Moïse dit : « Seigneur, je vous prie de considérer que je n'ai jamais eu la facilité de PARLER, et depuis même que vous avez parlé à votre serviteur, j'ai la langue moins libre et plus embarrassée » (*Exod.*, ch. IV 10). « Aaron parlera POUR VOUS au peuple » (Id., v. 16).

(2) « J'ai encore beaucoup de choses à vous DIRE ; mais vous ne pouvez les PORTER présentement » (*Evang.* Saint Jean, chap. XVI, v. 21).

(3) *Gen.*, ch. II, v. 23.

(4) Id., v. 24.

(5) Saint Paul, 1ᵉʳ *Cor.*, ch. VII, v. 6.

(6) Id., v. 26.

fallait enfin que le feu purifiant allumé par Vesta dans Rome fût porté par Marie sur tous les points de la terre.

Or le règne du *glaive* va cesser; l'homme n'est plus, avant tout, un *soldat;* les peuples ne se considèrent plus entre eux comme des *ennemis* naturels; la *force* ne suffit plus pour donner le DROIT ; la femme est encore *mineure*, mais elle n'est plus *esclave;* et si, dans notre société sans foi commune, sans religion, dans notre société qui repousse à son tour les *macérations* du spiritualisme chrétien, de toutes parts on aperçoit des retours vers la *brutalité* païenne; si, après avoir délaissé l'autel de la *Vierge*, on élève en tous lieux des *veaux d'or ;* si les péchés capitaux, que foudroyait l'église du Christ, pullulent à chaque pas dans nos villes et jusque dans les champs; si le temple du Dieu PUR ESPRIT est désert, tandis que les pagodes et les idoles du GROSSIER FÉTICHISTE se pressent dans nos rues et peuplent nos demeures; enfin si la *chair* se révolte contre l'*anathème* qui pesa si justement sur elle pendant dix-huit siècles, et si, dans sa révolte, elle est hideuse, repoussante, honteuse, gloire à Dieu ! qui par SAINT-SIMON nous révèle que si ce sont là les signes de la ruine d'un monde ANCIEN, ce sont aussi ceux de la venue d'un monde NOUVEAU.

« Oui, *elle tombe, elle tombe cette grande Babylone* (1), *toutes les nations ont bu le vin de sa furieuse prostitution, elles se sont enivrées de sa sanglante révolution; les rois de la terre se sont corrompus avec elle* (2) *; elle tombe, mais*

---

(1) Saint Jean, *Apoc.*, ch. XVIII, v. 2.
(2) Id., ch. XXIII, v. 3.

voici un ciel nouveau et une terre nouvelle (1) ; *voici le jour où les vivans et les morts seront* JUGÉS SELON LEURS ŒUVRES (2) ; *réjouissons-nous et faisons éclater notre joie, rendons grâce à Dieu*, parce que LES NOCES DE L'HOMME SONT VENUES, ET QUE SON ÉPOUSE Y EST PRÉPARÉE (3). »

Prêtresse du Dieu vivant, le temple de l'avenir s'ouvre, l'homme n'est plus *seul* à l'autel ; reine d'amour, un trône nouveau s'élève ; assieds-toi à la droite de ton *époux*, et non de ton *seigneur*; la SAINTE FAMILLE humaine est fondée ; mère, épouse et fille, le lien sacré de l'*égalité* T'UNIT au père, à l'époux et au fils.

COUPLE saint, divin symbole d'UNION de la *sagesse* et de la *beauté*, amoureuse ANDROGYNE, tu donneras la VIE à l'*esprit* et à la *matière*, aux travaux de la *science* et à ceux de l'*industrie*. Par toi plus de guerre dans le monde, car tu l'embrasses tout entier dans ton amour ; par toi plus de despotes et d'esclaves, car tu ne *commandes* pas plus que tu n'*obéis*, tu es *aimé* et tu *aimes* ; couple saint, tu as cueilli le fruit de l'*arbre de vie* (4) ; pour toi plus de faute ORIGINELLE, mais aussi par toi *tous les priviléges de* NAISSANCE *sont abolis* ; car c'est par l'AMOUR seul que tu t'es formé, c'est par lui seul que se sont cherchées et unies les deux moitiés de ton être, et partout ce sera *selon leur amour*, et non plus *selon leur naissance*, que l'homme et la femme seront unis ! Vivante image de TOUT CE QUI EST, de DIEU, couple du PROGRÈS, *un* et *multiple* à la fois, tu portes dans ton sein et tu répands sur le monde le CALME de ton puis-

---

(1) Saint Jean, *Apoc.*, ch. XXI, v. 1.
(2) Id., ch. XX, v. 12 ; et ch. XXI, v. 12.
(3) Id., ch. XIX, v. 7.
(4) *Gen.*, ch. III, v. 22.

sant amour : tu sais modérer l'*ardeur* et réveiller la *patience*, joindre l'*intelligence* à la *force* et la *grâce* à la *raison*; d'une main tu pèses sur l'*orgueil*, de l'autre tu élèves l'*humilité*; tu *écoutes* le bruit des siècles *passés*, nulle *tradition* ne frappe en vain ton oreille; et tu *proclames* les *destinées* de l'humanité et du monde, tu chantes l'éternelle *prophétie*.

FIN.

TABLE DES MATIÈRES

CONTENUES DANS CE VOLUME.

EXPOSITION DE LA DOCTRINE DE SAINT-SIMON.

DEUXIÈME ANNÉE.

1re Séance. — Résumé de l'exposition de la première année...	2
2me Séance. — Etat du monde au moment de l'apparition du christianisme.—Appropriation du dogme chrétien aux besoins de l'humanité.—Fondement de la division établie au moyen âge, entre le pouvoir temporel et le pouvoir spirituel, entre l'état et l'église.....	18
3me Séance. — Du pouvoir spirituel et du pouvoir temporel....	30
4me Séance. — Du pouvoir spirituel et du pouvoir temporel en Occident.........................	53
5me Séance. — Du pouvoir spirituel et du pouvoir temporel.....	66
6me Séance. — Dogme chrétien.......................	80
7me Séance. — Dogme Saint-Simonien...............	92
8me Séance. — Réponse à quelques objections sur le dogme.....	107
9me Séance. — Traduction du dogme trinaire dans l'ordre social..	120
10me Séance. — Le prêtre...........................	132
11me Séance. — Le savant............................	166
12me Séance. — L'industriel..........................	168
13me Séance. — La hiérarchie.........................	185

CINQ DISCOURS AUX ÉLÈVES DE L'ECOLE POLYTECHNIQUE.

1er Discours. — La religion 224
2me Discours. — Dieu 232
3me Discours. — L'humanité 248
4me Discours. — L'héritage 264
5me Discours. — Appel 286

Père Enfantin à Charles Duveyrier 299
Père Enfantin à François et Peiffer 305
Organisation religieuse (Extrait du Globe du 18 juin 1831.) 314

IMPRIMERIE D'ÉVERAT, RUE DU CADRAN, N° 16.

www.ingramcontent.com/pod-product-compliance
Lightning Source LLC
Chambersburg PA
CBHW071530160426
43196CB00010B/1729